Das Buch des Oboi

Veera Salmi

Aus dem Finnischen übersetzt von
Alena Vogel

Die deutsche Ausgabe von DAS BUCH DES OBOI
wird herausgegeben von der Cross Cult Entertainment GmbH & Co. Publishing KG | CROCU;
Verlagsleitung: Andreas Mergenthaler und Luciana Bawidamann;
Teinacher Straße 72, 71634 Ludwigsburg.
Programmleitung Romane/Sachbücher: Markus Rohde; Übersetzung: Alena Vogel;
Lektorat: Yvonne Schmotz; Korrektorat: Jara Dressler, Peter Schild; Satz: Rowan Rüster;
Layout: Kerstin Jans; Leitung Vertrieb: Peter Sowade; Marketing: Cécile Béran;
Lizenzmanagement: Ruijing Qiu; Herstellung: Hannah Düser; Druck: CPI Books GmbH, Leck.
Printed in the EU.

Original title: OBOIN KIRJA

Original edition published by Veera Salmi, 2022

German edition published by agreement with Veera Salmi and Elina Ahlback Literary Agency, Helsinki, Finland.

Wir bedanken uns für die Förderung von FILI – Finnish Literature Exchange.

ISBN Hardcoverausgabe 978-3-98743-118-0
ISBN E-Book 978-3-98743-119-7
April 2024

WWW.CROCU.DE

Für Nelli und Ansa, die Zeichnerinnen
Für Severi, den Freund der wahren Geschichten
Für Frida, die alles glaubt

Mein lieber Freund und Leser,

auch wenn ich nie im Leben geglaubt hätte, nicht solange der Mond golden scheint, nicht unter den Sternen oder der Sonne, dass ich eines schönen Tages die folgenden Worte sagen würde, so tue ich es jetzt doch: Herzlich willkommen in der Geschichte, tritt ein, gesell dich zu den Buchstaben. Es ist noch Platz für dich, ich schaffe einen für jeden, der mitkommen will. Entschuldige, wenn die Buchstaben sich manchmal schlecht benehmen, ich habe in meinem ganzen Leben noch keine so störrischen schwarzen Zeichen gesehen. Deshalb eine kleine Warnung: Am Ende kann es ein bisschen wehtun, denn wenn sich Buchstaben unter die Haut schieben, ist das schmerzhaft.

Viele Grüße
Oboi

INHALT

Erster Teil
Die Stadt, in der nichts in Ordnung ist

Keine Buchstaben 10
Das leere Buch 22
Der geheime Name 30
Die Flucht aus dem Gefängnis 33
Das unterbrochene Frühstück 39
Die Lichter in den Handflächen 46
Flucht vor einer Giraffe 54
Thule bricht entzwei! 69
Die Normos oder Normalmenschen 80
Strom! 86
Das feurige Glühen des Buchstaben O 92
Helft Thule! 99
Die Fledermaushöhlen 108
Alarm! Ein emotionaler Normo! 119
Faule Mandarinen 126
Alice, der Rabe und Herr C 136
Schatten und Buchstaben 139

Zweiter Teil
Das Buch beginnt zu sprechen

Petit kommt nach Bergstadt 148
Die schreckliche Wahrheit kommt ans Licht 155
Buch-Buch 163
Lies mich! Betrachte das Bild! 172

Der Straßenkünstler 176
Der Klassiker 180
Lenora Clem 183
Prinz 189
Die Bibliothek in Flammen 195
Das Kraftwerk 205
Wanda, Wanda und Wanda 211
Gairas Einladung 216
Es war einmal eine alte Ziege 222
Für dich Mega, für mich Gaira 234
Das Rätsel 243

Dritter Teil
O oder ein Mond oder eine Sonne

Manus S 246
Die Biosphären 254
Ich, Mond 265
Die Rettungsaktion 268
Das gelbe Haus schreibt 275
Stockwerk fünf kommt in die Stadt 282
Ein Punkt hinter Samuels Geschichte 291
Ich entscheide 296

Vierter Teil
Das gelbe Haus entzündet ein Licht

Gelbes Haus: Die Erzählerin 300
Gelbes Haus: Mein Sohn Oboi 306
Oboi: Sicherheitsgurte anlegen! 310
Oboi: Am Grunde des Schluchtsees 316

Oboi: Tómos-Biblos 319
Oboi: Der schwedische Räuber 324
Oboi: Das Buch verstummt 329
Gelbes Haus: In Ketten 332
Oboi: Ein goldener Lichtstrahl 335
Gelbes Haus: Durst 338
Oboi: In den Feuerschlund 341
Gelbes Haus: Nordlichter, Rehe und Vögel 353
Oboi: Autsch! Buchstaben! 355
Oboi: In Berihelland 362
Oboi: Die Holzschatulle 367

Epilog 370

ERSTER TEIL

Die Stadt, in der nichts in Ordnung ist

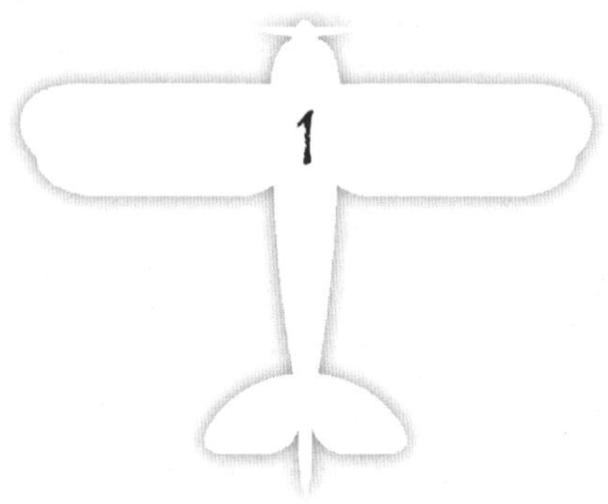

Keine Buchstaben

Ich, Oboi, stand allein am Rande der Stadt. Ich war gerade angekommen, und mich umgab eine flirrende, schwitzige Augusthitze. Ich war müde, und nach der langen Reise und den schlecht durchschlafenen Nächten tat mir alles weh. Schließlich war ich wochenlang auf der Flucht vor allerhand blutrünstigen Waldtieren gewesen. Wäre ich wie meine Schwester Fanta, die alles glaubt, was in Büchern steht, dann wäre ich überzeugt davon gewesen, dass mir Zombies, Vampire und Werwölfe auf den Fersen sind. Aber weil ich dafür sorgte, dass Märchen auch wirklich zwischen den Buchdeckeln bleiben, weit weg von mir, und nur das glaubte, was wahr ist, war ich mir sicher, dass ich ausschließlich von den schrecklichsten Menschenfressern *dieser* Welt gejagt wurde. Jedenfalls hat der Appetit dieser verdammten Biester im Schatten der Wälder sichtlich zugenommen und jetzt warteten sie nur darauf, dass ihnen ein Stück Fleisch auf zwei Beinen vor die Füße lief. Und dann kam ich. Tadaa. Hallo, Menschenfresser! Nur für euch habe ich mich im Gefängnis gemästet! Huhuuu! Fangt mich, wenn ihr könnt!

•

Nun, du hast bestimmt schon unzählige Geschichten über genau solche Reisen gehört, in denen jemand durch den Wald rennt, um vor einer Bestie zu fliehen, also werde ich diesen Teil nur ganz kurz abhandeln.

Mit dem Mond als einzigem Licht wanderte ich also durch die kalte Tundra. An manchen Stellen wuchs kaum etwas. Die Gegend sah aus, als wäre sie dem Untergang geweiht, als hätte eine Atombombe den Erdboden glatt gefegt und anschließend wäre Schnee darauf gefallen. Dann wieder ragte ein stockdunkler Wald über mir auf, die Fichten wiegten sich grau und freudlos hin und her wie eine riesige Armee der Finsternis.

Tage und Wochen stapfte ich vor mich hin, so lange, dass ich in diesen matschigen und unwegsamen Wäldern völlig das Zeitgefühl verlor. Nach all den Strapazen erreichte ich endlich den Schluchtsee, der mein Weg in die Freiheit sein sollte.

Merke dir den Namen, falls er dir einmal begegnet. Zum Baden solltest du dir meiner Meinung nach allerdings einen anderen See aussuchen. Der Schluchtsee ist alles andere als schön, und als ich jetzt in seine trübe, dunkle Oberfläche sah, spähte ich zurück in die Richtung, aus der ich gekommen war.

Schon eine alte Legende – an die ich natürlich kein bisschen glaubte – besagt, dass man durch ihn auf die andere Seite der Wirklichkeit gelangt.

Frag mich nicht, was die andere Seite der Wirklichkeit ist: die Unwirklichkeit, ein Zustand des Wahnsinns oder sogar der Tod? Jedenfalls war der Schluchtsee der abstoßendste See der Welt. Ich dachte sogar darüber nach umzukehren, denn eigentlich war das Gefängnis doch gar kein so schlechter Ort: drei

Mahlzeiten am Tag, meine Schwestern, meine Freunde und mein eigenes Bett. Gerade als ich tatsächlich wieder zurückgehen wollte, hörte ich einen entsetzlichen, markerschütternden Schrei. Und obwohl ich nicht an übernatürliche Ungeheuer glaubte, klang es, als ob einem riesigen Tier gerade eine Gliedmaße ausgerissen worden wäre. In dem Moment beschloss ich zu springen.

•

Auf den Schluchtsee komme ich später wieder zurück. Jetzt will ich die Erinnerung daran schnell wieder aus dem Kopf bekommen. Ich muss aber noch erzählen, dass mein Realitätssinn durch die lange Erschöpfung offenbar langsam durcheinandergeraten war, denn als ich in die Tiefen des Sees hinabtauchte und kurz darauf wieder an die Oberfläche stieß, war ich an einem völlig anderen Ort. Ich hielt es für unmöglich, aber in meiner Not fiel mir keine vernünftige Erklärung ein. Zu allem Überfluss wirkte der Ort, an dem ich gerade angekommen war, deutlich netter als der vorherige mit seinen Monstern.

Neugierig schaute ich mich um. Die Luft war klar, der Himmel wolkenlos, die Sonne wärmte meine Glieder genau richtig, und vor mir erstreckte sich ein unglaublich heller, glitzernder Meeresstrand. An ihm tummelten sich viele Urlauber – zumindest sahen sie für mich so aus. Links lag ein kleiner Fitnessbereich und alle Geräte waren gerade in Gebrauch. Es gab stämmige Bäume, gut gepflegte Grünanlagen, und die Leute saßen auf ihren Handtüchern und aßen Obst. Mandarinen! Wann hatte ich die das letzte Mal bekommen? Das war bestimmt zehn Jahre her. Beim Gedanken daran lief mir das Wasser im Mund zusammen. Ich musste im Paradies gelandet sein.

•

Hinter dem Strand ragte eine Stadt auf. Sie lag auf einem hohen Felsen. Von unten betrachtet wirkte sie nicht besonders groß, eher niedlich und einladend. An den Wänden der alten Häuser hingen Blumentöpfe in den unterschiedlichsten Größen, aus denen üppige Pflanzen oder gepflegte Gewächse emporkletterten. Ihre Anzahl erstaunte mich, denn ich dachte, in Städten gäbe es mehr Autos und Asphalt als Pflanzen. Aber vielleicht waren meine Informationen lückenhaft, weil ich mein Leben in Tómos-Biblos verbracht hatte. Auf dem eiskalten und kargen Felsen der Gefängnisinsel konnte die Vegetation nicht gerade gedeihen. Und die vergangenen Zeiten und Städte, von denen unser Lehrer Aristo uns erzählt hatte, waren unfassbar weit weg.

Aus der Nähe betrachtet, waren die Häuser der Stadt ziemlich alt und teilweise in schlechtem Zustand. Es war so gut wie nichts Neues zu sehen. Die Straßen waren abgenutzt, die verlassenen Häuser komplett überwuchert. Die Straßen führten teils gerade, teils in Schlangenlinien nach oben.

•

Die Stadtbewohner eilten die bergigen Fahrwege entlang, Straßenbahnen fuhren herum und würgten an den Haltestellen jeweils einen Schwall Menschen hervor. Unten befanden sich kleine Läden, breite Straßen und der Strand, aber an den Felshängen standen Hochhäuser, Windräder und andere große Einrichtungen wie Fitnesscenter, Waschsalons, Parkhäuser und mehr. Manches weiter oben, manches weiter unten. Ich lächelte fröhlich, während ich alles vom Badestrand aus betrachtete. Dies sollte meine Heimatstadt werden, bis ich das gelbe Holzhaus finden würde. Das Haus, in dem meine Schwestern und ich vor langer Zeit glücklich gefrühstückt hatten. Das gelbe Haus am Rande der Stadt, zwischen der

Wiese und dem Wald, mit dem Garten, in dem ein grünes Auto stand und in dem Obstbäume wuchsen. Das gelbe Haus, das offenbar unser richtiges Zuhause war.

•

Wie schon gesagt, war der Strand voller Leute. Sie lagen auf ihren Decken in der warmen Spätsommersonne und schliefen oder schauten auf ihre linke Handfläche, die leuchtete und blinkte. Manche waren an Baumstämme gelehnt, allerdings nicht etwa an Palmen, sondern an dicke Kiefern. Im Baum neben mir saß ein kleiner brauner Vogel. Er sah ganz gewöhnlich aus, hatte aber etwas im Schnabel. Es schien eine Quittung oder ein Zettel zu sein, aber bevor ich es genauer erkennen konnte, flog er davon. Direkt über mir fiel ihm der Zettel aus dem Schnabel. Er landete in meinen Haaren, und ich griff danach, bevor der Wind ihn davontragen konnte.

FLOHMARKT stand in dicken schwarzen Lettern darauf.

•

Was mir als Nächstes auffiel, war, dass niemand im Meer badete. Stattdessen tummelten sich die Leute in einem Schwimmbecken, das in dieses eingelassen war. Das Meerwasser war tiefblau, fast schwarz, das im Pool dagegen kristallklar. Die Leute planschten, was das Zeug hielt. Einige veranstalteten einen Wettkampf, andere bewegten sich so elegant wie möglich und sahen dabei trotzdem so aus, als hätte alles, was sie taten, einen Sinn. Manche hatten Unterwasserfahrräder und traten wie verrückt in die Pedale. Immer wieder öffneten sie ihre linke Faust, und sofort leuchtete die Handfläche weiß auf.

•

In der hinteren Ecke des Pools kraulten zwei Jungs herum. Ich schätzte sie etwa auf mein Alter. Vor mir lagen zwei Handtücher mit Pflanzenmuster im Sand, daneben auf jeder Seite ein Rucksack. Ihre Sachen. Beide hatten genau den gleichen Kleiderstapel: graues T-Shirt, graue Hose, graue Schuhe, alles ordentlich auf den Handtüchern gefaltet.

Meine Gefängnisklamotten waren auffällig zerlumpt und schmutzig, also schnappte ich mir schnell einen der Kleiderstapel inklusive der Schuhe und warf mir einen der Rucksäcke über die Schulter. Als ich es darin klimpern hörte, freute ich mich. Vielleicht war das Geld! Zum ausgiebigen Jubeln blieb aber keine Zeit, denn ich merkte, dass die Jungs in schnellem Tempo auf mich zugekrault kamen. Ich machte eine knappe Entschuldigungsgeste in der Hoffnung, sie würden verstehen, dass ich die Sachen wirklich brauchte. Als eine Art Entschädigung ließ ich ihnen meine alte, fast leere Umhängetasche da, in der sich mein Fluchtseil und ein Buch mit dem Titel »Poetik« befanden.

Seltsam, aber unser Gefängnislehrer hatte gesagt, wenn jemand eines Tages aus diesem Loch entkommen würde, müsse er dieses Buch mitnehmen und es dem ersten Menschen geben, der so aussah, als könne er lesen.

Auf seinen Wunsch hin hatte ich den verdammten Wälzer durch Wälder und Täler geschleppt, war mit dem Buch auf dem Rücken vor wer weiß was für Wölfen davongerannt und jetzt gab ich es den erstbesten wachsamen jungen Leuten zu lesen. Bitte sehr! Grüße aus dem Gefängnis! Da seht ihr, welche bücherverschlingenden Monster dort lauern!

•

Während ich in einem leichten Laufschritt vor den Jungs davonlief, dachte ich sehnsüchtig an Petit. Er las nur Bücher, die mit dem Fliegen oder mit Flugzeugmechanik zu tun hatten. Mein bester Freund, von dem ich mich nicht mehr hatte verabschieden können, war genau wie meine Schwestern und ich im Gefängnis aufgewachsen und er behauptete, Pilot zu sein. Pilot! Hat man je so etwas Dummes gehört?

»Petit, hast du schon im Mutterleib Flugunterricht bekommen? Hast du Babykurse für Flugmechanik besucht oder wann hattest du die Zeit, eine Pilotenausbildung zu machen?«, fragte meine Schwester Marmelade ihn manchmal schroff.

Sie war selten nett zu jemandem, selbst wenn sie ihn mochte. Und sie mochte Petit. Das taten alle. Trotzdem hatte sie recht. Wie hätte Petit einen Beruf erlernen sollen, wenn er doch schon genauso lange im Gefängnis war wie wir?

Petit zuckte verlegen mit den Schultern, so als hätte er selbst keine Ahnung, wo er all die Details über Flugzeuge und das Fliegen gelernt hatte.

Trotz allem hatten meine Schwestern ganz fasziniert zugehört, wenn er von seinem legendären Flug über die afrikanische Wüste erzählte. Er berichtete von einer Notlandung, von eiskalten Nächten und sengend heißen Tagen, davon, wie er sein kaputtes Flugzeug im letzten Moment reparieren konnte, kurz bevor er verdurstete. Fanta war ganz Ohr, lauschte mit tellergroßen Augen und offenem Mund, als wollte sie seine Erzählung verschlingen. Im Ernst, Fanta hätte sicher monatelang ohne Essen auskommen können, wenn sie nur Geschichten zu hören bekommen hätte. Während sie zuhörte, griffen Marmelades Finger nach einem Stift und sie fing an, ihn über das Papier zu bewegen. Es entstanden Wolken, ein Himmel, das runde Vorderteil eines Flugzeuges und daneben Petits ausgemergelte Gestalt.

»Das kann nicht sein!«, sagte Fanta mit leuchtenden Augen.

»Das kann auf keinen Fall stimmen!«, sagte Marmelade verzückt, die Spitze des Stifts immer noch auf dem Papier.

Petit zuckte nur mit den Schultern.

»Okay, *oui,* dann sagt ihr doch, was ich für ein Leben hatte, wenn ihr die Geschichte besser kennt.«

»Nein, erzähl du! Was ist passiert, als du aus der Wüste zurückgekommen bist? Wohin bist du gegangen, wer hat auf dich gewartet, was für ein Zuhause hattest du? Welche Möbel hattet ihr? Was habt ihr gefrühstückt, Petit? Biiiitte!«, bettelte Fanta und auch Marmelade sah ihn mit einem flehentlichen Blick an.

Ich muss zugeben, am allermeisten auf der Welt wollten wir Kinderhäftlinge wissen, wie es sich anfühlte, ein richtiges Zuhause zu haben, wie das Leben war, wenn man richtige Eltern hatte.

Petit schüttelte traurig den Kopf. Wir haben ihn nie gefragt, ob er unglücklich darüber war, dass er sich nicht an sein Zuhause erinnern und uns nichts davon erzählen konnte, oder darüber, dass niemand außer Fanta ihm seine Fluggeschichten glaubte. Oder ob es vielleicht daran lag, dass er selbst nicht verstand, wie das alles möglich sein konnte.

»Vielleicht war es nur ein Traum«, sagte er manchmal leise und niedergeschlagen.

•

Wie auch immer, jetzt musste ich einen Zahn zulegen, denn die wütenden Rufe der Jungs kamen immer näher. Offensichtlich waren sie nicht erfreut über die Umhängetasche, das Seil und die »Poetik«. Immerhin gab es hier Jugendliche, die ganz normal aussahen und wirkten, die rannten und schwammen. Vielleicht würde ich eines Tages einen von ihnen kennenlernen, mich mit ihm anfreunden. Aber weiter konnte ich nicht denken, denn ich musste mich ganz schön abhetzen.

Erst einmal ging es nur darum zu entkommen, dann wurde ich mir einfallen lassen müssen, wie ich überleben sollte, herausfinden, wo ich Brötchen herbekam, an was für einen Ort ich da geraten war und wo ich wohnen konnte. Ja, und welche Möglichkeiten es hier für jemanden in meinem Alter gab, um Geld zu verdienen.

Vielleicht könnte ich in einem Zoo arbeiten und mich um die Tiere kümmern oder in einer Bäckerei Brot backen, aber andererseits waren meine Arbeitserfahrungen sehr dürftig. Na ja, ich hatte die Wäsche der Gefangenen gemacht, Böden, Treppen, Fenster und Wände geputzt und alte und kranke Häftlinge gewaschen, Geschirr gespült und Kloschüsseln gesäubert. Ich hatte auch löchrige Laken geflickt, Schach gespielt und bestimmt einen Lkw voller Sachbücher gelesen. Mit diesen Fähigkeiten würde ich wohl irgendwo unterkommen, vielleicht in einer Schulbücherei oder in einer verdammten Wäscherei, wenn ich sonst nirgendwo etwas fand. Das dachte ich damals, während die Jungs nach und nach aufholten.

•

Da glitt lautlos eine Straßenbahn heran und hielt an der Haltestelle in meiner Nähe. Einen Moment lang wunderte ich mich über ihre geräuschlose Ankunft, als es plötzlich aus den Lautsprechern schallte: »Straßenbahnlinie Gelb Richtung Flohmarkt, über Kraftwerk und Fitnesscenter! Straßenbahnlinie Gelb Richtung Flohmarkt, über Kraftwerk und Fitnesscenter!«

»Flohmarkt« stand auf dem Papier, das der Vogel fallen gelassen hatte, also sprang ich mit zugehaltenen Ohren in den Wagen, als wäre der Zettel eine Anweisung an mich gewesen. Die Tür schloss sich und die Straßenbahn setzte sich, gerade als die atemlosen Jungs die Straßenecke erreichten, ruckartig in Bewegung.

Ich dachte an meine Schwestern, die im Gefängnis geblieben waren, und erstattete ihnen in Gedanken Bericht: »Zehn

Minuten in der neuen Stadt, und euer talentierter Bruder und Retter lebt noch. Fanta, du wärst längst zwischen den Zähnen des erstbesten räudigen Fuchses gelandet, und Marmelade, die Dunkelheit des Waldes hätte dich aufgesogen! Seid also froh, dass ausgerechnet ich, der kluge und zu allem fähige Oboi, die Gelegenheit bekommen habe, diese wichtige Operation namens ›Finde das gelbe Haus‹ auszuführen.«

•

Ich kniff die Augen zusammen, um Wegweiser, Straßenschilder, Tafeln mit den Namen der Stadtviertel oder irgendetwas anderes zu erkennen, das mir geholfen hätte, mich zu orientieren, aber weit und breit war nichts Geschriebenes zu sehen. Stattdessen ertönten an jeder Haltestelle Durchsagen aus den Lautsprechern der Straßenbahn: »Inhaltszentrum! Biosphäre Savanne! Brotfabrik! Studio! Energieverteilungspunkt! Fitnesscenter!«

Der Wind riss heftig an den alten Bäumen. Äste fielen auf die Straße. Es begann zu nieseln. Wie aus dem Nichts tauchte jemand auf, der sofort die heruntergefallenen Äste und Blätter wegräumte. Und verschwand.

Okay. Hier schätzte man also ... laub- und astfreie Straßen. Vielleicht wird das ja mein nächster Job, dachte ich damals.

•

Ich bemerkte, dass es in den Geschäften keine Schilder gab, sondern stattdessen Lautsprecherwerbungen, die die Menschen dazu aufforderten, die Obsthandlung, den Hamburger-Imbiss namens »Energienahrung« oder das Fitnesscenter zu besuchen. Fahrerlose Busse riefen unterwegs ihr Ziel und die Haltestellen aus. Anstelle von Schildern gab es Videos, in denen die Umgebung der Endhaltestellen zu sehen war, und verschiedene kurze Melodien teilten den Leuten mit, um welche Gebäude es sich handelte: Hier ist der Gemüsegarten, plimplim. Dies ist das Hallenbad, pimpadapom, das hier das Rathaus, trattaraa, hier das Ostseezentrum, plimplom, der Sportpark und piep, piep, ich bin ein piepender Laternenpfahl.

Ziemlich seltsam.

•

Was ich über das Leben außerhalb unseres Gefängnisses, Tómos-Biblos, wusste, stammte fast ausschließlich aus den Erzählungen anderer Gefangener und dem, was ich in Sachbüchern gelesen hatte. Meine Schwestern und ich hatten kaum Erinnerungen an die Zeit davor. Besonders viel Wissen über die Welt hatte ich in der Gefängnisakademie sammeln können, die Aristo leitete und die wir jeden Tag besuchten. Er hatte viel Interessantes zu erzählen gehabt. Seine Lieblingsbeschäftigung war das Nachdenken. Aber er wusste auch jede Menge über Mathematik, Naturwissenschaften, Astronomie und Literatur. Bei jeder Gelegenheit hatte er eine seiner Weisheiten abgefeuert. Wenn Fanta, Marmelade und ich uns stritten, was ungefähr hundertmal am Tag passierte, sagte er: »Jeder kann wütend werden, das ist einfach. Aber wütend auf den Richtigen zu sein, im richtigen Maß, zur richtigen Zeit, zum richtigen Zweck und auf die richtige Art, das ist schwer.« Wenn wir ein Wettrennen machten, um herauszufinden, wer von uns der Schnellste war (ich), sagte er: »Wo ein Wettkampf ist, da ist auch ein Sieg.«

Er erzählte uns von alten Kriegen und Eroberungen. Er mochte auch unsere Fragen: »Warum haben die Menschen so viel Krieg geführt? Wie haben sie sich das überhaupt getraut, hatten sie keine Angst zu sterben?« Es schien, als hätte Aristo einfach auf alles eine Antwort. Aber als Fanta fragte: »Gibt es heute noch Kriege?«, wusste er keine und lächelte nur.

»Warum erzählst du uns, wie es früher war?«, fragte ich. »Warum nicht davon, wie es heute ist? Warum wir hier im Gefängnis sind und wann wir hier rauskommen?«

Da wurde Aristos Miene düster und er seufzte. »Selbst im Hirn des weisesten Mannes gibt es einen törichten Winkel.«

»Weißt du also nichts über die Gegenwart?«, hakte Marmelade nach, und darauf antwortete Aristo nur: »Nein, nichts.«

•

Als das Megafon der Straßenbahn lauthals den Flohmarkt ankündigte, fiel mir der Vogel wieder ein. Und da ich sonst noch keine Reisetipps bekommen hatte, beschloss ich, einen Abgang zu machen.

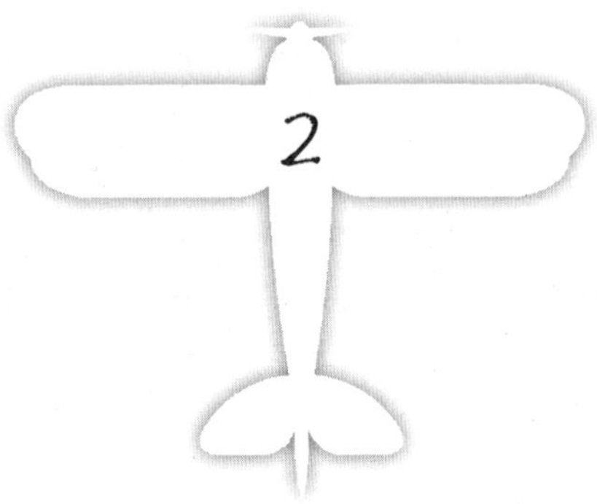

Das leere Buch

Der Flohmarkt erstreckte sich über eine riesige Fläche, sodass man nicht auf einen Blick erkennen konnte, wo er aufhörte. Es gab Hunderte von Verkäufern und Tausende von Käufern. Die Menschen strömten durch die verwinkelten Gassen, die Standbesitzer saßen erschöpft von der Spätsommerhitze an ihren Tischen oder auf ihren Decken. Auf den ersten Blick sah der Markt genauso aus, wie ich ihn mir vorgestellt hatte. Allerdings fiel mir eine altmodisch gekleidete Frau mit Schafen auf, die einen schweren Wollsack auf dem Rücken trug, während hinter ihr jemand mit schwarzem Lederanzug und Helm auf einer Art fliegendem Brett vorbeisauste.

Vergangenheit und Zukunft direkt nebeneinander.

Staunend betrachtete ich die Stände, an denen die seltsamsten Sachen verkauft wurden. Maschinen, die ich nicht kannte, bizarr geformte Schalen, Pflanzen und außergewöhnliche Klamotten. Schamlos starrte ich die Leute an. Ihre Schuhe, ihre Taschen, ihre seltsamen Outfits, ihre bunten Haare und die

Pflanzen, die sie wie Haustiere im Arm hielten, oder die Tiere, die sie an der Leine führten oder in ihren Taschen mit sich herumtrugen. Es waren definitiv keine Hunde, sondern Nerze, Dachse, Eichhörnchen, Möwen und sowas Ähnliches. Mehrere Menschen aßen im Gehen ein Brötchen, was meinen Magen knurren ließ. Sie schauten auf die Verkaufstische oder starrten auf das Gerät in ihrer Hand, das matt leuchtete. Ich versuchte, einen besseren Blick darauf zu erhaschen. Diese Dinger sahen aus, als wären sie ein Teil der Hand, als befänden sie sich unter der Haut. Doch anscheinend zeigten sie ihr Bild nur dem eigenen Betrachter, denn ich konnte nichts von dem sehen, worauf die Leute starrten.

•

An einigen Ständen verkauften Kinder ihre zu klein gewordene Kleidung, selbst gezogene Setzlinge von Obstbäumen, Ableger von Weinreben, Nadelbäume und Arten, die ich noch nie gesehen hatte. Aber zu meiner Verteidigung muss ich sagen, dass ich in einem Gefängnis auf einer abgelegenen Felseninsel hoch im Norden aufgewachsen bin und nicht in einem Garten. Dabei erklärten sie den Leuten fachkundig, wie die Pflanzen gepflegt werden mussten. Frauen priesen Elektroschrott an, indem sie riefen: »Inverter!«, »Multilinks!«, »Sinuswellen Akkus!« Ich wusste nicht, was das alles war, denn als jemand, der in Tómos-Biblos aufgewachsen ist, hatte ich wenig Erfahrung mit elektronischen Geräten. Aber die Kleidung erkannte ich: Jacken, Shirts, Hosen, Socken.

Auf dem Markt gab es auch leere Tische, hinter denen jeweils ein Mann oder eine Frau stand und in kurzen Abständen rief: »Neue Inhalte! Updates! Energiesparende Funktionen! Das Neueste vom Neuesten!«

Oder: »Körner und Samen!«, »Wolle!«, »Pilzmyzelien!«

Es sah alles furchtbar alt aus, und gerade als ich dachte, dass die Straßenbahn bestimmt eine Zeitmaschine gewesen war, die mich in die Vergangenheit befördert hatte, schwebte lautlos ein unglaubliches Gefährt vorbei. Ein Miniatur-Luftschiff oder ein Hochgeschwindigkeitszug aus glänzendem Kupfer, bei dem ich mich dann wieder fragte: Was für eine seltsame Welt ist das hier eigentlich?

•

Da entdeckte ich an der Seite einen Tisch, an dem eine ältere Frau Blumentöpfe aus Ton verkaufte, die über eine Art inneres Bewässerungs- und Wärmesystem verfügten. Auch Heidelbeeren und Heidelbeerstecklinge, Moos, Fichtensetzlinge und anderes Waldzeugs hatte sie im Angebot. Ihre tiefblauen Augen erinnerten mich sofort an meine Schwester Marmelade. Der Gedanke an sie war jedes Mal wie ein Schlag in die Magengrube. Wir waren ohne Eltern wie Kartoffeln in einem kalten und dunklen Gefängnis herangewachsen, aber immerhin gemeinsam. Wir waren ein unzertrennliches Dreiergespann, auch wenn wir uns ständig stritten und rauften.

Genau in dem Moment warf mir die Frau einen langen, prüfenden Blick zu und ich hatte sofort das Gefühl, dass sie mir damit etwas sagen wollte. Kennst du die Hexen aus den Märchen, die andere mit ihrem Blick verzaubern können? Jep. Glaubst du an so was? Ich auch nicht, kein bisschen.

Was ist das Sinnloseste auf der Welt? Geschichten! Wozu brauchte man all die schwachsinnigen Erzählungen über Hexen und sprechende Bären? Pure Zeitverschwendung! Hätten die Menschen all die Zeit, die sie mit dem Lesen von reinen Fantasiegeschichten verplempert haben, sinnvoll genutzt, was hätten sie dann alles schaffen können? Hätten sie statt Märchen Fakten gelesen, wäre die Welt voller Erfindungen, eine großartiger als die andere. Niemand müsste hungern oder krank werden.

Das dachte ich an jenem heißen Augusttag, während ich mich über den seltsamen, auffordernden Blick der Frau wunderte.

Sie sah sehr freundlich aus. Eigentlich war sie der erste Mensch, der mich überhaupt beachtete, abgesehen von den Jungs, die mich verfolgt hatten. Sie trug eine abgenutzte Hose und einen Wollpullover, vielleicht war sie arm. Trotzdem strahlte sie Sicherheit und Wärme aus, und obwohl mich die Tontöpfe und der Waldkram nicht interessierten, merkte ich, wie meine Beine mich wie von allein zu ihrem Tisch hinübertrugen. Vielleicht würde sie mir etwas über diesen Ort erzählen.

•

Die Leute betrachteten die Töpfe der Frau, aber solche gab es auch an vielen anderen Ständen, und so blieben nur die allerwenigsten länger stehen. Nebenbei bemerkt waren Blumentöpfe und Pflanzen auf dem Markt ein echter Renner.

Dann fiel mein Blick auf eine Kiste neben dem Verkaufstisch. Darin lag ein dunkles, in Leder gebundenes Buch. Auf dem Buchrücken stand kein Name. Es war dick und schwer.

Ich weiß nicht, warum ich danach griff, denn jetzt, da ich gerade aus dem Gefängnis voller Bücher entkommen war, hatte ich nicht gerade Lust zu lesen. Vielleicht nahm ich es in die Hand, weil es eben ein Gegenstand war, der mir durch und durch vertraut war, den ich gefahrlos anfassen konnte, im Gegensatz zu den merkwürdigen Geräten, die hier verkauft wurden. Und es konnte ja sein, dass es ein altes Sachbuch war. Vielleicht handelte es von Entdeckern oder Botanikern, die mit dem Schiff zu fernen Urwäldern segelten, Pflanzenproben in kleinen Glasröhrchen sammelten, sie erforschten und dann in ihren eigenen Gewächshäusern die seltsamsten fleischfressenden Pflanzen züchteten. Vielleicht hätte ich so etwas sogar als Abendlektüre gelesen.

Die Frau lächelte mir aufmunternd zu. Das Buch glänzte in der Spätsommersonne fast wie Öl, und es fühlte sich warm an. Als hätte es eben noch jemand in seiner großen warmen Hand gehalten.

»Ein echtes Schnäppchen«, sagte die Verkäuferin sanft. Ihre Stimme war weich und klangvoll, es lag etwas sehr Angenehmes, vielleicht sogar Vertrautes in ihr. Mich überkam das Gefühl, dass ich mehr von dieser Stimme hören wollte. Ich öffnete das Buch und blätterte die ersten Seiten durch. Es war leer, bis auf die erste Seite, auf die oben jemand mit Bleistift ein altes Gebäude gezeichnet hatte. Es war fast vollständig von Pflanzen bedeckt. Am Rand waren Vögel, Tiere und herumlaufende Spielkarten abgebildet.

»Haben Sie das gezeichnet?«

Die Frau nickte.

»Das ist der Anfang der Geschichte, oder besser gesagt, das Ende. Der Mittelteil auch.«

»Dieses eine Bild? Ist die Geschichte misslungen oder warum ist sie nicht fertig?«, fragte ich, aber sie lächelte nur ruhig und sah mich irgendwie wehmütig an. Ein bisschen so, als wollte sie mich anflehen, das Buch zu kaufen.

»Na, mir fällt schon eine Verwendung dafür ein«, sagte ich.

»Du brauchst dir gar keine auszudenken. Die wurde schon vor langer Zeit festgelegt.«

Erst befürchtete ich, sie würde mich veräppeln, aber vielleicht war dem gar nicht so. Sie wirkte nicht gemein, im Gegenteil: Alles, was sie sagte, klang freundlich und irgendwie zärtlich. Dann flüsterte sie: »Dieses Buch kann auch unschätzbar viel Gutes tun, es verändert alles ...«

»Ja, ja, die Rehe werden zutraulich, die Gewässer werden klar, die Flüsse hören auf zu fließen und die Berge rücken näher, damit sie besser hören können, worüber wir reden«, ergänzte ich etwas genervt.

»Ja, wenn du willst, dass es so kommt. Aber dieses Buch kann die Menschen aus ihren Gefängnissen befreien und dir dabei helfen, das zu finden, was du für immer verloren geglaubt hast«, sagte die Frau jetzt mit heller und lauter Stimme.

Ich spitzte die Ohren. Alle meine Sinne waren augenblicklich messerscharf.

»Welche Gefängnisse meinen Sie?«

Die Verkäuferin musterte mich aufmerksam. Dann zuckte sie mit den Schultern und sagte langsam, während sich ihre Augen die ganze Zeit in meine bohrten: »Ein Leben wie im Gefängnis.«

»Aha ...«, sagte ich enttäuscht. »Aber in dem Buch steht doch gar nichts, da ist nur dieses Bild.«

»Es wird schon noch fertig werden«, versicherte sie mir.

Ich schmunzelte. Vielleicht war die Frau doch etwas ... wie sagt man ... plemplem, wenn du weißt, was ich meine.

»Wie kann es fertig werden, wenn ich es kaufe?«, fragte ich

»Du trägst einfach deinen Teil dazu bei.«

»Ich?! Glauben Sie etwa, dass ich hergekommen bin, um irgendein Märchen zu schreiben? Ganz bestimmt nicht!«, rief ich.

Unkontrolliert rutschte mir diese Abwehrtirade heraus, wie ich sie bei Versammlungen zur Arbeitsverteilung in Tómos-Biblos gelernt hatte. Ich muss sagen, ich habe nie verstanden, warum man immer so gelassen sein soll. Meiner Meinung nach haben ruhige Leute noch nie etwas zustande gebracht, im Gegensatz zu denen, die schnell reagieren. Die Mutigen und Starken. Wer war aus dem Gefängnis ausgebrochen? Ich! Wer war den Fängen der Raubtiere entkommen? Ich! Nicht wegen meines friedfertigen Charakters, sondern wegen meines Mutes, meiner Schnelligkeit und meiner Kraft!

Trotz all der Dinge, die ich gerade aufgezählt habe, fing ich an, in meinem Rucksack nach den Münzen zu kramen, die ich dort vermutete. Aber es waren gar keine. Es stellte sich heraus, dass die klimpernden Teile Flaschenkronkorken waren.

»Damit kannst du bei mir nicht bezahlen, aber du könntest sie bei Motorendonner oder Metallsäge eintauschen. Frag doch mal bei ihnen nach. Ich habe sie dort drüben zwischen den Bäumen gesehen«, sagte die Frau und deutete auf die großen Kastanienbäume.

Motorendonner und Metallsäge, alles klar, dachte ich gereizt. In was für einem verdammten Fantasieland war ich hier eigentlich gelandet?

»Ich dachte, ich hätte Geld im Rucksack«, sagte ich verlegen.

Die Verkäuferin bedeutete mir hastig zu schweigen. Sie flüsterte: »Hier hat niemand Geld. Hier wird nur getauscht oder mit Manus bezahlt, aber du hast natürlich keines. Ich sage es niemandem. Bei Metallsäge bekommst du für drei Kronkorken ein falsches Manus. Sieht täuschend echt aus. Du solltest dir eins besorgen, dann wirst du nicht so leicht erwischt.«

»Aha«, sagte ich.

Ich verstand nur Bahnhof. Auf einmal schnappte mir die Frau das Buch aus der Hand und wickelte es in Papier ein.

»Hier, steck es schnell in deinen Rucksack und zeig es niemandem. Sei vorsichtig damit!«

•

Ein plötzlicher Windstoß erfasste meine Haare und warf die Blumentöpfe auf dem Tisch um. Seufzend stellte die Verkäuferin sie wieder auf. Der Wind wehte eine Handvoll Blätter vom Ahornbaum neben uns und riss das Papier vom Buch, als wollte er ein Geheimnis preisgeben. Ich steckte es in meinen Rucksack und ging.

»Ich werde an dich denken, Kind!«, rief die Frau und es sah aus, als schimmerten Tränen in ihren Augenwinkeln. Bestimmt war sie verrückt. Aber ich muss sagen, dass ich sie schon etwas lieb gewonnen hatte. Waisenkinder schließen ja bekanntlich jeden ins Herz, der ihnen über den Weg läuft.

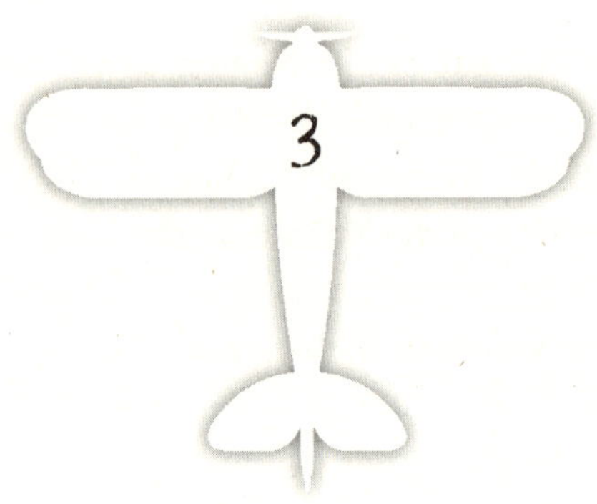

Der geheime Name

Durch den Sturmwind war die Luft voller Papiermüll. Die Bäume schwankten heftig hin und her, große Kastanienblätter flogen wie ausgerissene Vogelfedern umher und über mir brauten sich Regenwolken zusammen. Die Obdachlosen lehnten sich müde an Zäune und Hauswände, retteten Pflanzen vor dem Sturm und wickelten sich fester in ihre Decken.

Abwägend betrachtete ich die Leute, die mir entgegenkamen, bis ich vor einem recht gewöhnlich und freundlich aussehenden Mann stehen blieb und ihn fragte: »Wie heißt diese Stadt?«

»Die hat keinen guten Namen mehr«, sagte er und winkte ab.

»Mehr? Wieso?«

»Als sie unterging, verschwand auch ihr Name und vieles andere mit ihr. Niemand nennt diesen Ort mehr bei seinem richtigen Namen, so wie auch mich niemand bei meinem nennt.«

»Nicht? Warum nicht?«

»In der alten Zeit gab es alte Namen, in der neuen Zeit gibt es neue. Doch die der neuen Zeit sind nicht richtig. Pfui!« Angewidert spuckte der Mann auf den Boden.

»Dann sagen Sie mir die Namen dieser Stadt, den alten und den neuen.«

Der Mann sah sich um, hielt sich die Hand vor den Mund und hüstelte: »Berihella ...«

Jep, das hatte er gesagt, da bin ich mir ganz sicher. Gleich danach schaute er sich mit einem wilden Blick um. Ich sah ihn verständnislos an und fragte: »Was haben Sie gesagt?«

Wieder machte er eine Handbewegung und fuhr fort: »Offiziell heißt diese Stadt Bergstadt. Aber jetzt mach, dass du wegkommst, bevor sie dich noch erwischen. Du bist zu neugierig. Wo immer du auch ausgebüxt bist«, blaffte er.

•

Und in dem Augenblick riss die grauschwarze Wolkendecke über mir auf, Blitze schlugen krachend in das Dach des alten Gebäudes ein und es begann in Strömen zu regnen. Eigentlich wollte ich dem Rat der Frau folgen und mir mit den Kronkorken eine dieser komischen Attrappen kaufen, aber dann ließ ich es doch. Ich rannte los, um auf der großen Straße vor mir einen Unterstand zu finden, der mich vor dem Regen schützte. Bald wurde es dunkel in Bergstadt und die gewaltigen Donnerschläge spalteten mir fast den Kopf. Ich rannte zum nächstbesten Eingangstor, gerade als der Sturm so heftig tobte, dass die alten Bäume, die die Straße säumten, noch ein letztes Mal knarrten und schließlich mit lautem Getöse umstürzten.

•

»Bei welchem Wetter seid ihr wohl geboren worden?«, fragte Tzeitel, unsere Musiklehrerin, einmal in der Gesangsstunde in Tómos-Biblos und lächelte.

Fanta antwortete mit ihrer schrillen und kindlichen Stimme: »Bei mir herrschte strahlender Sonnenschein. Bei Oboi war das Wetter langweilig und es flogen Sachbuchseiten durch die Luft …«

»Stimmt nicht!«, rief ich und ging gnadenlos auf meine einbeinige Schwester los.

»Als du geboren wurdest, verfaulte die Sonne am Himmel, und als Marmelade geboren wurde, ging sie aus, und das ganze Universum war voller schwarzer Wolken …«

»Hör auf«, brüllte Marmelade und stürzte sich auf mich. Kurz darauf rollten wir wie ein wütender Wirbelsturm über den Boden und kämpften, und wieder einmal brauchte es eine Handvoll großer Erwachsener, um uns zu bändigen.

»Aber ihr seid doch Drillinge, ihr seid am selben Tag geboren. Wie kann da das Wetter so wechselhaft gewesen sein?«, wunderte sich Tzeitel, als der Streit geschlichtet war.

Wie auch immer es gewesen war, in Wahrheit wussten wir nicht mehr, wie das Wetter war, als wir geboren wurden. Wo wir uns doch nicht einmal an unsere eigene Mutter oder an unsere Kindheit außerhalb des Gefängnisses erinnern konnten.

•

Ein Wolkenbruch prasselte auf mich nieder, als würden über mir die Niagarafälle tosen, und aus dem Schutz des Torwegs heraus schaute ich zitternd zu. Mir wurde klar, dass ich keinen Ort hatte, an den ich gehen konnte, niemanden, den ich um Hilfe bitten konnte. Ich trug die Klamotten, die ich den Jungs geklaut hatte: ein graues Shirt, eine graue Hose und graue Schuhe, alles patschnass. In meinem Rucksack waren eine Flasche Johannisbeersaft und ein paar Scheiben gezuckerter Zwieback. Außerdem das alte Buch, das mir die Frau gegeben hatte und die paar Kronkorken. Das war's.

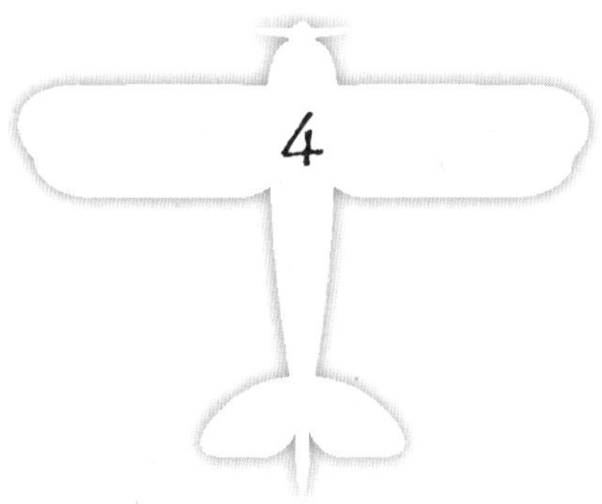

Die Flucht aus dem Gefängnis

Während ich bibbernd unter dem Torbogen stand, überlegte ich, was ich mit dem Buch machen sollte. Zuerst hatte ich die Idee, dass ich Karten hineinzeichnen und auf der Suche nach dem gelben Haus vielleicht diese Stadt kartieren könnte, aber dann fiel mir ein, dass ich auch etwas an meine Schwestern hineinschreiben könnte, über alles, was ich hier gerade sah, alles, was ich erlebte. Sicherlich würde ich einen Weg finden, das Buch ins Gefängnis zu schicken. Ganz bestimmt, dachte ich damals.

In Gedanken ging ich noch einmal den Moment durch, als ich meine Schwestern zum letzten Mal gesehen hatte. Ich dachte daran zurück, wie Fanta auf dem Boden saß und weinte, wie sie die Arme hob, um eine letzte Umarmung zu bekommen.

Sie sagte: »Ich kann an deiner Stelle gehen, Oboi. Ich habe zwar nur ein Bein, aber ich bin zäh, einfallsreich und habe viel Fantasie.«

Ich erwiderte: »Nein, Fanta. Auf so einer Reise nützt Fantasie nichts. Ich gehe, ich bin der Mutigste von uns.«

Und Marmelade? Auf den Bildern, die sie malte oder zeichnete, waren immer Hände zu sehen. Meistens waren sie zierlich. Manchmal waren sie geöffnet, und es flogen Vögel oder Farben oder ein kleiner Roboter heraus. Manchmal schimmerten sie einfach ein bisschen gespenstisch, oder es ragten Pflanzen oder Texte aus ihnen empor. Außen herum flogen immer Schmetterlinge. Aber im Herbst war Marmelade jedes Mal für lange Zeit schwermütig und schweigsam. Eine regelrechte Dunkelheit ging von ihr aus, und niemand konnte übersehen, dass diese sie wie eine Art mystischer Rauch umhüllte. Dann wurden die Hände, die sie an die Wände malte, wütender, ballten sich zu Fäusten oder griffen nach dem Text, um ihn zu zerreißen. Sie bohrten Löcher in die Gefängnismauern, durch die man ein Stück der düsteren Welt außerhalb sehen konnte.

Während ich an Marmelade dachte, fiel mir das Bild wieder ein, das sie mir ein paar Tage vor meinem Aufbruch gegeben hatte. Es war ein Bild von ihr selbst.

»Hier, Oboi. In mir ist es gar nicht traurig und dunkel.«

Sie reichte es mir. Es zeigte ihre Welt. Marmelade mit ihrer großen schwarzen Haarpracht. Kein Hintergrund, kein Gesicht. Alles, was Kinder normalerweise um sich herum zeichnen, hatte Marmelade in sich hinein gezeichnet: einen Himmel mit Sonne, Mond und Sternen und die Meere und Länder der Welt. Das Bild war ziemlich detailliert, und wenn man genau hinsah, konnte man unser Zimmer erkennen, also die Zelle Nummer 4582, außerdem Petit und sein Flugzeug (das noch nie jemand gesehen hatte, und natürlich vermuteten wir alle, dass es gar nicht existierte). Auf dem Tisch lag Marmelades

Lieblingsbuch »Der Rabe und der Goldkäfer«. Die rechte Seite des Bildes war dunkler, dort war alles trostlos und schemenhaft, da waren Schatten, aus denen man nicht schlau wurde, und etwas Bedrohliches.

So war Marmelade. Das war es, was damit gemeint war, wenn man sagte, dass jemand den Blick nach innen richtete. Die Welt lag im Inneren und die äußere war gar nicht so wichtig.

»Lass mich gehen, kümmere du dich um Fanta. Mir machen die dunklen Wälder keine Angst«, sagte Marmelade.

Entschieden schüttelte ich den Kopf.

»Nein. Bleib du hier und zeichne. Ich bin am stärksten. Und am schlausten«, fügte ich hinzu und grinste, denn ansonsten hätte es Prügel gegeben, und dafür hatte ich keine Zeit mehr. Marmelade zog nur die Augenbrauen hoch und schüttelte den Kopf.

Natürlich dachten wir darüber nach, wie unser Leben aussehen würde, wenn wir keine Waisen und Gefangenen wären, wenn wir ein Zuhause und Eltern hätten. Vielleicht wären wir nicht solche Streithähne gewesen. Wir prügelten uns oft so heftig, dass alle Gefangenen auf der Etage 177 aus voller Kehle nach der Gefängnisdirektorin Mega schrien, damit sie uns trennte und jeden in eine eigene Zelle sperrte. Aber so etwas tat Mega nicht. Unsere Angelegenheiten interessierten sie nicht, es war ihr ganz egal, was wir machten. Selbst wenn wir uns gegenseitig umgebracht hätten, wäre sie bestimmt nur froh gewesen, dass eine Zelle frei geworden war.

Mir kam der Gedanke, dass die Gefängnisdirektorin von allen Menschen, denen ich bisher begegnet war, am wenigsten menschlich war. Mega kannte wahrscheinlich keine anderen Gefühle als Abscheu und machtbedingte Selbstgefälligkeit.

Keine Freude, keine Trauer oder Niedergeschlagenheit, nichts. Was war so jemand für ein Mensch? Wer steckte so viele Leute ins Gefängnis – Tausende, sogar Kinder – und ließ sie dort schmoren, ohne ihnen überhaupt zu sagen, warum?

•

Wir Drillinge waren also Sommer wie Winter zusammen. Ich immer mutig und zu allem bereit, Marmelade schwermütig wie ein Gewitter, bestenfalls mit einem Stift in der Hand, Fanta mit ihrem einen Bein, zu dünn, immer blass, aber mit einer grenzenlosen Fantasie, hartnäckig und lustig. Wir drei waren eine Familie und jetzt hatte ich sie zerstört, nur wegen eines Briefs auf einem kleinen Zettel, dessen Absender ich nicht kannte. Eines Morgens lag er einfach auf dem Boden unserer Zelle.

•

> *Ahoi!* (Natürlich war ich mir ganz sicher, dass dort Oboi stand, aber meine Schwestern haben das vehement abgestritten, und natürlich hatte das wieder einmal eine Rauferei zur Folge.)
>
> *Das Schiff ist rot und auf seiner Flanke steht PILOT. Es bringt am Dienstag gegen 20:30 Uhr eine Ladung Lebensmittel zum nördlichen Bootssteg. Warte, bis sie die Fracht hineingetragen haben. Nach dem Anlegen geht die Besatzung einen Kaffee trinken. Dann kannst du sicher an Bord gelangen. Am Bug des Schiffes ist eine Plane, unter der ein Rettungsboot aus Gummi liegt. Versteck dich darunter. Wenn du das Festland erreicht hast, ist unter dem Steg eine Vorrichtung, auf der du weitere Anweisungen für deine Reise findest. Komm erst heraus, wenn der Schiffsführer weg ist. Ich hoffe,*

das Wasser ist nicht gestiegen und hat die Anweisungen zerstört.
GH

•

Würdest *du* dich auf den Weg machen? Wenn du dein ganzes Leben im Gefängnis verbracht hättest? Wenn du nicht wüsstest, wer dieser Absender namens »GH« ist und keine Ahnung hättest, wohin die Reise geht und warum? Es könnte ja auch ein Test sein, der krankhafte Versuch der verrückten Gefängnisdirektorin, deine Loyalität auf die Probe zu stellen, oder irgendein dummer Scherz. Würdest du dich fragen: Warum passiert das mir, ich bin doch ganz normal, na ja, okay, ein bisschen besser als normal, aber trotzdem kein Superheld? Wer sollte denn meine Flucht geplant haben?

Ich kann dir sagen, dass gerade den Normalen, den etwas mutigeren Normalen, genau solchen wie dir und mir, ständig so etwas passiert. Von allen Seiten bin ich mit Einladungen zu Abenteuern überhäuft worden. Mitten im Unterricht hörte ich ein Geräusch aus dem Flur, das geradezu verlangte, dass ich aufsprang und losging; während des Essens huschte eine Ratte in ein Loch in der Wand und forderte mich unmissverständlich auf, ihr zu folgen. Je gefährlicher die Einladungen waren, desto mehr Mut und Weisheit erforderten sie und umso besser passten sie zu mir und vielleicht auch zu dir.

•

Soweit ich weiß, hat so etwas in Tómos-Biblos allerdings noch niemand erlebt. Niemandem war es je gelungen zu fliehen und niemand hatte jemals auch nur einen einzigen Brief bekommen.

Tómos-Biblos lag auf der winzigen Insel V, hoch, hoch oben im Norden. Der Name V kam von der Form der Insel, die aussah wie der Buchstabe V. Auch das Gefängnis war V-förmig, es folgte dem Umriss der Insel. Wir wohnten im rechten Flügel, genau wie Petit, während Aristo zum Beispiel im linken lebte.

Da unsere Zelle auf der Außenseite lag, konnten wir nicht wie die Gefangenen auf der Innenseite zu den Fenstern des linken Schenkels hinüberschauen. Für meine Flucht war das nützlich, denn wenn wir auf der Innenseite gewohnt hätten, hätte ich nicht aus dem Fenster klettern können, ohne gesehen zu werden.

Die Insel V lag mitten in einem eisigen Meer und unter den Gefangenen wurde gemunkelt, das Festland sei mindestens eine Tagesreise entfernt, je nachdem, was für ein Schiff man hatte. Zu Fuß über das Eis zu gehen, wäre erbarmungslos gewesen und der Ausreißer wäre wahrscheinlich schnell erfroren. Kein Mensch hätte es geschafft, den Weg zu schwimmen. Die Eisbrecher hielten die Wasserstraße das ganze Jahr über offen, weshalb selbst gebaute Flöße spätestens auf offener See von den Eisschollen zermalmt worden wären.

•

Meine Flucht verlief genau nach den Anweisungen, die ich gleich nach meiner Ankunft auf dem Festland in einer kleinen Blechdose unter dem Steg gefunden hatte. Unterwegs begegnete ich keinem einzigen Menschen und hatte daher auch nicht den geringsten Hinweis darauf, wer meine Flucht geplant hatte. Jemand wollte, dass ich freikam. Aber warum?

Offensichtlich hatte er oder sie gehofft, dass ich ausgerechnet in Bergstadt landen würde. Was war das für ein Ort? Ob das gelbe Haus am Rande genau dieser Stadt lag? Wie sollte ich die richtige Stelle finden? Wie sollte ich bis dahin überleben?

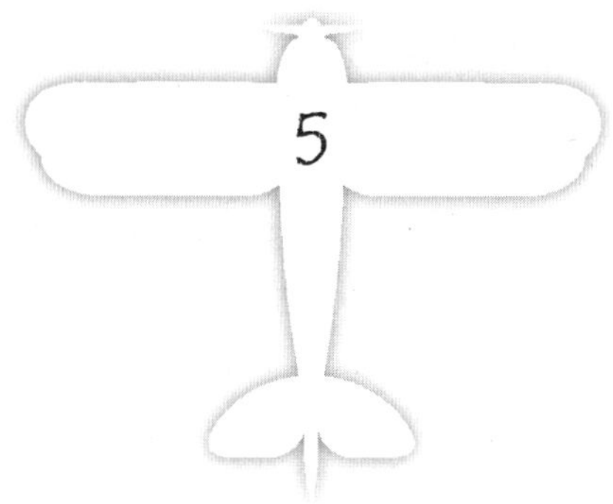

5

Das unterbrochene Frühstück

Am Abend beruhigte sich das Unwetter, und ich ging durch die Straßen von Bergstadt. Die Türen zu den Treppenhäusern und Lagerräumen der Hochhäuser waren fest verschlossen, sogar die Schuppen für die Mülltonnen waren zugesperrt. Für Fahrräder und andere Transportmittel gab es in den Innenhöfen kleine Unterstände – alles war hinter Schloss und Riegel, so als ob die ganze Stadt in ständiger Angst leben würde.

•

Ich konnte allerdings nichts Beängstigendes sehen. Die Stadt kam mir lebendig vor und sogar einigermaßen freundlich. Die Menschen kümmerten sich um ihre Tiere. In den Innenhöfen und auf den Dächern waren kleine Gärten, in denen Obstbäume und Fichten oder Blumen und Gemüse wuchsen. In jedem Fenster standen Blumentöpfe, aus denen grüne Blätter sprossen. Auf jedem Balkon schien eine Art Wald, Dschungel oder zumindest eine Savanne zu wachsen. Die Leute sorgten für ihre Tiere und Pflanzen, aber anderen Menschen gegenüber waren sie gleichgültig. Sie starrten mit ernster Miene auf ihre leuchtende Hand und nickten ab und zu verständnisvoll, wenn sie ihnen etwas mitteilte. Jeder eilte irgendwohin, in Geschäfte oder alte Hochhäuser. Vereinzelt gab es aber auch große verlassene Gebäude, die so verfallen und deren Fenster so kaputt waren, dass Äste von Bäumen oder dicke Pflanzenranken aus ihnen herausquollen. Hinter den verlassenen Häusern breiteten sich große, grasüberwachsene Gärten aus, die mit Stacheldraht eingezäunt waren. Darin standen morsche Schaukeln oder Schuppen, es gab Klettergerüste und rissigen Asphalt. Es hatten einmal Kinder in ihnen gespielt. Ein Wind kam auf und blies in einer riesigen roten Wolke trockenen Sand durch die Gärten.

Wo waren all die Kinder jetzt?

•

Nicht allen Menschen schien es so gut zu gehen, dass sie sich am Abend in irgendein altes Haus zurückziehen konnten, um sich aufzuwärmen. Nein. An den Straßenecken lungerten Männer und Frauen in abgenutzten Klamotten herum, mit zusammengerollten Matratzen unter dem Arm. Sie bettelten die Vorbeigehenden um Gegenstände, ein Stück Brot oder Obst an. Manche baten darum, für Batterien, ein Kabelstück oder ein paar Flaschenkorken die Schuhe der Passanten polieren zu dürfen. Andere waren bereit, Taschen zu tragen, die Straße zu kehren und diverse kleine Dienste zu übernehmen. Sie hatten keine leuchtenden Geräte in ihrer Hand.

In Toreinfahrten und Fensternischen lagen Leute mit ihren Hunden, Katzen, Decken und Pflanzen und ruhten sich aus. Sogar die Obdachlosen hatten haufenweise Töpfe mit verschiedensten Blumen, Obstbäumchen und Reben. Hier und da gab es kleine Parks, in deren hinteren Winkeln windige, aus Brettern und Stoffen gezimmerte Verschläge, Papageienkäfige oder Katzenzwinger, kleine Gemüsebeete und Gärten zu sehen waren, in denen die Obdachlosen ihre Schafe, Hunde und was sie sonst noch so hatten, bürsteten. Irgendetwas stimmte nicht mit dieser Stadt, aber was?

•

Im Dunkeln blickte ich durch die Fenster hinein, in denen das Licht angegangen war. Ich stellte mir die Familien hinter den Scheiben vor, die gerade am Tisch saßen und zu Abend aßen. Plötzlich hasste ich jeden einzelnen von ihnen. Ich hasste diese blöde, kalte Stadt, in der die Leute ein Zuhause und eine Familie hatten. Im Gefängnis hatte niemand ein Zuhause oder eine Familie gehabt, darum musste man dort auch niemanden hassen oder beneiden.

Jetzt, im Nachhinein betrachtet, war es dumm und unvernünftig, die unbekannten Leute hinter den Fensterscheiben zu hassen, denn die Menschen, die unter ihren Lampen mit ihren »Familien« zusammensaßen, wussten nicht einmal, was das Wort »Familie« bedeutete. Aber davon hatte ich damals noch keinen blassen Schimmer gehabt und so malte ich mir aus, dass sie genau das Leben führten, von dem wir Gefangenen in Tómos-Biblos immer geträumt hatten.

»Stellt euch vor, ihr habt einen Fernseher, in dem jeden Tag lebendige Geschichten erzählt werden. Stellt euch die großen, weichen Betten und Sofas vor, voller Kissen und warmer Decken. Wasserhähne, aus denen klares Wasser kommt. Warme Räume, überall kleine Lampen. Haustiere, Tische, Stühle, Waschmaschinen, stellt euch vor, ihr hättet eine Mutter …«

»Nein! Hör auf! Keine Mutter! Vergiss es!«

Solche Gespräche hatten Marmelade, Fanta und ich manchmal miteinander geführt, aber selbst diese Träumereien hatten am Schluss immer mit einer Rauferei geendet.

•

An jenem Abend in Bergstadt erlaubte ich es mir trotzdem, in die Fantasie einzutauchen, die einzige Geschichte, die ich bereit war, mir auszumalen. Vor meinem inneren Auge sah ich Marmelade, Fanta und mich selbst am Tisch sitzen, im gelben Haus, dessen Räume von der Sonne in cremefarbenes Licht getaucht wurden. Die Küchentür war offen, und ich wusste, dass sie in den Garten führte, in dem ein üppiger, grüner Rasen wuchs.

Wir nannten dieses Spiel »Frühstück«. Es war ein Gedankenspiel, das ich oft mit meinen Schwestern machte. Wir riefen uns ein Holzhaus in Erinnerung, immer dasselbe. Es war gelb. Wir hatten uns nie ein anderes Zimmer als die Küche vorgestellt, etwas anderes konnten wir uns nicht ausmalen. Auch keinen Papa, denn auch das konnten wir nicht. Eine Mama dagegen huschte in unserer Vorstellung nur kurz am Türrahmen vorbei. Wir malten uns einen Rocksaum und nackte Füße aus. Einen Duft nach Schnittlauch. Manchmal überlegten wir uns auch, dass sie eine rote Haarlocke hatte, so wie Fanta. Wir spürten, wie ihre Finger über unsere Gesichter strichen, wir hörten ihre ruhige Stimme, die uns von der Welt um uns herum erzählte.

Ich bin es. Mama. Hier höre ich auf, und dann beginnst du.
So schreibe ich dich.

Hier ist dein Mund, er ist ein Kreis,
oder ein O oder ein Mond oder eine Sonne,
ganz wie du möchtest.
Wenn du willst, ist dies nur ein Märchen.
Draußen ist es grün, dort ist Sommer,

hinter den Gräsern die Bäume, der Wald, die ganze Welt.
Alles ist bereit für dich,
erwartet deine Zehen,
die sich in den taunassen Rasen drücken,
erwartet deine Hände, die begeistert durch die Luft tasten,
erwartet deine Augen, die alles, alles sehen.

Wie Geschichten haben auch du und ich
einen Anfang und ein Ende.
Am Ende steht ein Punkt. Der Punkt ist ein kleines o.

•

Diese Worte hatten sich in unser Gedächtnis eingebrannt. Wir sagten sie oft abends vor dem Schlafengehen auf. Das war unser Ritual, ein Gute-Nacht-Wunsch. Wenn wir diese Worte aussprachen, waren wir für einen Moment dort, in der grünen Wärme des Spätsommers, in der cremefarbenen Küche des gelben Hauses, und wir waren nicht allein.

In unserer Vorstellung saßen wir beim Frühstück. Vielleicht waren wir damals ungefähr zwei Jahre alt. Wir konnten schon in unseren Hochstühlen sitzen, nach den Brötchen vor uns auf dem Tisch greifen und sie uns in den Mund stecken. Wir fantasierten und fantasierten, dachten an das Geschirr und die Fenster und die Vorhänge, stritten uns darüber, was für eine Pflanze in der alten Teekanne wuchs. Wir konnten uns manchmal bis aufs Blut prügeln, denn wie ich vielleicht schon erwähnt habe, gehörten Raufereien zu unserem Alltag. Wenn Fanta der Meinung war, es sei ein Orangenbaum-Setzling gewesen, behauptete ich, es war Minze, worauf Marmelade mit ihrer dunklen Stimme sagte.

»Mama liebt schwarze Stiefmütterchen!«

•

Mama. Bei ihrem Rock und ihrem Oberteil waren wir uns einig. Eine feine Bluse mit hellem Untergrund und Blumenmuster und ein Rock mit weitem Saum. Aber auch wenn wir uns Mamas Gesicht nicht vorstellen konnten – uns gegenseitig konnten wir vor unserem inneren Auge sehen.

»Was habe ich damals gemacht?«, fragte Fanta fast immer.

»Du warst an deinen Stuhl gefesselt, damit du nicht runterfällst. Du hast gesungen: ›Die Sonne geht auf, die Sonne geht unter‹, und mit dem Löffel auf den Tisch geschlagen. Mit der anderen Hand hast du versucht, an die Limoflasche zu kommen. Aber ich habe sie vor dir erwischt, denn du warst ... und bist immer noch ... ein bisschen schwächlich«, antwortete ich.

»Du hast den Kakao umgeschmissen, Oboi! Du warst tollpatschig wie ein Gorilla«, ergänzte Marmelade.

»Oder wie Godzilla!«, sagte Fanta aufgeregt.

»Du warst auch nicht gerade die Frühstückskönigin, wie du da mit deinem Brot unter dem Tisch herumgelungert bist und mit den Fingern die Marmelade direkt aus dem Glas gegessen hast!«

•

Und mit diesem Wirrwarr endete unsere Fantasie. Weiter ging sie nicht. Das war's. Die Toastbrote, Marmeladengläser und Orangen blieben auf dem Tisch, die Tassen fielen um, die Schüsselchen rollten über den Boden. Es passierte etwas Schreckliches und wir kamen ins Gefängnis.

Trotzdem hatten wir ein gutes Gefühl, wenn wir daran dachten. Die Fantasie nutzte sich nicht ab, im Gegenteil, je öfter wir sie uns vorstellten, desto lebendiger wurde sie. Wenn wir seltenerweise einmal nicht stritten und Marmelade das Frühstück beschrieb, konnten wir fast den Honig schmecken, hörten das Knirschen des knusprig gebackenen Toastbrots zwischen unseren Zähnen, schmeckten die kühle Erdbeermarmelade darauf. Der heiße Kakao dampfte aus den Tassen, wir konnten die säuerlichen Früchte und den frischen Schnittlauch riechen.

Dass Gerüche durch das Fenster hereinkamen, konnte die Gefängnisdirektorin Mega nicht verhindern, und im Sommer trug der Wind den vertrauten Duft von irgendwoher zu uns. Dort waren wir zu Hause. Und an diesen Frühstückstisch wollten wir irgendwann wieder zurückkehren!

Gemeinsam hatten wir beschlossen, dass wir, wenn wir eines Tages freikämen, das gelbe Haus suchen und herausbekommen würden, woher wir stammten. Das Haus zu finden, war also mein oberstes Ziel, als ich endlich entkommen war.

•

Ich war zum Torbogen zurückgekehrt und saß jetzt auf einer Treppe. Es waren auch noch ein paar andere Obdachlose da, die ihren abendlichen Beschäftigungen nachgingen. Morgen war ein neuer Tag und es würde noch lange dauern, bis die Dunkelheit des nächsten Abends hereinbrach. Morgen würde ich irgendeinen Ort finden, an dem ich mir ein neues Leben in dieser Stadt aufbauen konnte. Mit dem Buch im Arm legte ich mich hin. Von der Straße drang immer noch Lärm herüber: Piepen, dumpfe Schläge, Durchsagen und die lauten Rufe von Tieren. Mir lief ein kalter Schauer über den Rücken. Neidisch blickte ich auf die Obdachlosen, die sich in einer geschützten Ecke des Torbogens ein Bett aus Wolldecken gemacht hatten und sich jetzt in ihre Decken wickelten. Auch wenn sie nicht unbedingt zufrieden waren, so war ihnen immerhin wärmer als mir.

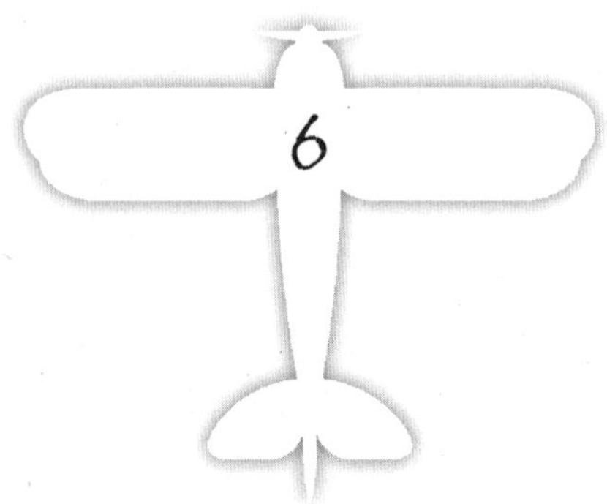

Die Lichter in den Handflächen

Am Morgen wachte ich pünktlich zum Sonnenaufgang auf. Meine Beine waren ganz steif vor Kälte. Mühsam setzte ich mich auf und blickte zu den Fenstern der erwachenden Häuser. Bergstadt strahlte wie eine frisch geputzte Glasscheibe und das machte meine Laune sofort ein bisschen besser. Das Buch hatte einen Abdruck auf meiner Wange hinterlassen. Ich öffnete es. Überrascht bemerkte ich, dass auf einer der Seiten etwas stand. Wie hatte ich das gestern nur übersehen können? Es war eine dunkle, verschnörkelte Schönschrift, so als wäre der Text in einer völlig anderen Zeit geschrieben worden. Er war etwas schwierig zu lesen, aber nachdem ich ihn eine Weile betrachtet hatte, konnte ich ihn langsam entziffern.

Man sagte, es sei eine ganz anständige Stadt gewesen. Niedrige Häuser, klarer Himmel. Dann jedoch drangen erst kalte

Winde und anschließend Dunkelheit bis in jede Ecke vor. Zuvor war die Stadt so hell gewesen, dass es keinen Winkel gegeben hatte, in den kein Licht gefallen wäre und wo man Verbrechen begehen, eine Pfeife paffen oder ein fragwürdiges Nachtleben hätte führen können. Dann stieg plötzlich ohne Vorwarnung der Wasserspiegel an, die Stadt ging unter, und alles veränderte sich. Ein kleiner Teil blieb allerdings übrig: der höchste Hügel, und der bekam einen neuen Namen.

Zuerst setzte man den Menschen ein Licht in die Handfläche.

Tag und Nacht leitete es sie. Die Häuser wurden größer, die Dämmerung brach an und das Licht sagte einem, wohin man gehen sollte, erteilte jedem Anweisungen. Man brauchte überhaupt keine eigenen Gedanken mehr, wenn man nur das Licht in der Handfläche hatte.

Allerdings sammelten sich in den Schatten und Wäldern hier und da kleine Gruppen von Menschen. Sie wollten dem Handlicht nicht folgen, sondern selbst denken. Solche Gruppen waren äußerst verboten und streng geheim. Diese im Verborgenen lebenden Menschen nannten die Stadt immer noch bei ihrem alten Namen, Beribelland. Er war wie ein Losungswort. Wenn du es kanntest, wusstest du Dinge, die andere nicht wussten. Du warst anders. Du befandest dich abseits des Handlichts und im Inneren eines geheimen Zirkels. Du dachtest eigenständig.

Er, der es wagte, diesen Namen, Beribelland, laut zu hüsteln, warf sofort einen Blick über seine Schulter und schaute sich gehetzt um wie ein Häschen, das von einem Gewehr aufgeschreckt wurde. Wenn es so schlimm kam, dass man beim Aussprechen des Namens erwischt wurde, nahm einen das Handlicht für alle Zeiten in seinen Kreis auf. So geheim, verboten und gefährlich war der Name Beribelland. In dieser Stadt bist du gerade angekommen. In dieser Stadt gibt es eine Aufgabe für dich.

Okay. Was zur Hölle? Ich bekam Angst. Das verstand ich nicht. Der freundliche Mann auf der Straße, hatte er nicht einen ähnlichen Namen gesagt … oder vielmehr gehüstelt und einen Blick über seine Schulter geworfen?

Jetzt warf *ich* einen Blick über meine Schulter, um mich zu vergewissern, dass mich niemand beim Lesen gesehen hatte oder nicht vielleicht der Mann von der Straße hinter mir stand oder jemand anderes, jemand mit so einem … verdammten Handlicht.

In dem Moment schrak ich hoch, weil von der Straße Geräusche zu mir herüberdrangen, und steckte das Buch schnell in meinen Rucksack.

»Berihelland!«, flüsterte ich mit vor Begeisterung und Aufregung zitternder Stimme, wie um auszuprobieren, was passieren würde, wenn man den Namen aussprach. Der Wind erfasste meine Haare und zerrte an meinem Rucksack. Hätte ich an so etwas wie Omen geglaubt, hätte ich das wohl für eine Warnung gehalten. Der ohrenbetäubende, hämmernde Straßenlärm sorgte allerdings dafür, dass niemand mein Flüstern hörte. Die Menschen eilten die Straße auf und ab, ein Teil von ihnen war in kleinen dreirädrigen Mini-Autos unterwegs, ein Teil sauste auf Hoverboards vorbei und die Straßenbahnen legten sich träge in die Kurven.

•

Auch die Obdachlosen waren aufgewacht, einige standen schon am Straßenrand und boten ihre Dienste an oder kümmerten sich um die Pflanzen, die überall aufgingen, in Blumentöpfen, Asphaltrissen, Pflanzkübeln. Ein Teil von ihnen sammelte seine Sachen zusammen, um woanders hinzugehen. Nur wenige der vorbeigehenden Passanten reagierten überhaupt auf sie. Eine Frau mit Kapuzenpulli und Baseballkappe ging allerdings direkt auf einen Mann zu, der gerade seinen Hund kämmte, und sagte emotionslos: »Du sitzt hier rum wie ein Nichtsnutz. Geh in den Mülleimer.«

Der Obdachlose stand schnell auf und eilte davon. Dann schritt die Frau zu dem Obdachlosen neben mir. »Arbeite!«

Panisch holte der Mann ein kleines Bäumchen aus seiner Tasche und fing sofort unterwürfig an, dessen Blätter zu säubern. Die Frau hatte aber immer noch nicht genug und lief zu einer alten Dame, die auf einer Fußmatte saß und Handarbeiten verrichtete. Neben ihr saß ein Vogel. Ausdruckslos sagte die Frau zu ihr: »Mein Name ist Reinigerin und du bist Müll. Geh in die Mülltonne.« Mit dem Finger deutete sie auf einen großen Container an der Straßenecke.

Ungläubig schüttelte ich den Kopf. Das konnte sie nicht ernst meinen.

Die obdachlose Dame richtete sich auf und sah der Frau direkt in die Augen.

»Du hast ein warmes Zuhause. Ich habe keins. Ich wasche mich am Bootssteg im kalten, veralgten Meerwasser. Ich bezahle für jeden einzelnen Wassertropfen, den ich trinke, mit meinen Obstbaum-Setzlingen. Ich brauche die Energie, die du produzierst, nicht! Ich bin ein Mensch, kein Müll. Geh selber in die Mülltonne, wenn du sie füllen willst.«

Die Frau im Kapuzenpulli horchte auf, schien aber trotzdem nicht wütend zu werden. Sie war schon an mir vorbeigegangen, als sie urplötzlich stehen blieb und sich umdrehte. Einen Moment lang starrte sie mir direkt in die Augen. Die Zeit stand still. Ihre Augen wurden größer, so als hätte sie einen Schatz entdeckt.

»Was sitzt du denn da? Warum bist du nicht in der Biosphäre? Niemand in deinem Alter ist hier auf der Straße unterwegs, das ist die Regel. Mein Name ist Reinigerin und ich bringe alle da hin, wo sie hingehören!«

Mit der rechten Hand strich sie über ihre linke Handfläche, die matt zu leuchten begann. Fast wäre ich aufgesprungen, als ich das sah. Die Frau tippte ein paarmal auf den Mittelfinger ihrer leuchtenden Hand und bewegte ihren Daumen hin und her. Der Schimmer in ihrer Handfläche wurde gelb. Dem Alarmton nach zu schließen, rief sie jemanden an.

»Überwachungszentrale«, ertönte es nach ein paar Pieptönen und der Schimmer ihrer Hand wurde grün.

»An der Ecke zum Flohmarkt, vor dem Olivenhaus, wurde ein Erziehungsbedürftiger gesichtet.«

»Aus welcher Biosphäre geflohen?«

Die Frau sah mich an. Ich zuckte mit den Schultern, um zu zeigen, dass ich nicht wusste, wovon sie sprachen.

»Das weiß ich nicht. Der Monsunwald ist die nächstgelegene Biosphäre.«

»Beschreibung?«

»Schwarzes, lockiges und zu langes Haar, das ihm bis zu den Schultern reicht, Biosphärenshirt, Biosphärenhose, Biosphärenschuhe.«

»Altersklasse?«

»Kein Erwachsener, aber auch kein kleines Kind mehr.«

»Manus?«

»Nein.«

»Und wer bist du?«

»Die Reinigerin von Olivenhaus und Rosskastaniengasse.«

Die Frau drückte mit dem Zeigefinger ihrer rechten Hand auf ihren linken kleinen Finger und das Licht in ihrer Handfläche ging aus. Als ich endlich kapierte, was los war, nahm ich die Beine in die Hand. Offenbar zu spät. Drei Männer in grauen Anzügen kamen auf Hoverboards um die Ecke gebogen und zischten mir hinterher.

»Bleib stehen, Junge! Hey! Stopp!«

•

Ziellos rannte ich durch die Straßen, bog in kleine verwinkelte Gassen ein, die stellenweise eher Dschungeln als Wegen glichen. Sie waren komplett mit Pflanzen überwuchert. Ich sah eine Treppe und hielt darauf zu. Ich dachte, dass es vielleicht schwieriger wäre, die schwebenden Boards über Hindernisse zu steuern als über gerade und breite Straßen, aber die Schwebebretter und die Typen ganz in Grau waren anscheinend zu allem fähig, die verdammten Nebelkrähen. Mit Leichtigkeit schwebten sie über die Müllcontainer hinweg, flogen zwischen den Gräsern hindurch und bahnten sich geschickt ihren Weg durch die Menschen. Immer wieder kam ich in großen Innenhöfen heraus, die wie kleine Oasen oder Gärten aussahen, voller Blumentöpfe und verschiedener Bäume und Blumen. Ich kletterte über Zäune und Mülltonnen, rannte an Gewächshäusern vorbei, lief Auffahrrampen hoch und runter und dann wieder in neue Straßen hinein. Ich wich Bäumen aus, die aus Fenstern ragten – sie durchbrachen sogar Wände – und sprang über Büsche, die mitten auf der Straße wuchsen. Während ich so an all dem Grün vorbeirannte oder darüber sprang, hatte ich das Gefühl, dass die Bäume vor mir leicht zur Seite rückten, und wenn ich an ihnen vorbei war, mit ihren Blättern Büschel bildeten und mir mit ihren Ästen Rückenwind zufächelten.

Schließlich kam ich in einer hektischen Einkaufsstraße heraus und wagte einen Blick zurück. Es sah aus, als wäre es mir gelungen, die schwebende Patrouille hinter mir abzuhängen. Ich tauchte in die Menschenmenge ein. Irgendwo musste ich mich verstecken, denn jeder, der mir entgegenkam, konnte so sein wie die Frau im Kapuzenpulli. Es war offensichtlich, dass Kinder in Bergstadt nicht auf der Straße herumhängen durften. Und dieser Monsunwald? Was zum Teufel war das?

Wie sollte ich jemals das gelbe Haus, Mama und den Frühstückstisch finden?

Okay, eigentlich würde ich jeden beliebigen Frühstückstisch nehmen, so für den Anfang.

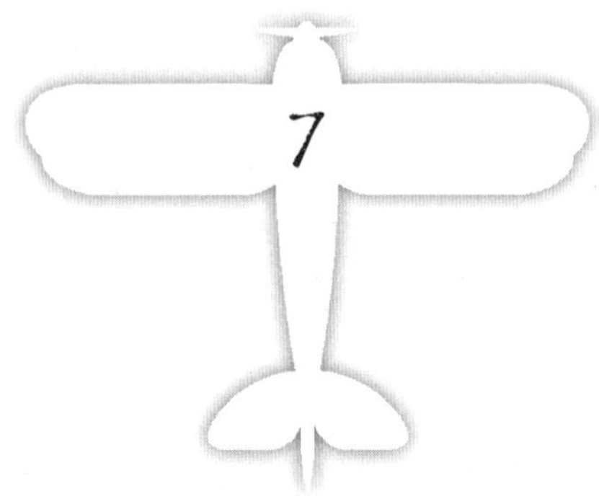

7

Flucht vor einer Giraffe

In den Straßen gab es kleine Cafés, deren Auslagen mit köstlichen Brötchen, Torten und Kuchen überladen waren. Ich nahm meinen Mut zusammen und betrat eines davon, zeigte beschämt die Kronkorken in meiner Hand vor, aber die Besitzerin schüttelte den Kopf. Sie reichten anscheinend nicht einmal für einen kleinen Keks. Mein Magen knurrte vor Hunger wie ein gerade aussterbender Dinosaurier.

Ich konnte nicht aufhören, an Brötchen zu denken. Ach, Brötchen, Brötchen, Brötchen, die würden jetzt wirklich himmlisch schmecken! Und ganz plötzlich sehnte ich mich nach den Morgenstunden in Tómos-Biblos zurück, wenn alle Gefangenen aus Stockwerk 177 beim Glockenschlag die 177 Etagen hinunter in den Speisesaal rannten, krochen, schlurften, hinkten, wankten oder auf ihre Stöcke gestützt humpelten. Dort gab es normalerweise Zwieback, Haferbrei oder Tee, aber manchmal auch runde, helle, ofenfrische Brötchen, die noch dampften. Davon verschlangen wir dann mindestens fünf, sechs oder sieben, tranken eine Kanne Tee hinterher und aßen noch ein paar Schüsseln Haferbrei. Denn hast du mal gezählt, wie viele Treppenstufen 177 Stockwerke haben? Es kommt natürlich auf das Haus an, aber im Fall von Tómos-Biblos lautet die Antwort 2.124. Und jetzt kannst du ausrechnen, wie viele Stufen wir jeden Tag steigen mussten, wenn wir dreimal hin und zurück gingen.

Hast du 12.744 rausbekommen? Wenn ja, kannst du dich bei deinem Rechenhirn bedanken. Gute Arbeit. Wenn du eine kompliziertere Aufgabe willst, kannst du auch ausrechnen, wie viel Energie ein Mensch am Tag beim Treppensteigen verbraucht. An dieser Stelle muss ich wohl gestehen, dass Mathematik nicht zu meinen Stärken gehört.

•

Zielstrebig stapfte ich die Straßen hinauf, immer höher und höher. Fast am höchsten Punkt der Stadt ragte ein steinernes Windrad mit einem schmalen Turm schroff in die Höhe wie ein grauer Brontosaurus, der sich in den Himmel reckt. Neben dem Windrad lag ein altes Schulgebäude, zumindest sah es so aus. Im großen Schulhof standen riesige Gewächshäuser, in deren Fenstern abgesehen vom Schein der Pflanzenlampen nichts als Grün zu sehen war. Die Kinder waren wohl schon im Unterricht. Oder die Schule war geschlossen.

Auf der Suche nach einem Kiosk kam ich zu einem roten Backsteinhaus. Es kletterten so viele Schlingpflanzen an den Wänden entlang, dass nicht viel davon zu sehen war. Einige der Sprossenfenster waren kaputt und Äste ragten hindurch. Auf dem Balkon wuchs hohes Gras, und vom Rand des roten Dachs hing ein Pflanzenteppich herunter. Das Haus war von Grünzeug bewohnt. Aus irgendeinem Grund hoben sich meine Mundwinkel bei diesem Gedanken zu einem Lächeln.

Zumindest die Pflanzen hatten es hier gut: eine Wohnung in bester Lage, jede Menge Pflanzenfreunde in friedlicher Eintracht, ohne Streit. Sie hatten allen Grund zu lächeln.

Äääh, Moment. Was hatte ich da gerade gedacht? Pflanzen und lächeln? Vielleicht war mein Kopf vom Hunger matschig geworden oder so. Wie um mich selbst daran zu erinnern, murmelte ich: »Pflanzen haben keine Freunde oder Wohnungen und auch keine Gehirne oder Münder, mit denen sie lächeln könnten. Punkt.«

•

Im selben Moment zuckte ich zusammen, denn auf der Treppe des roten Backsteinhauses entdeckte ich ein ziemlich blasses Mädchen. Sie saß seitwärts da, so als wolle sie verbergen, was sie gerade tat. Sie fiel auf, weil sie es nicht eilig hatte und weil sie keine Erwachsene war, und vor allem, weil sie extrem bleich war. Und damit meine ich nicht, dass sie eine hellere Haut hatte als ich, ich meine nicht die helle Haut, die Leute aus dem Norden oft haben, sondern sie hatte eine komplett WEISSE Haut, blaue Lippen, silberne Haare, und sie trug eine hellgraue Strickjacke und eine weiße Jeans-Latzhose.

Sie sah aus, als wäre sie zu Eis erstarrt!

Aber das war sie ganz eindeutig nicht, denn mit einer kaum merklichen Bewegung blätterte sie eine Seite in dem Buch um, das sie gerade las. Und bedenke: Sie war vielleicht in meinem Alter oder etwas älter und auch nicht im Monsunwald, was auch immer das bedeutete.

Was versuchte sie vor den Passanten zu verbergen?

•

Ich schlich mich von hinten an sie heran. Sie bemerkte mich nicht, wie auch sonst niemand in Bergstadt. Das Buch, das sie las, sah ganz normal aus, und am oberen Seitenrand stand:

»Ich habe den Eindruck, dass die Besuche unserer langjährigen Freunde immer weniger werden.« In jeder Hinsicht ein gewöhnliches Buch also. Ich sah keinen Grund zur Geheimniskrämerei, also beschloss ich, den Mund aufzumachen: »Hi und Entschuldigung, aber kennst du hier in der Nähe irgendein gutes Café? Irgendwas, wo man für ein paar … also Kronkorken Brötchen bekommt? Ich habe ein brüllendes Raubtier zu füttern«, sagte ich und tätschelte meinen leeren Magen.

Das Mädchen erschrak, hob den Blick und ließ gleichzeitig unauffällig das Buch in ihrer Strickjacke verschwinden. Sie sah mich an und konnte die Überraschung in ihrem Gesicht nicht verbergen.

»Ein Raubtier? Mit Kronkorken? Wie viele Brötchen?«, fragte sie etwas nervös und es schien, als würde sie einen Moment brauchen, bevor sie sich erinnerte, in welcher Welt sie sich befand.

So etwas passiert nur Leuten, die gut in Geschichten eintauchen können, also nicht mir. Ich kramte die Kronkorken aus meinem Rucksack, drei Stück, und hielt sie ihr vors Gesicht.

»Ach so, ja. Mit denen kriegst du in den Cafés nichts. Aber, also, wo genau kommst du denn her und wohin bist du unterwegs und wo ist das Raubtier?«, fragte sie mit einem wachsamen Blick, als würde sie abwägen, ob ich eine Person war, der man die Wegbeschreibung zum günstigsten Bäcker geben konnte oder nicht. Der Schwall an Fragen beunruhigte mich.

»Willst du mir auch diese verdammte Flugpolizei auf den Hals hetzen, damit sie mich in den Monsunwald bringt? Die verflixten Nebelkrähen«, fluchte ich und fuchtelte mit geballten Fäusten ungefähr in die Richtung, wo sie wohl gerade herumschwebten.

Das Mädchen fing an zu lachen.

»War dir die Wachpatrouille auf den Fersen?«

Ich lachte gequält.

»Von wo bist du denn abgehauen?«, fragte sie und sah schon gar nicht mehr so eingefroren aus.

Ihre Frage verriet allerdings, dass alle Kinder, die auf der Straße herumliefen, irgendwo abgehauen waren. Offenbar auch sie, also beschloss ich, es mit der Wahrheit zu versuchen.

»Ich bin aus einem Gefängnis im Norden ausgebrochen, und jetzt suche ich einen Platz, wo ich wohnen kann, bis ich eine Arbeit und ein bestimmtes Haus gefunden habe, irgendein sehr günstiges ... oder kostenloses Zimmer oder etwas, das höchstens drei Kronkorken kostet. Und du? Wo bist du abgehauen?«

Sie schüttelte ungläubig den Kopf.

»Moment, Moment. Aus einem Gefängnis im Norden?«

»Ja, aber bitte häng dich jetzt nicht daran auf, sondern sag mir, wo ich etwas zu essen bekomme. Danach kann ich dir alles über diesen schrecklichen Ort erzählen, was du wissen willst.«

»Und das Raubtier?«

»Ach, das. Das war nur so ein Sprachbild. Weil ich wirklich ganz, ganz, GANZ schrecklichen Hunger habe und mein Magen so knurrt ... na, wie ein Raubtier eben.«

Der kindische Vergleich war mir peinlich. Das Mädchen war richtig cool. Und auch ziemlich seltsam. Langsam wurde ich nervös, bestimmt hielt sie mich für total bescheuert. Ich stupste mit den Schuhspitzen leicht gegen die alte Treppe, weil mir sonst nichts einfiel. Vielleicht sollte ich einfach schnell abhauen, dahin, wo ich hergekommen war, dachte ich.

»Ein Sprachbild ...«, wiederholte sie nachdenklich. »Komm rein, alter Kumpel, wir klären ein paar Dinge«, sagte sie und murmelte wie zu sich selbst: »Verdammt, kann es wirklich sein, dass ich in Bergstadt gerade einen Freund gefunden habe? Unglaublich.«

Das Mädchen ging vor mir her zu einer kleinen Gasse neben dem Haus, die zur Rückseite des Gebäudes führte, und blieb vor dem Hintereingang stehen. Die Tür war zum Teil von wilden Weinreben und Gräsern verdeckt. Das Mädchen blickte sich gründlich um, und als es sich versichert hatte, dass die Gasse leer war, steckte es den Schlüssel ins Schloss und zog schnell die Tür auf.

»Los, los«, drängte es, schob mich hinein und zog sie hinter uns zu.

»Niemand weiß, dass wir hier sind.«

»Wir?«

»Samuel und ich. Und die Obdachlosen. Und du. Und das Raubtier. Heute haben wir also eine ganz ordentliche Gruppe beisammen!«

Sie lächelte und sah ein bisschen aus wie ein strahlender Zombie.

•

Im Haus war es dämmrig und roch nach Staub und Papier. In der Ecke wuchsen kleine Bäumchen. Zwischen den Dielenbrettern und den verzierten Fliesen sprossen zarte Blumen hervor. An den Wänden hingen uralte Tapeten mit Rautenmuster. Überall ragten hohe Regale auf.

Vor uns führte eine Treppe nach oben. An den Geländern kletterten üppige Blumenranken empor, die völlig fehl am Platz wirkten. Die Treppen führten mindestens zwei Stockwerke hinauf und zu beiden Seiten des geraden Flurs lag jeweils ein gigantischer Raum. Diese Zimmer standen ebenfalls voller hoher Regale, die wiederum mit alten staubigen

Büchern und Blumentöpfen vollgestopft waren. Aus jedem von ihnen ragte ein kleiner Schössling hervor, es sah aus wie eine Mischung aus einem historischen botanischen Garten und einer Bibliothek.

»Ist das eine Bibliothek?«

»Schh«, zischte das Mädchen.

»Jep. Das ist wirklich eine Bibliothek. Warum sind überall so viele Pflanzen?«

Das Mädchen warf mir einen erstaunten Blick zu und schüttelte den Kopf.

»In was für einer Kiste bist du denn aufgewachsen, weil du so gar nichts weißt?«

Sie sah mich an, als hätte sie komplett vergessen, dass ich genau in so etwas aufgewachsen war, in einem riesigen, abgeriegelten Kasten.

»Die Pflanzen werden so gepflegt, weil sie Sauerstoff produzieren! Das weiß doch jeder. Sogar die Babys und die Toten«, sagte sie und warf mir einen eiskalten, nicht enden wollenden Zombie-Blick zu.

»Schon, aber eine Pflanze, die durch den Boden wächst, dieses Unkraut da, kann man das nicht ausrupfen? Übertreibt ihr es da nicht ein bisschen mit dem Naturschutz?«

Das Mädchen schüttelte den Kopf, als würde es seinen Ohren nicht trauen.

»Du bist eindeutig hinterm Mond aufgewachsen, Kumpel. Man muss doch auch drinnen atmen.«

Und dann murmelte sie zu sich selbst: »So ein Tourist …«

•

Am Ende des Flurs lag ein bogenförmiger Saal, in dem Tische standen. Dort saßen Leute, staubige und zerlumpte Männer und Frauen, ein Kind war auch dabei. Viele von ihnen hatten

Rucksäcke auf dem Rücken, Taschen unter dem Arm, und neben den Tischen standen aufgerollte Matratzen. Sie holten sich Haferbrei vom langen Buffettisch und schöpften ihn in Schüsseln, schenkten sich aus einer Kanne dampfenden Kakao in Tassen und setzten sich schweigend an kleine Tische. Das Mädchen führte mich zu einem davon und reichte mir kurz darauf ein belegtes Brötchen, einen Kakao und eine Schüssel Haferbrei. Dankbar lächelte ich sie so breit an, dass sie lachen musste.

»Du siehst aus, als wärst du im Schlaraffenland.«

»Vielleicht bin ich das ja auch. Abgesehen von diesem Ort hier wirkt die Stadt total furchtbar.«

Das Mädchen brach erneut in Gelächter aus.

»Ich komme auch nicht von hier«, sagte sie und gab mir die Hand.

»Thule.«

Ich ergriff sie.

»Thule? Das bedeutet doch Nordland? Dass du so heißt, hätte ich mir denken können! Du strahlst die Kälte regelrecht aus.«

Thule wurde ernst, vielleicht hatte sie doch keinen Sinn für Humor. Sie war wie Marmelade. Die verhielt sich genau so, wenn man ihr einen Witz erzählte. Ansonsten lachte sie immer viel, außer dann, wenn andere Spaß hatten.

»Und du?«

»Ich bin Oboi«, sagte ich und schlürfte an meinem dampfenden Kakao.

Wieder brach Thule in Lachen aus und schüttelte ungläubig den Kopf.

Aber sie sagte nichts dazu, auch nicht, als ich mir den dritten Berg Brötchen auf den Teller schaufelte.

»Das ist also eine Bibliothek?«, fragte ich, und für einen Moment runzelte sie die Stirn, als würde sie überlegen, ob sie mir die Wahrheit erzählen konnte. Dann nickte sie nachdenklich.

»Wenn du in Ruhe deine 80 Brötchen gegessen hast, zeige ich dir hier alles. Und dann machen wir was Lustiges. Es ist ewig her, seit ich zuletzt etwas unternommen habe! Gehen wir die Leute beobachten!«

Ich nickte begeistert, mein Mund war so voll, dass ich nicht sprechen konnte.

Thules Buch, das sie auf der Treppe vor mir versteckt hatte, lag auf dem Tisch. »Momo« stand in grünen Buchstaben darauf. Ich nahm es und las laut vom Buchdeckel vor:

»Eine ungewöhnliche Geschichte über graue Herren und ein Mädchen, das den Menschen die Zeit zurückgab.«

Bevor ich weitersprechen konnte, war Thule von ihrem Stuhl aufgesprungen und sah mich mit großen Augen und einem erschrockenen Blick an, als wäre ich mindestens ein schreckliches Monster.

Dann zog sie mich von meinem Stuhl hoch und zerrte mich zur Treppe. Ich schaffte es nicht mehr, mir das letzte Brötchen in die Tasche zu stecken und sah ihm wehmütig nach, während Thule mich an der Hand Richtung Treppenaufgang schleifte.

•

Wir kamen zu einer angelehnten Tür, und im Zimmer standen Regale. Entschuldige, wenn ich dich langweile und mich wiederhole, aber auch sie waren voller Pflanzen in alten Blumentöpfen. Sie hingen in Blumenampeln und wuchsen in kleinen Glasgefäßen, Miniatur-Gewächshäusern. Es waren so etwas wie Pflanzenwelten in Glasglocken, die beschriftet waren, Tundra und Taiga, wenn ich richtig gelesen habe. Und überall waren Bücher. Die Regale waren voll davon, sie standen stapelweise auf dem Boden oder lagen auf Fensterbrettern und auf Tischen herum.

»Samuel! Samuel! Samuel! Nooootfall!«, rief Thule atemlos.

Hinter den Bücherstapeln war ein Murmeln zu hören. Da stand ein großer, unordentlicher Schreibtisch, der übersät war mit allem, was ich gerade schon erwähnt habe, aber inmitten all des Gerümpels hatte jemand ein sauberes Viereck freigeräumt, in dem sorgfältig platziert ein schwarzes Buch lag. Es fiel mir auf, weil es Marmelades Lieblingsbuch war, »Der Rabe und der Goldkäfer«.

Dann gab es noch Malerstaffeleien, Farben, Leinwände und Sprühdosen, und die Wände waren mit dunklen Gemälden bedeckt, die wie Schattenbilder wirkten.

»Samuel, der hier kann lesen! Wirklich, Samuel! Wach auf! Es ist was Unglaubliches passiert!«

Der Mann hatte offenbar nicht geschlafen, sondern war an seinem Schreibtisch mit etwas beschäftigt gewesen. Jetzt erhob er sich hinter dem Bücherstapel.

Zuerst kam sein Scheitel zum Vorschein, der von schwarzgrauen, fast blauen Locken bedeckt war, danach ein schmales, schwarzes, schattiges Gesicht voller Falten und Narben, dann eine kaputte, braune Strickjacke, aus deren fadenscheinigen Taschen Mandarinen quollen, und schließlich eine dunkelgraue Hose. Dieser ganze Aufstehvorgang lief sehr langsam ab, wie bei einem wirklich alten Menschen oder besser einer Schildkröte.

Und so stand er schließlich vor mir, in voller Lebensgröße, über zwei Meter hoch, schlank, aber beeindruckend: Samuel, vermutlich. Er deutete auf die kleinen grünen Welten in den Glasdomen und sagte mit einem leichten Hüsteln: »Ich versuche derzeit Mandarinensorten zu kreuzen, die den Frost gut aushalten. Schaut.« Er hob eine leuchtend orange Frucht über seinen Kopf.

»Wie eine Sonne. Mandarinen lieben die Wärme und die Sonne. Aber wie bekomme ich sie dazu, dass sie auch mit dem Mond und der Kälte zurechtkommen?«, fragte Samuel ernst.

Ich zuckte verwirrt mit den Schultern. Mein Wissen über Mandarinen war ungefähr so groß wie ein Samenkorn.

»Eine Veredelung dauert mindestens 100 Jahre, aber so viel Zeit hatte ich hier ja und sogar noch mehr.«

Thule schnappte Samuel die Mandarine aus der Hand, und bevor er sie sich zurückholen konnte, hatte sie bereits ihre Fingerspitze in die Schale gebohrt.

»Na gut, aber her mit den Kernen«, sagte Samuel und deutete auf seine Jackentasche.

»Ja, ja, ich weiß, Samuel. Mandarinen sind das Wichtigste auf der Welt. Aber hast du gehört, was ich gesagt habe? Ein Notfall. Dieser Typ hier kann lesen! Hast du gehört? Le-sen!«

Jetzt starrte Samuel abwechselnd mich und dann wieder Thule an, als würde er seinen Augen und Ohren nicht trauen.

»Wer kann lesen?«, fragte er mit einer überraschend hellen und jungen Stimme.

Zugegeben wirkte die ganze Situation total absurd. Als wäre ich irgendeine verdammte Alice im Wunderland, und ich hätte mich auch überhaupt nicht gewundert, wenn irgendwo eine sprechende Teekanne oder ein seltsames Kaninchen mit einer Uhr in der Hand herausgehüpft wären.

»*Er* kann lesen!«, rief Thule und hob meinen schlaffen Arm hoch.

Ich stand dumm da, als wäre ich ein Roboter, dem die Energie ausgegangen ist.

Dann hielt sie mir ihr Buch vors Gesicht und sagte: »Lies.«

Zögerlich wiederholte ich, was ich gerade am Tisch vorgelesen hatte. Schüchtern las ich auch die nächsten paar Sätze, wie vor langer Zeit in Tómos-Biblos im Grundkurs Lesen unter Aristos allsehendem Blick. Jetzt kam Samuel eiligen Schrittes auf mich zu, kniete sich vor mich hin, musterte mein Gesicht und fragte schließlich: »Wo hast du das gelernt, Kind?«

•

Ich blickte mich um, als würde ich in den Regalen nach der Antwort suchen. Was hätte ich denn sagen sollen? Ich kannte die beiden überhaupt nicht, wusste so gut wie nichts über Bergstadt. Gern hätte ich Zeit mit ihnen verbracht, vor allem Thule schien im Vergleich zu all den Leuten, die ich bisher getroffen hatte, ein Spitzentyp zu sein, aber nach dieser Frage hatte ich das Gefühl, dass ich nicht länger bleiben sollte.

Es war besser, ihnen nichts weiter über das Gefängnis zu erzählen. Kein Wort über Aristo und auch nicht über den Schriftsprachenunterricht im rechten Flügel des 177. Stockwerks.

Denn normalerweise war es ja schließlich so, dass nur Verbrecher ins Gefängnis kamen. Und wahrscheinlich war auch dieser Herr hier der Meinung, dass man einem geflohenen Häftling nicht glauben sollte. Und jetzt, da ich einen vollen Bauch und starke Beine wie eine Gazelle hatte – machte ich auf dem Absatz kehrt und preschte los. Das konnte ich, das war mir vertraut!

»Hey, komm zurück!«, brüllte Samuel.

Thule schrie ebenfalls, und beide stürmten mir nach. Auch wenn Samuel zuerst so langsam wie eine Schildkröte gewirkt hatte, konnte er mit seinen langen Beinen offensichtlich so große Schritte machen wie eine Giraffe, und er holte beängstigend schnell auf. Blindlings sauste ich die Treppe hinunter, rannte zu einer Tür, sie war verschlossen, hechtete zwischen Bücherregalen hindurch, doch die beiden blieben mir auf den Fersen. Ich rannte quer durch den Bibliothekssaal, die Obdachlosen drehten sich nach mir um und klatschten begeistert, als wären sie bei einem Fußballspiel oder einer Theaterpremiere. Einige sprangen energisch auf, um mir nach zu sprinten. Bald hatte ich eine beachtliche Schar an Verfolgern hinter mir.

Ich hielt ziemlich lange durch, aber schließlich brachte Samuel mich zu Fall. Dabei stieß ich mir die Stirn an einem Bücherregal und sie begann sofort stark zu bluten. Ich gab auf.

•

So saß ich wieder in Samuels Zimmer. Er verband mir die Stirn und Thule drehte sich wild kreischend mit seinem Stuhl im Kreis, wieder und wieder, wie ein kleines Kind.

»Erzähl Samuel vom Gefängnis, los!«, drängte sie aufgeregt.

Ich hatte keine andere Wahl, als mit der Sprache herauszurücken.

»Ich bin im Gefängnis Tómos-Biblos aufgewachsen, aber wie durch ein Wunder konnte ich entkommen und bin in einen eisigen See gesprungen. Das war's eigentlich, jedenfalls bin ich jetzt hier. Das scheint die richtige Stadt zu sein, genau die, an deren Rand ein gewisses gelbes Haus steht, das ich finden muss. Das war alles, in Kurzform.«

Samuel hörte für einen Moment auf, mir den Verband um den Kopf zu wickeln, und starrte mich an, als würde er mir immer noch nicht glauben. Ich nahm all meinen Mut zusammen und beschloss, mich zu den folgenden Worten herabzulassen:

»Habt Gnade! Bringt mich nicht zur Polizei. Ich bin ein Waisenkind und habe fast mein ganzes Leben im Gefängnis verbracht. Ich bin kein Verbrecher. Diese verdammte Mega ist eine Verbrecherin!«

»Welche Mega?«, unterbrach mich Thule.

»Na die Tyranno-Direktorin-des-vermaledeiten-gigantischen-Gefängnisses, Mega!«, schrie ich, und natürlich musste ich so wirken, als hätte ich komplett den Verstand verloren.

Thule lachte nur, aber Samuel sah mich unter seinen dicken Augenbrauen hervor verständnisvoll an.

»Ich wurde schon als kleines Kind ins Gefängnis gesteckt und jetzt will ich einfach nur das gelbe Haus unserer Familie finden und in Erfahrung bringen, warum wir eingesperrt wurden. Ich will euch nichts Böses. Lasst mich frei, bitte«, sagte ich. Gut, dass ich nicht auch noch auf die Knie fiel.

»Tómos-Biblos«, wiederholte Samuel langsam und deutlich, ganz als ob das eine ehrwürdige Institution wäre, in der reihenweise großartige und wunderbare Dinge vollbracht wurden. Sein Gesicht hellte sich auf, zwar nicht bis zu einem Lächeln, aber es ging in die Richtung.

Dann sagte er: »Vor langer, langer Zeit habe ich einmal davon gehört, aber ich wusste nicht, ob es wirklich existiert. Und dass man von dort so ... ähm ... lebendig entkommen kann ... Na, jedenfalls ist das kein ganz gewöhnliches Gefängnis. Liegt es sehr weit im Norden?«

»Ja, ich denke schon.«

Ich hatte keine Ahnung, wo Tómos-Biblos sich befand. Ich wollte fragen, wie er das meinte, dass Tómos kein gewöhnliches Gefängnis sei, und was er darüber wusste, aber völlig überraschend kam er mit großen Schritten auf mich zu und umarmte mich, sehr herzlich, so als wäre ich sein Sohn, der endlich wieder heimgekehrt ist.

Er lächelte und sein Gesicht kräuselte sich in Hunderte von kleinen und großen Falten. Es war ein Lächeln von der ansteckenden Sorte und kurz darauf grinsten wir glücklich wie zwei Sonnen um die Wette.

»Wir haben viel zu besprechen«, sagte er und drückte mich erneut an sich.

Die Umarmung war zwar steif, aber es fühlte sich fantastisch an, in Bergstadt jemanden gefunden zu haben, der sich freute, mich zu sehen.

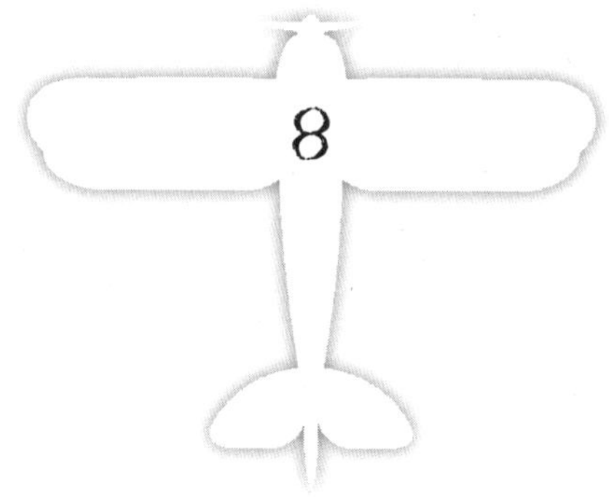

Thule bricht entzwei!

Als Thule und ich später die sonnige Straße entlanggingen, teilte ich ihr meine Gedanken zu Samuel mit.

»Vielleicht hat er schon eine Weile niemanden mehr umarmt.«

»Eine Weile!« Thule brach in schallendes Gelächter aus. »Ein paar Jahrhunderte trifft es wohl besser. Samuel ist ein sehr seltsamer Mensch, wenn auch ein grandioser. Aber jetzt erzähl mir alles über dieses Gefängnis«, bettelte sie aufgeregt.

Ich schilderte die dicken Mauern, die über 200 Stockwerke hohen Flügel des V-förmigen Gefängnisses, in denen wir wohnten. Ich beschrieb die Fenster, durch die wir den Himmel, die Sterne und sogar das Eis und das Meer sehen konnten, wenn wir auf das Stockbett kletterten, uns hinstellten und auf Höhe der Decke hinausschauten. Ich versuchte zu beschreiben, was für eine riesige Menge Gefangener sich in Tómos Biblos befand. Über 200 Stockwerke mit je über 300 Zellen und in jeder davon drei oder vier Gefangene.

»Wie viel macht das? Zehntausende Häftlinge! Wow!«, sagte Thule eifrig.

»Oder Hunderttausende! Niemand weiß genau, wie viele Leute dort sind.«

»Und keiner davon hat angeblich ein Verbrechen begangen! Wie ist das möglich? Das kann doch nicht sein! Warum wart ihr dann dort?«

»Tja«, sagte ich traurig. »Wenn ich das nur wüsste.«

»Wer hat sich denn um euch gekümmert?«

»Niemand und alle. Die anderen Gefangenen und natürlich Aristo. Er hat uns alles beigebracht, was wir über die Welt wissen müssen.«

»Aristo?«

»Aristo hat erzählt, dass er vor langer Zeit Lehrer an irgend so einer supertollen Schule war, die überall bekannt war.«

»Warum ist er dann im Gefängnis gelandet?«

»Niemand in Tómos-Biblos weiß, wie oder warum er dort gelandet ist.«

»Warum nicht?«

»Sie wissen es einfach nicht. Erinnern sich nicht daran.«

Thule schüttelte den Kopf. Vielleicht glaubte sie mir nicht.

»Warum habt ihr euch eigentlich so darüber gewundert, dass ich lesen kann? Das kann doch jeder.«

Thule schaute mich entsetzt an.

»Also ...??? Weißt du denn nicht ...?«

Sie bekam kein Wort heraus und starrte mich an, als hätte sie einen Außerirdischen gesehen.

»Frag nur, lass hören, schieß los, oder besser: lies los«, versuchte ich zu witzeln, aber es gelang mir wohl nicht besonders gut.

»Hast du denn wirklich keine Ahnung? Hat es dir im Gefängnis niemand erzählt? Wisst ihr überhaupt nichts? Dein Lehrer, ... der scheint ziemlich neben der Rolle zu sein.«

»Jetzt erklär schon!«

»Die Leute lesen nicht! Das wurde schon vor Ewigkeiten verboten. Alles Geschriebene wurde abgeschafft. Niemand kann mehr lesen, und man kann diese Fähigkeit auch zu nichts gebrauchen, denn nirgends steht etwas geschrieben. Oder siehst du irgendwo Buchstaben?«

Thule machte eine ausladende Armbewegung, als wolle sie mir die Straßen dieser Stadt präsentieren und sagen: Bitte schön, geh los, such nach Buchstaben, du Tourist.

Prüfend blickte ich mich um. Keine Buchstaben. Tatsächlich hatte ich mich bei meiner Ankunft in Bergstadt darüber gewundert. Trotzdem war ich verblüfft.

»Niemand kann lesen? *Du* kannst doch lesen, und die Bibliothek ist voller Bücher.«

»Niemand außer dir, Samuel und mir kann das. Lesen ist wirklich, wirklich, wirklich gefährlich!«

»Was meinst du mit gefährlich?«

»Lesen ist lebensgefährlich«, sagte sie und zeigte mir wieder ihren Zombie-Blick, der einerseits beeindruckend, andererseits aber auch so lustig war, dass ich am Ende nicht wusste, ob Lesen nun tatsächlich lebensgefährlich war oder nicht.

»In Tómos-Biblos können das alle. Bestimmt lesen sogar die Ratten, die über die Flure rennen, abends russische Klassiker in ihren Löchern.«

»Wenn du preisgibst, dass du lesen kannst, wirst du ziemlich bald sterben.«

Wieder der Zombie-Blick. Das konnte sie nicht ernst meinen.

»Wie? Warum? Wer würde mich denn umbringen?«

»Wanda. Wanda tötet, vergiftet und ertränkt Menschen, wirft sie von hohen Felsklippen, schneidet ihnen die Kehle durch, stößt ihnen ein Messer in die Brust, wirft sie zu den Haien, lässt sie verschwinden, verhungern, was immer ihr einfällt. Wanda steckt hinter allem hier.«

»Wer ist Wanda?«, fragte ich, und plötzlich sickerte die Möglichkeit, dass Thule recht haben könnte, in mein Bewusstsein.

»Ich weiß nicht, wer sie eigentlich ist, und auch nicht, wo ihre Tötungsanstalten sind, aber ich habe wirklich schreckliche Dinge darüber gehört.«

Tötungsanstalten. Ich bekam furchtbare Angst. Meine Eingeweide fingen an zu zittern wie Wackelpudding bei einem feinen Kaffeekränzchen. Thules Miene war ernst. Zombie-Blick. Aber dann, bevor ich irgendetwas tun oder sagen konnte, passierte etwas Schreckliches mit ihr.

•

Im Nullkommanichts wurde Thule, wenn das überhaupt möglich war, noch weißer als zuvor.

Bestimmt glaubst du mir nicht, was ich dir als Nächstes erzähle, und das kann ich gut verstehen. Genau solche Geschichten hielt ich ja auch nicht für wahr, kein bisschen. Aber weil ich direkt neben Thule stand und alles hautnah sah und miterlebte, musste ich mir eingestehen, dass es stimmte. Denn Thule erstarrte!

•

Ein kalter Windhauch wirbelte um sie herum, oder vielmehr ging er von ihr aus, und danach rührte sie sich nicht mehr. Zuerst stand sie nur regungslos da, mit dem Zombie-Blick auf dem Gesicht, ihr erstarrter linker Zeigefinger berührte beinahe ihre Schläfe. Wahrscheinlich wollte sie gerade eine

Haarsträhne, die ihr in die Augen gefallen war, wegstreichen, aber es sah ein bisschen so aus, als würde sie versuchen, sich selbst mit dem Zeigefinger in die Schläfe zu schießen. Ihr Mund stand leicht offen, als ob sie gerade dabei gewesen wäre zu antworten.

»Was zur Hölle? Thule!«, stieß ich hervor und sah mich ängstlich um. War vielleicht die ganze Stadt eingefroren?

Nein. Nur Thule. Ihre Starre schien sich Schicht für Schicht weiter zu vertiefen, was mich an den Rand der Panik brachte. Ich kramte in meinem Gedächtnis nach irgendetwas zum Thema Erste Hilfe und mir fielen auch viele der Tricks ein, die wir im Gefängnis angewendet hatten, wenn wir froren, aber ich erinnerte mich an nichts, was zu einem solchen Ausnahmezustand gepasst hätte.

Kurz darauf lief Thule blau an und eine helle Eisschicht breitete sich über ihrer Kleidung aus. Sie glänzte. Ein kalter Frosthauch stieg langsam von ihrer Haut auf, wie Nebel oder Rauch.

»Verdammter Mist«, fluchte ich.

Mit den Fingern betastete ich ihre blau gewordene Wange, sie war hart, eiskalt und glitschig, und dann … dann brach sie geräuschvoll entzwei! Neiiiin! Thule war auseinandergebrochen!

•

Wieder sah ich mich um. Die Straßen waren voller Menschen, und ihre eiligen Schritte dröhnten mir in den Ohren, aber keine der Schritte verlangsamten sich, nein, obwohl plötzlich mitten auf der Straße ein Mädchen bei lebendigem Leib zu Eis erstarrt war.

Niemand wunderte sich oder blieb stehen, um zu glotzen. Alle taten so, als sei nichts weiter passiert.

»Helft mir, zum Teufel noch mal! Verdammte Roboter! Hilfe! Irgendwas ist mit Thule passiert!«, rief ich verzweifelt, aber die Passanten beachteten uns gar nicht. Es war, als würde ich lautlos schreien.

•

Dann hatte ich eine Idee. Ich blickte mich erneut um – vielleicht war die Idee nicht besonders gut, aber ohne weiter darüber nachzudenken, nahm ich Thule in die Arme. So stand sie da, in meiner Umarmung, wie ein riesiges Fischstäbchen. Weil mir nichts anderes einfiel, versuchte ich, sie mit meiner Körperwärme aufzutauen. Okay, dumme Idee, und peinlich, aber wäre dir etwas Besseres eingefallen?

»Verflixter Eisblock, jetzt schmilz endlich!«, fluchte ich. Da hörte ich auf einmal ein Knacksen, dann ein zweites und ein drittes.

Ich löste meinen Griff und sah, wie ihre erstarrten Augen auftauten, ihre Wimpern schlugen, ihre Atmung wieder einsetzte und nach und nach der ganze Körper wieder anfing, sich zu bewegen.

»Was ist denn bloß mit dir passiert?«, flüsterte ich, aber sie antwortete nicht gleich.

Das Eis schmolz, einen Moment lang rannen Wassertropfen über ihr Gesicht. Kurz darauf zeugte nur noch ihre nasse Haut von dem, was gerade passiert war.

Thule selbst tat so, als sei das Erstarren zu Eis genauso alltäglich wie Zähneputzen oder Anziehen. Sie schüttelte sich die Eisflocken und Wassertropfen aus den Haaren und sagte: »Ach! Das habe ich vergessen zu erwähnen. Ich gefriere immer zu Eis, wenn ich über etwas nachdenken muss, was ich überhaupt nicht mag. Und ich mag es überhaupt nicht, wenn …«

»Ah, okay. Stopp! Sprich nicht darüber. Denk nicht daran! Aber ich verstehe, du magst keine Tötungsanstalten. Reden wir nicht mehr über sie! Mir hat die Geschichte auch nicht gefallen. Sprechen wir lieber über … äääh … Blümchen. Oder … welche Themen magst du gern? Bücher?«

Ich war nervös und konnte meinen Schock nicht verbergen.

»Die Starre hält immer nur ein paar Minuten an. Du brauchst dich nicht drum zu kümmern. Es ist ein bisschen, als würde ich kurz einnicken.«

»Aber du bist irgendwie … auseinandergebrochen …«

»Ja, ein bisschen wie Knäckebrot. Davon lasse ich mich nicht stressen, weil alles im Handumdrehen wieder so ist wie vorher«, sagte sie ganz entspannt.

•

Ich seufzte. Das war ziemlich viel für einen Tag. Vielleicht sogar ein bisschen zu viel, aber trotzdem versuchte ich, ganz nach Thules Art, mich nicht zu stressen. Ich fuhr fort: »Kannst du mir, ohne einzufrieren, erzählen, was an Büchern so schlimm ist? Also ich verstehe ja, dass Geschichten sinnlos und nur für … Kinder und kindische Menschen gedacht sind, aber an ihnen ist doch nichts Gefährliches!«

»Samuel sagt, in Geschichten liegt alles Wissen. Bücher beinhalten die Vergangenheit und die Zukunft. Wanda will nicht, dass die Menschen die vergangene Zeit kennen, und auch nicht die zukünftige. Darum wurde die alte Bibliothek geschlossen oder besser gesagt: vergessen.«

»Also … niemand weiß etwas über frühere Zeiten? Aber welche genau?«

»Alle. Niemand von denen da weiß, dass überhaupt ein Gestern existiert«, sagte Thule und deutete mit dem Kinn auf die vorbeigehenden Leute. »Außerhalb von Bergstadt gibt es einen Ort namens Nachtzentrum. Das ist eine riesige Einrichtung. Jede einzelne Nacht wird dort das Gestern zerstört.«

»Wie?«

»Hast du die Geräte in ihren Händen gesehen?«

Ich nickte.

»Das Gerät heißt Manus. Im Nachtzentrum werden nachts alle Daten von den Mani gelöscht.«

»Heißt das, ihre Gedanken ... und ihr Gedächtnis?«

Thule nickte ernst, aber gleichzeitig sah ich, wie sie es genoss, mir die schockierende Wahrheit über diese Stadt, ja diese Welt, zu erzählen.

»Ähm, du frierst doch nicht gleich wieder ein, oder?«

Thule lachte grunzend. Sie war wirklich das Ergebnis einer seltsamen Rechnung: Stilvolle Coolness plus zombiehafte Ausdruckslosigkeit plus totenblasse Haut plus grunzendes Lachen, malgenommen mit dem ständigen Risiko einzufrieren, geteilt durch den wissbegierigen Charakter einer Forscherin, ergab am Ende Thules unberechenbare Persönlichkeit. Diesmal konnte ihr grunzendes Lachen den Schrecken nicht vertreiben, der mir von den Zehen über den Rücken bis in den Nacken kroch und mir vor Abscheu die Haare zu Berge stehen ließ. Die Welt war furchtbarer, als wir es uns jemals vorgestellt oder in Büchern gelesen hatten!

»Aber die Obdachlosen haben dieses Gerät nicht. Und auch du und Samuel nicht«, sagte ich.

»Jeder hat seine eigene Geschichte darüber, wie er es geschafft hat, dem Manus-Netzwerk zu entkommen. Manche haben das Gerät, aber es hat keinen Strom mehr. Offensichtlich sieht Wanda es nicht als Bedrohung, wenn hier ein paar Obdachlose herumschwirren und sich an mehr als nur einen Tag erinnern.«

»Und du? Warum hast du kein Mannus?«

»Manus. Das ist alte Sprache und bedeutet Hand. Ich hatte eins, als ich ein Baby war, aber es hat sich abgenutzt.«

Thule zeigte mir ihre linke Hand. Unter einer dicken Hautschicht schlängelten sich schwarze Linien entlang wie eine matte Sternenkarte, deren Sterne ausgegangen waren.

»Was ist mit dir passiert? Was ist mit deiner Familie geschehen, und warum bist du ... äääh ... aus Eis?«

•

Das war die völlig falsche Frage. Völlig, völlig falsch, denn Thule gefror erneut zu Eis.

Es passierte gerade, als wir eine stark befahrene Straße überquerten. Zuerst umrundete ich Thule zweimal panisch wie ein Hund, der seinen Schwanz jagt, aber schnell merkte ich, dass das völlig nutzlos war. Die Fahrzeuge hupten, und aus ihren Lautsprechern kam der Befehl: »Aus dem Weg! Runter von der Straße!«

Mir blieb also nichts anderes übrig, als den Eisblock wieder in die Arme zu nehmen und hochzuheben. So trug ich Thule auf die andere Straßenseite und wartete darauf, dass sie auftaute.

Währenddessen stellte ich für mich selbst eine Regel auf: Frag Thule niemals nach ihrer Familie und auch nicht danach, warum sie einfriert, sprich nicht über den Tod von Menschen, es sei denn, du willst Thule durch die Gegend tragen.

Kurz darauf taute sie auf und war wieder ihr altes, kühles Selbst.

»Mein Blut fließt langsam, langsamer als normalerweise im menschlichen Körper, deshalb sehe ich ein bisschen wie tot aus. Alles, was ich erlebt habe, bevor ich in die Bibliothek gekommen bin, all die Erinnerungen, sie liegen wie unter einer dicken Eisschicht. Ich kann nicht hören, was in meiner Vergangenheit gesprochen wird, und ich kann auch niemanden sehen, nur ganz in der Ferne erkenne ich irgendwelche Gestalten. Vielleicht meine Eltern. Das Vergangene ist da, aber ich kann es nicht greifen. Was ich aber mit Sicherheit weiß, ist, dass meine Vergangenheit kalt ist.«

•

So setzten wir unseren inzwischen unwirklich erscheinenden Trip durch das seltsame Bergstadt fort, und als unsere Füße vom Gehen müde waren, brachte ich Thule zurück zur Bibliothek.

»Zum Glück sind die Leute hier so dumm, dass sie nichts anderes tun, als auf ihre Hand zu starren. Würden sie sich umschauen, könnten sie wer weiß was alles sehen.«

Thule kramte den Schlüssel aus der Tasche ihres Kapuzenpullis.

»Komm schon, du Tourist! Oder hast du eine bessere Unterkunft?«, fragte sie und zog mich, ohne eine Antwort abzuwarten, in die Bibliothek.

•

An diesem Abend nahm Thule mich mit auf den Dachboden der Bibliothek, wo sie schlief. Der Boden war voller Comics, Zeitschriften, Bücher, Decken und Kissen. Durch das winzige Dachfenster konnte man den beinahe schwarzen Himmel sehen, aus dem uns ein runder, goldener Mond anstarrte. In der Mitte des Zimmers stand ein geschmeidiger Baum in einem riesigen Topf und streckte seine Äste zur Decke aus. Thule deutete auf die Matratze neben dem roten Sofa.

»Das ist deine.«

Nach dem Streifzug durch den Wald und der Nacht im Torbogen kam mir das Zimmer gar nicht so übel vor. Es sah auch viel besser aus als unsere Gefängniszelle in Tómos-Biblos, also hätte ich es ohne Weiteres zum besten Schlafplatz aller Zeiten erklären können.

Ich war todmüde, und kurz bevor ich einschlief, erstattete ich meinen Schwestern in Gedanken Bericht: »Hallo Schwestern, euer tapferer und schlauer Bruder Oboi grüßt euch vom schönsten Dachboden Bergstadts. Ich bin bei einem gewissen Zombie, und hier gibt es irgendwelche Tötungsanstalten. Ich weiß, das hört sich schrecklich und durchgeknallt an, und das ist es auch. Die Leute in dieser Stadt kapieren überhaupt nichts. Außer dem Zombie. Dann gibt es noch einen 200 Jahre alten Mann mit Bart, der Mandarinen liebt. Ihr werdet es nicht glauben, aber niemand hier kann lesen. Außer dem Zombie, dem Bartmann und natürlich mir. Euer geliebter mutiger Bruder beendet nun seinen Bericht – chhr, ratzepüh.«

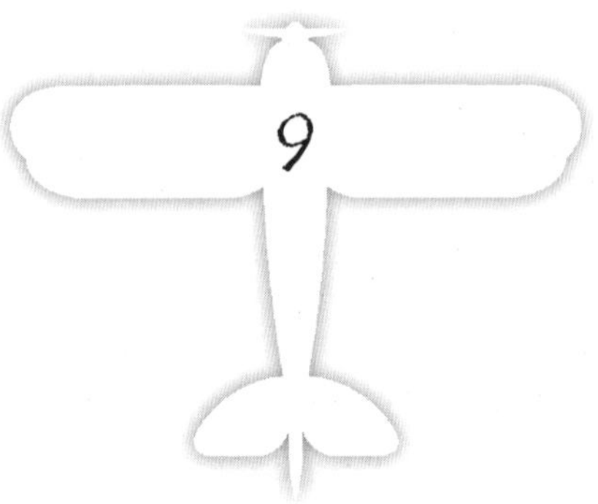

Die Normos oder Normalmenschen

Thule und ich verbrachten den ganzen nächsten Tag in Bergstadt und wunderten uns über das, was die Leute so machten. Abends kehrten wir in die Bibliothek zurück und setzten uns wieder an den Tisch im großen, mittlerweile leeren Bibliothekssaal. Samuel schöpfte gerade Brühe aus dem Topf in seine kleine Schüssel. Der Regen trommelte in schnellem Takt gegen das Fenster, und die Äste der Bäume schwangen wie die Arme eines betrunkenen Dirigenten hin und her. Es war dunkel. Wir durften kein Licht anmachen, um nicht entdeckt zu werden. Nur vereinzelt brannten Kerzen und schimmerten schwach. Die Wörter dieser neuen Stadt rauschten mir durch den Kopf wie ein reißender Fluss und zogen mich mit voller Kraft in die Tiefe. Einfrieren. Obdachlose. Verbotene Bücher. Biosphäre. Manus. Nachtzentrum. Wachpatrouille. Und am stärksten von allen: Wanda.

Wer war Wanda?

•

»Samuel, rate mal, was die Idioten abends machen? Oboi und ich haben ein paar Sachen herausgefunden«, jauchzte Thule.

»Normos sind keine Idioten«, sagte Samuel geduldig.

»Doch, SIND sie. Ich habe einem von ihnen mit einem Stock in die Wange gepikst, und er hat gar nicht reagiert. Er hat nicht mal in unsere Richtung geschaut.«

»Thule! Du stichst mit Stöcken nach Leuten? Und du wagst es, SIE Idioten zu nennen!«

»Eigentlich sind sie Holzklötze auf zwei Beinen, stimmt's, Oboi?«

»Die Normos leben anderswo, darum wirken sie so, als wären sie in Gedanken versunken«, entgegnete Samuel.

»Warum werden sie Normos genannt?«, fragte ich.

Samuel hüstelte peinlich berührt. Er holte eine Handvoll kleiner heller Samenkörner aus seiner Jackentasche und begutachtete sie zerstreut.

»Nun ja. *Wir* haben angefangen, sie Normos zu nennen. Es war Thules Idee.«

»Es war dein Vorschlag, diese hirnlosen Trottel als Normalmenschen zu bezeichnen. Was meinst du, Oboi, ist an diesen hirntoten Fischen irgendetwas normal?«

»Hör auf, Thule«, versuchte Samuel sie zu beschwichtigen, aber offensichtlich hatte er das Spiel verloren.

»Ich habe den Namen nur zu Normo verkürzt. Und weißt du, was, Samuel? Oboi hatte die Idee, die Wachpatrouille Nebelkrähen zu nennen. Ziemlich gut, finde ich. Was ist grau, pickt auf den Händen der Leute rum und kann fliegen?«

Samuel brach in Lachen aus und verschluckte sich fast an seiner Mandarine. Doch schnell wurde er wieder ernst.

»Thule«, sagte er ruhig. »Die Gehirne der Normos sind exakt so wie deins ... oder na ja, über dein Gehirn wissen wir auch nicht alles ...«

»Ja ja, weil ich aus Eis und ein halbtoter Zombie bin.«

Und wieder der Zombie-Blick.

»Ja«, gab Samuel zu.

»Die Normos sind mit den Gedanken anderswo. Sie sind nicht in diesem Moment, nicht einmal unbedingt an dem Ort, an dem du sie siehst. Ihr Leben spielt sich im Manus ab, dem Smart-Gerät unter ihrer Haut, auf das sie schauen. Während sie die Straße entlanglaufen, laden sie vielleicht gerade das gesamte vorhandene Wissen über die Gesteinsarten der Welt in ihr Gehirn oder sie sammeln Daten über Sonnenwinde oder machen Wettervorhersagen für das nächste Jahrhundert.«

»Ha! Ganz bestimmt!«, schnaubte Thule.

»Machen die Normos das alles nur, weil das Gerät in ihrer Hand es ihnen befiehlt?«, fragte ich.

»Ja«, bestätigte Samuel und fuhr fort: »Und sie rechnen laufend aus, wie viel Energie sie für Bergstadt erzeugen müssen.«

•

Er war aufgestanden und wedelte jetzt mit den Armen herum, wobei er den alten Bäumen, die vor dem Fenster ihre Äste hin und her schwenkten, zum Verwechseln ähnlich sah. Vielleicht würde er als Nächstes ihre Gestalt annehmen. Hier war wahrscheinlich nichts unmöglich.

»Nun erzähl mir, Oboi, was habt ihr über sie herausgefunden, was machen sie?«, bat Samuel ruhig.

»Wir haben sie den ganzen Tag beobachtet, und um Punkt fünf Uhr gingen alle Normos ins Fitnesscenter! Es schien, als würde sich jedes einzelne Lebewesen in Bergstadt auf das Trainingsrad schwingen oder Klimmzüge machen.«

»Und was das Unglaublichste war: Sie kamen erst um neun Uhr wieder raus!«, sagte Thule außer sich. »Vier Stunden lang haben sie ihre Muskeln trainiert!«

»Ja«, sagte Samuel leise. »Wir sollten es eigentlich genauso machen. Die dunkle Zeit fängt bald an, und die Temperaturen sinken.«

»Wir?«, fragte ich verwundert.

»Die Normos erzeugen im Fitnesscenter Energie«, sagte Samuel. »Während sie Sport treiben, um ihren passiven Tagesablauf auszugleichen, füllen sie gleichzeitig die allgemeinen Wechselrichter der Stadt und die Energiespeicher ihrer eigenen Häuser auf. Die riesigen Biosphären benötigen eine Menge Energie, wenn in regnerischen und dunklen Zeiten das Sonnenlicht und die Wärme in diesen nördlichen Breitengraden künstlich erzeugt werden müssen. Oder was dachtest du, woher die Stadt ihre Energie und ihre Wärme bekommt? Hast du hier irgendwo ein Kraftwerk gesehen?«

Thule schwieg einen Moment. Aber nicht lange.

»Sie erzeugen Strom, damit sie ihre blöden Mani aufladen und am nächsten Tag noch mehr Inhalte herunterladen können! Inhalte! Hast du das gehört, Oboi? Was gibt es Langweiligeres als die Inhalte der Normos!«

»Nein, Thule. Sie erzeugen Energie für die Straßenlaternen, Trambahnen, Transportmittel, Biosphären, Einrichtungen, Läden, Heime, einfach alles«, sagte Samuel und steckte erneut ein kleines Häufchen Samen in den Blumentopf auf dem Fensterbrett, in dem eine schmale Fichte wuchs.

•

Abends auf der Matratze auf dem Dachboden holte ich das Buch, das ich von der Marktfrau bekommen hatte, wieder aus meinem Rucksack. Auf der dritten Seite war ein Text, den ich vorher nicht bemerkt hatte. Jetzt stand dort jedenfalls:

*Bevor du die verstrickte Wahrheit
erkennen konntest, musstest du Freunde
finden, denen du vertrauen konntest.
Jetzt warst du an einem solchen Ort
angekommen. Du hattest einen sicheren
Hafen erreicht, in dem das Losungswort
gefahrlos ausgesprochen werden konnte.
Du warst der Schlüssel der Veränderung,
und die ersten Schritte waren getan.
Mut, Zähigkeit, das Licht der Fantasie
und mit ihnen die Freiheit!*

Ja, ja, uff!, dachte ich gähnend. Hätte mir die Frau doch nur ein etwas spannenderes Buch gegeben. Ich hasste Geschichten, besonders solche seltsamen, bei denen ich nichts verstand. Komisches Buch, komischer Ort.

Vielleicht war das alles ein Traum. Hier war alles möglich. Menschen wurden zu Eis und tauten wieder auf. Sie wurden von einem Gerät in ihrer Hand kontrolliert. In einem leeren Buch erschienen von selbst Buchstaben. Was noch alles passieren sollte, davon hatte ich zu diesem Zeitpunkt nicht die geringste Ahnung.

•

Bevor ich einschlief, erstattete ich meinen Schwestern im Flüsterton Bericht, das war mir schon zur Gewohnheit geworden.

»Euer kompetenter Bruder Oboi hat ein Haus gefunden, in dem er in Sicherheit ist. Es ist nicht das gelbe, aber weil euer Bruder so schlau ist, wird er auch das noch finden. Hier ist es seltsam, aber wie Aristo sagen würde: Alles Neue ist am Anfang seltsam …«

»Was soll das heißen, kompetent?«, knurrte Thule und schlug mir mit dem Kissen auf die Stirn.

Mist, ich hatte laut gesprochen.

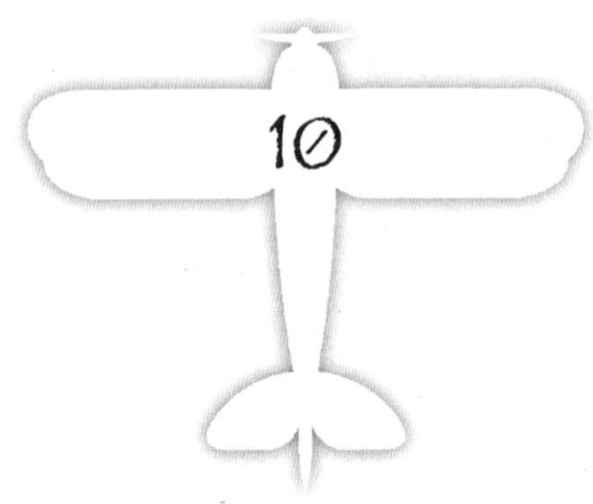

Strom!

Die ganze unruhige Nacht hindurch gingen mir ununterbrochen diese Worte durch den Kopf:

Du hattest einen sicheren Hafen erreicht,
in dem das Losungswort gefahrlos
ausgesprochen werden konnte.

Ich fragte mich, ob Berihelland etwa das Losungswort war, bis ich mich schließlich beim morgendlichen Haferbrei dazu entschloss, es in voller Lautstärke auszusprechen, nur zum Test.

»Berihelland!«

»Was?«, fragte Thule und sah mich an, als wäre ich durchgedreht.

Samuel hingegen sprang auf und stürmte auf mich zu.

»Wo hast du diesen Namen gehört?«, fragte er mit einem strengen Ausdruck in seinem müden Gesicht und blickte sich hastig um.

»Sag mir erst, was das für ein Name ist.«

»Weißt du das denn nicht?«

»Nicht wirklich.«

»Wo hast du ihn gehört?«

»Erzähl mir erst, was das für ein Name ist«, drängte ich beharrlich.

Samuel seufzte, spähte über seine Schulter und wirkte sehr nervös.

»Das ist ein Name, den hier nur die wenigsten benutzen. Es ist kompliziert: Wer ihn ausspricht, ist in großer Gefahr, aber wenn man ihn in der richtigen Gesellschaft sagt, kann man damit gleichzeitig bestimmte Menschen erkennen. Verstehst du?«

Ich schüttelte den Kopf. Ich verstand nicht.

»Also vereinfacht gesagt: Es ist der Name dieses Ortes, aber nur wenige kennen ihn. So, jetzt bist du dran.«

»Ich habe ihn von einem Mann an der Straßenecke gehört. Oder eigentlich bin ich nicht sicher, ob ich ihn wirklich gehört oder es mir nur eingebildet habe. Ich habe den Mann gefragt, wie diese Stadt heißt, und er hat gehustet und dabei diesen Namen gesagt.«

Ich machte es ihnen vor. Samuel wiegte seinen Kopf hin und her, als hätte er eine Sprungfeder anstelle eines Halses.

»Und das ist noch nicht alles. Derselbe Name ist mir auch schon in einem seltsamen Buch begegnet.«

»In was für einem Buch?«

Ich musterte Samuel und überlegte, ob ich ihm davon erzählen konnte. Ich war noch nicht bereit dazu, bevor ich nicht selbst verstanden hatte, um was für ein Buch es sich handelte.

Ich machte eine abfällige Handbewegung und sagte beiläufig: »Ach, in irgend so einem Buch eben. Ich weiß nicht mehr, wie es hieß.«

Diesmal gab sich Samuel mit meiner Schwammigkeit zufrieden und erwiderte:

»Na gut, gehen wir in den Keller. Ich zeige dir unser Elektrizitätswerk. Aber denk dran: Sprich den Namen nicht mehr aus, wenn du nicht verhaftet werden willst.«

Thule blieb mit den Obdachlosen zurück, um das kaputte Treppengeländer zu reparieren. Irgendwie hatte sie schlechte Laune. Vielleicht war sie wütend, weil sie nichts über Berihelland wusste, obwohl sie hier doch eigentlich die Stadtführerin war und ich der Tourist.

•

Über eine Wendeltreppe stiegen wir hinunter in den Keller. Dort roch es haargenau wie in Tómos-Biblos. Feucht und modrig. Aber was ich dann sah, war kein gewöhnlicher Keller. Der Raum sah aus wie die Kommandobrücke eines Raumschiffs, wie ich sie in einem alten Film gesehen hatte, und war voller blinkender Lichter und surrender Geräte. In der hinteren Ecke ragte ein schiefer Stapel mit Akkus in die Höhe, ein großes Gewirr an Kabeln, Adaptern und Wechselrichtern.

»Darf ich vorstellen: unser Kraftwerk«, verkündete Samuel stolz.

Vor den großen Maschinen standen zwei Trainingsräder, die ihre besten Tage schon hinter sich hatten.

»Die sind zwar uralt, aber sie tun ihren Dienst.«

Samuel und ich sprangen auf die Räder und traten in die Pedale, die sich langsam in Bewegung setzten. Das Display meines Rads fing an zu leuchten, und die Zahlen auf dem Wattmeter wurden immer höher.

»Wenn die dunkle Zeit anfängt, müssen wir richtig schuften, genau wie die Normos. Und nicht nur der Strom hängt von dieser Plackerei ab. Auch die Luft, die wir die ganze Zeit atmen, wird von ihnen produziert, hauptsächlich in den Biosphären. Es wird überwacht, wie viel Vegetation es auf der Welt gibt, und in Bergstadt ist zum Beispiel genau geregelt, wie viele Pflanzen pro Quadratmeter gepflanzt werden müssen, damit genug Sauerstoff da ist. Jede Stadt ist von bewirtschafteten Wäldern umgeben, um die sich Förster kümmern. Der Welt geht es heute besser als seit vielen Hundert, vielleicht sogar tausend Jahren, und das ist der Arbeit der Normos zu verdanken.«

Jetzt schossen mir Millionen von Fragen durch den Kopf, aber ich konnte keine einzige davon stellen, denn Samuel fuhr fort: »Die Normos haben überhaupt keine Ahnung vom Zustand der Welt. Sie haben nur die Gegenwart, einen einzigen Moment nach dem anderen, im Kopf.«

»Aber wie können sie Strom für morgen oder nächsten Monat erzeugen, wenn sie nichts als diesen Moment kennen? Wie können sie das Wetter für nächstes Jahr vorhersagen, wenn sie nichts über gestern oder morgen wissen?«, fragte ich verblüfft.

»Eine wichtige Frage. Die Normos wissen wirklich nichts über gestern oder morgen, aber es gibt jemanden, der davon weiß. Jemanden, der hinter all dem steckt. Jemanden, der ihnen über das Manus Befehle gibt.«

»Wer ist das?«, fragte ich leise. »Wanda?«

Samuel zuckte mit den Schultern. Vielleicht hieß das, dass die Frage nicht so einfach zu beantworten war.

»Aber was ist mit denen, die immer in der Bibliothek frühstücken?«, wollte ich wissen.

»Die haben keine Geräte, die ihnen befehlen, wohin sie gehen sollen. Sie sind frei von allen Verpflichtungen, aber sie haben auch kein Zuhause, kein Geld, kein Essen. Die

Obdachlosen wissen ebenfalls nichts über die Vergangenheit, denn ihr Gedächtnis reicht nur bis zu dem Moment zurück, als sie sich von ihrem Manus befreit haben. Sie können arbeiten, sie denken und lernen. Aber ihr Wissen besteht eigentlich nur darin, dass sie bei Sonnenaufgang zu mir in die Bibliothek gehen müssen, weil ihr Hunger sonst zu groß wird«, sagte Samuel und lachte sanft.

Ich sah ihn an. Er wusste das alles, war also kein Normo und auch kein Obdachloser. Irgendwoher bekam er Essen, mit dem er andere ernähren konnte, obwohl er gar kein Manus hatte. Was war er?

•

Nach allem, was ich gehört und gesehen hatte, kamen mir etliche neue Gedanken, Fragen zu Thule, der Luft, den Menschen, dem Manus unter ihrer Haut und so weiter.

»Noch zehn Minuten, dann reicht der Strom bis zum Morgen, glaube ich«, sagte Samuel.

Und so radelten wir weiter, bis Thule uns Gesellschaft leistete.

Sie setzte sich auf die Treppe und beobachtete mit kühlem Blick, wie wir mit Schweißtropfen auf der Stirn in die Pedale traten.

Samuel stieg von seinem Rad und schritt den Raum von einem Ende zum anderen ab, legte Hebel um und prüfte Messinstrumente. Eigentlich sah er sogar etwas unheimlich aus, wie er so hager und für einen Menschen viel zu groß durch das Halbdunkel des Kellers glitt, mit zu Berge stehenden schwarzgrauen Locken, die aussahen, als hätte er einen Stromschlag bekommen.

»Unglaublich, dass du so alt bist, Samuel. Hunderte Jahre alt«, sagte Thule nachdenklich.

»Zu alt, um wahr zu sein«, sagte Samuel lachend. »Wisst ihr, ich habe oft das seltsame Gefühl, dass ich, wenn ich hier stehe, gleichzeitig auch in einem Grab auf dem Friedhof liege, mit tonnenweise Erde über mir. Es kommt mir vor, als läge ich dort schon lange.«

Thule lächelte sanft und meinte: »Und ich habe manchmal das Gefühl, als hätte ich der Eisfrau von den Mumins in die Augen geschaut.«

Wir fingen an zu lachen. Die Blicke richteten sich erwartungsvoll auf mich.

»Und du, Oboi? Was für ein Gefühl hast du?«, fragte Samuel.

»Aaaalso, mir kommt es vor, als hätte ich meinen Kakao nicht ausgetrunken …«

Und wieder brachen wir in Gelächter aus.

»Kommt! Gehen wir ihn austrinken«, sagte Thule und führte uns die Treppe hinauf.

Vielleicht waren die beiden komisch, aber es fühlte sich gut an, mit ihnen zusammen zu sein.

Das feurige Glühen des Buchstaben O

Schließlich gewöhnte ich mich selbst an all die merkwürdigen Dinge, und im alltäglichen Trott folgte ein Tag auf den anderen. Wir lümmelten in der Bibliothek herum, im Zeitschriftensaal und in den Leseräumen. Wir stiegen auf den Dachboden und lungerten zwischen den Zeitschriften und Büchern herum, die Thule ausgesucht hatte. Sie schien Geschichten zu mögen, vor allem Fantasy-Abenteuer. Ich nahm eines ihrer Bücher in die Hand und schlug es wahllos auf. Mein rechter Zeigefinger landete in der Mitte der rechten Seite, und ich beschloss, dass dieser Satz ein Omen für die nächsten Tage sein sollte: »Wie merkwürdig: Mit schönen Erlebnissen hält man sich nicht lange auf, wohingegen man Schreckliches gern in allen Einzelheiten erzählt.« Ich lachte auf. »Der Hobbit« stand in großen blauen Buchstaben auf dem Umschlag. Das hatten wir in Tómos-Biblos immer mal wieder gemacht, und erstaunlich oft hatten die Worte tatsächlich zu unserem Alltag gepasst.

Und wie es im Buch geschrieben stand, hatten Thule und ich in dieser Hinsicht ein paar ruhige Tage, an denen nichts weiter passierte. Folgendes ist mir aber in Erinnerung geblieben:

Vormittag: Wir ließen die Obdachlosen MÄV durch die Hintertür – also »mit äußerster Vorsicht«, wie Samuel es codiert hatte – zum Frühstück in die Bibliothek. Danach verließen sie das Haus MÄV wieder, und jeder ging woandershin, um zu putzen, Pflanzen zu versorgen, sich um die eigenen oder für wenig Geld um die Felder eines »Gutsbesitzers« zu kümmern.

Mittag: Thule und ich brachen zu unserer Spionagetour auf, um die Normos zu bespitzeln, wie Thule unser tägliches Herumstreunen nannte. Wie verrückt versuchte ich, das gelbe Haus am Stadtrand zu erspähen, aber dieser war dicht mit Hochhäusern bebaut. Nirgendwo schien es Holzhäuser zu geben.

Nachmittag: Samuels dünne Gemüsesuppe MÄV.

Abend: Gespräche, Herumsitzen, Haferbrei und Kakao. Danach zogen wir uns auf unsere Matratzen zurück, um alte Bücher zu studieren. Alles MÄV.

Es klang beinahe wie ein Traum. Fast wie das Leben, das ich mir im Gefängnis immer erträumt hatte, wenn man alles, was außerhalb der Bibliotheksmauern passierte, nicht mitzählte. Und auch nicht, dass wir eben die ganze Zeit über MÄV handeln mussten, weil wir mindestens in Gefahr, wenn nicht sogar in Lebensgefahr waren. Auch in der Bibliothek konnten wir uns nicht so bewegen, wie wir wollten, und mussten die Fenster meiden. Abends durften wir kein Licht anmachen, und wenn wir auf der Dachterrasse waren, mussten wir das natürlich MÄV tun.

Meine Sorge darüber, was wirklich mit uns passieren würde, wenn wir für einen Moment vergessen würden, MÄV zu handeln, wurde von Tag zu Tag größer.

•

»Wie ist es passiert? Wie seid ihr nach Tómos-Biblos gekommen?«, fragte Samuel eines Abends, als wir wieder im Bibliothekssaal saßen.

»An die Zeit vor dem Gefängnis kann ich mich nicht erinnern. Fanta, Marme und ich waren höchstens zwei Jahre alt, als wir aufgelesen wurden.«

»Aufgelesen. Interessanter Ausdruck«, sagte Samuel nachdenklich.

»Was ist dort alles geschehen? Erzähl uns alle Einzelheiten, auch wenn sie noch so schrecklich sind«, befahl Thule.

Über Tómos-Biblos sprechen zu müssen, war, als wäre ich wieder in seinen kalten, steinernen Gängen. Deshalb erfand ich oft meine eigenen Geschichten.

»Ich war in unserem Stockwerk für das Putzen der Böden zuständig. Aber weil es keine Reinigungsgeräte gab, musste ich die ganze Etage mit meiner Zahnbürste sauber schrubben.«

Thule fing an zu lachen.

»Ach, komm schon. Sag uns die Wahrheit.«

»Okay. Ich war Koch, aber weil es dort keine Schöpfkelle gab, musste ich die kochend heiße Suppe mit dem Arm umrühren. Darum ist er ein bisschen …«

Thule schien das Ganze richtig zu genießen.

»… gut durchgegart?«

»Jep.«

Wir lachten. Samuel schien gar nicht zuzuhören.

»Jetzt erzähl mal richtig, Oboi. Wie war es im Gefängnis? Habt ihr einen Fluchttunnel gegraben, Bettlaken zu einem Seil geknotet, Krähen zu Briefboten abgerichtet?«

»Nein. Nichts davon.«

»Und wie hat man euch gefunden? Waisendrillinge ins Gefängnis gesteckt, das nenne ich eine Story!«

»Man hat uns in ein kleines Binsenkörbchen gepfercht und in den Fluss geworfen, weil Drillinge damals nicht so in Mode waren. Die Gefängnisdirektorin Mega hat uns darin gefunden und ins Gefängnis gebracht«, versuchte ich es.

Aber Thule hatte gut aufgepasst: »Stopp! Stopp! Das ist aus ›Sinuhe, der Ägypter‹. Sinuhe wurde als Baby in einem Korb in den Nil geworfen, wo er dann gefunden wurde. Die Geschichten anderer darf man nicht klauen.«

Jetzt wachte Samuel auf: »Thule! Hast du etwa ›Sinuhe‹ gelesen?«

»Natürlich nicht! Aber die Stelle mit dem Binsenkörbchen habe ich überflogen. Und weiter will ich auch nicht lesen.«

Samuel musste lachen.

»Jetzt die Wahrheit. Keine Märchen mehr«, befahl Thule.

»Aus der Zeit vor dem Gefängnis erinnern wir uns fast nur an den Küchentisch im gelben Haus. An eine dampfende Tasse Kakao, an Marmelade und Limo. An Mamas Rocksaum und ihre barfüßigen Zehen, als sie mitten beim Frühstück hinausrannte. Sonst an so gut wie nichts.«

Samuel schaute zur Decke, als sähe er dort unsere Küche.

»Sie ist mitten beim Frühstück hinausgerannt? Warum? Was ist passiert?«

»Das habe ich doch schon gesagt: Ich weiß es nicht mehr.«

Thule wurde wütend. Ihre Augen flammten für einen Moment auf wie große wilde Kugeln. Kurz darauf war das schlimmste Feuer in ihnen wieder erloschen, und sie schmolzen und schrumpften zu hellblauen Schlitzen, wie bei einem kleinen bösen Raubtier in alten Zeichentrickfilmen.

»Du erinnerst dich an irgendwelche beknackten, schimmligen Marmeladen, aber nicht an das Wichtigste!«

Samuel lachte herzlich.

»Ihr habt eure Namen vom Frühstückstisch stibitzt. Du bist der Kakao von der Marke O'boy, und deine Schwestern haben ihre Namen vom Marmeladenglas und der Fanta-Flasche.«

»Kakao, Limo und Konfitüre!«, prustete Thule, die mit den frühesten Erinnerungen meiner Schwestern und mir überhaupt nicht zufrieden war.

Ich zuckte mit den Schultern. Vielleicht auch ein bisschen beschämt. Kakao, Limo und Konfitüre. Wir hatten uns unsere Namen gegeben, als wir zwei Jahre alt waren. Vielleicht hatten wir eigentlich andere, wussten sie aber nicht mehr. Kakao, Limo und Konfitüre waren wirklich nicht sehr tiefsinnig.

»Und euer Papa? Erinnert ihr euch auch noch an seine Hosenbeine?«, schnaubte Thule.

Müde schüttelte ich den Kopf.

•

Als ich abends in meinem Rucksack kramte, stieß meine Hand wieder auf das seltsame Buch. Auf dem Umschlag war ein Kringel aufgetaucht, der in mattem Gold schimmerte. Vielleicht ein Ring? Oder war es der Buchstabe O?

War er schon die ganze Zeit dort gewesen? Vielleicht nur so schwach, dass ich ihn bisher nicht bemerkt hatte. Oder vielleicht war das Buch so schmutzig gewesen, dass man den Kringel bloß nicht sehen konnte, und jetzt hatte der Rucksack ihn sauber gerieben. Ich hätte schwören können, dass der Umschlag völlig leer gewesen war, als ich das Buch zum ersten Mal in den Händen gehalten hatte.

Jetzt hatte es also auch einen Namen: O.

»O? Heißt du O?«, fragte ich das Buch leise.

Ich glaube, die Ereignisse der letzten Zeit hatten mein sonst so vernünftiges Gehirn etwas aufgeweicht. Zum Glück antwortete das Buch nicht, und so blätterte ich zerstreut durch die Seiten.

Da bemerkte ich, dass es Seitenzahlen hatte. Auch die waren mir vorher nicht aufgefallen. Und das stand auf Seite neun:

Eines sonnigen Tages schickte Wanda ihre geheimen Männer in alle großen Fledermaushöhlen auf der ganzen Welt. Sie legten Futter für die Tiere aus, hauptsächlich Insekten und Libellen, jedenfalls etwas, das für die Fledermäuse ein großer Leckerbissen war. Zuvor war diesen Insekten in geheimen Labors mit einer Spritze ein mikroskopisch kleines Virus eingeimpft worden, das die Fledermäuse beim Schnabulieren in sich aufnahmen. Anschließend kamen Jäger, die nichts von dem Virus wussten, in die Höhlen. Seit Jahrhunderten war es ihr Beruf, Fledermäuse zu fangen. Und als der Markthändler der ersten flatternden Fledermaus den Kopf abschlug, verbreitete sich das Virus auf der ganzen Welt, bis in die letzten Winkel und zu deren nichts Böses ahnenden Bewohnern.

Wanda. Wie zum Kuckuck konnte dieses Buch von Wanda handeln? Noch nie zuvor hatte ich einen solchen Namen gehört, und jetzt begegnete er mir sowohl hier in Bergstadt als auch in diesem Buch. Diese Geschichte war überhaupt nicht mein Ding. Das O-Buch war zu seltsam, und der Text erschien ganz von allein. Es machte mir regelrecht Angst!

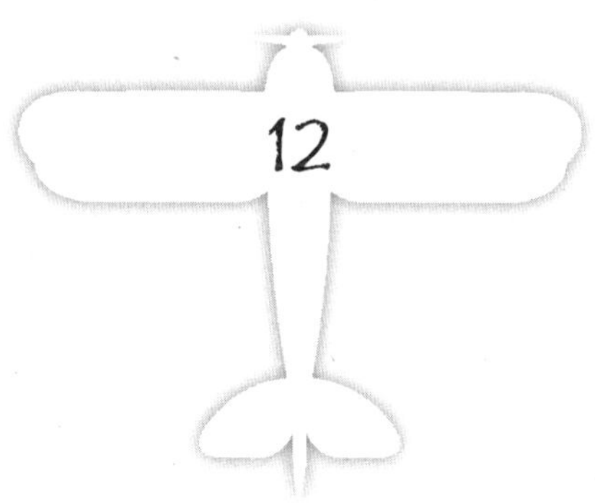

12

Helft Thule!

Die Dunkelheit des Herbstes wurde immer tiefer, die Regengüsse immer eisiger und die Bibliothek immer kälter. Abends fuhren wir immer länger auf den Trainingsrädern, und tagsüber verbrachten wir immer weniger Zeit auf den Straßen von Bergstadt. Die leeren Gesichter und die bedeutungslosen Abläufe der Normos faszinierten uns nicht mehr so sehr wie am Anfang. Thule war schweigsamer geworden.

»Schau, der ist gegen den Baum gelaufen. Hast du das gesehen? Er hat überhaupt nicht darauf reagiert. Vielleicht empfinden Normos keinen Schmerz«, sagte ich in der Hoffnung, damit Thules Interesse zu wecken. Vergeblich.

Sie zuckte mit den Schultern, sah jedoch nicht von der Straße auf.

•

An einem dieser kalten, dunklen und stillen Abende stieg ich mit Samuel auf das Dach, um die Weinreben mit Nadelzweigen abzudecken, einfach nur, damit ich ihn über Thule ausfragen konnte.

Ich hatte mich schon an Thule gewöhnt, daran, dass sie totenbleich war und zu Eis gefror, wenn sie unter Schock stand, aber die Hunde und anderen Tiere, die vorbeikamen, erschraken immer, wenn sie Thule sahen. Sie bellten oder rannten mit eingeklemmten Schwänzen davon, als hätten sie gerade ein Ungeheuer gesehen.

Während ich die trockenen Ranken von den Reben schnitt, fragte ich: »Samuel, wie ist Thule hierhergekommen?«

»Hmmm«, brummte er. »Sie will nicht darüber reden.«

»Das dachte ich mir. Wenn man sie danach fragt, erstarrt sie zu Eis.«

»Stimmt. Thule friert immer kurz ein, wenn sie etwas Unangenehmes erlebt«, sagte Samuel.

»Wie kann ein Mensch zu Eis gefrieren? Und warum?«

»Ich weiß nicht, vielleicht schützt sie sich damit. Vielleicht ist ihr etwas so Schreckliches passiert, dass sie es nicht ertragen kann, sich daran zu erinnern, und darum erstarrt sie.«

»Das ist aber kein guter Schutz. Stell dir vor, sie wird zum Beispiel von Wölfen gejagt und friert dann ein.«

»Das könnte doch funktionieren. Wölfe fressen ja keine Eisblöcke«, sagte Samuel lachend.

»Aber jetzt erzähl mir mehr. Der menschliche Organismus kann doch kein Einfrieren überstehen.«

Samuel begutachtete ein kleines Mandarinenbäumchen, das schon all seine Blätter abgeworfen hatte. Er fluchte und zog wie ein Zauberer eine kleine Schere aus seiner Jackentasche.

»Diese verkümmerte Orogrande sollte eigentlich lernen, den Frost auszuhalten. Ich habe alles Mögliche getan, und trotzdem sieht sie jetzt so aus. Ich bringe sie nicht dazu, hier zu gedeihen, mit keinen Mitteln. Anderen gelingt es doch auch. Schau mal, da drüben! Da biegen sich die Äste unter der Last der Früchte! Bei mir kommen jedes Frühjahr nur abgestorbene Stängel aus den Töpfen. Und das, obwohl ich der Nachfahre eines berühmten Mandarinenzüchters bin!«

Schnaubend deutete er auf einen Balkon auf der anderen Straßenseite, wo tatsächlich ein Mandarinenbaum wuchs, grün und völlig unbeeindruckt von der Novemberkälte und der Dunkelheit. Überreife Früchte waren auf die Straße gefallen und von den Füßen der vorbeieilenden Menschen zertrampelt worden.

Vorsichtig sagte ich: »Ich wollte darüber reden, dass Thule einfriert, nicht irgendeine Apfelsine.«

»Mandarine«, korrigierte mich Samuel und wickelte behutsam Vlies um das verkümmerte Bäumchen. Nach einem Moment des Schweigens antwortete er: »Ich weiß, dass Thules Eltern wahrscheinlich gestorben sind, aber darüber will oder kann sie nicht sprechen. Vielleicht waren sie irgendwo im Norden und sind auf der Reise umgekommen, ich weiß es nicht. Ihr Name und die Tatsache, dass ich sie zu Eis erstarrt hinter der Bibliothek gefunden habe, deuten jedenfalls auf den Norden hin. Ich weiß nicht, ob jemand sie absichtlich hergebracht hat, damit sie gefunden wird. Sie hatte nur einen Zettel um den Hals, auf dem stand: ›Helft Thule‹.«

»Seltsam«, warf ich ein, obwohl ich nicht einmal sagen konnte, was das Seltsamste an der Geschichte war. »Aristo hat uns im Unterricht zu europäischer Geschichte beigebracht, dass es irgendein griechischer Entdecker gewesen ist, der zum ersten Mal das zugefrorene Meer im Norden, dort wo Tag und Nacht die Sonne schien, betreten hat. Dieser Typ hat den Ort Thule genannt und auch eine Karte von der Gegend angefertigt, aber niemand hat ihm geglaubt, weil die anderen Forscher es für unmöglich hielten, dass die Sonne angeblich nie untergehen würde. Sie hielten den Entdecker für einen Spinner. Aber das war vor gut tausend Jahren ...«

Samuel verengte die Augen und schaute konzentriert.

»Einen Wahnsinnslehrer hattest du da im Gefängnis. War sein voller Name Aristo?«

»Er hatte auch einen Nachnamen, aber alle nannten ihn einfach Aristo. Warte mal ... war es vielleicht Teles?«

»Aristo Teles«, sagte Samuel langsam, schien einen Moment lang sprachlos zu sein und brach dann ohne ein weiteres Wort in Gelächter aus. Ich hatte keine Ahnung, was er daran so lustig fand.

»Ich hätte nie gedacht, dass ich das mal sagen würde, aber ich wünschte, ich wäre auch im Gefängnis gelandet!«

»Viele hielten Aristo für geisteskrank, aber ich fand ihn nur ein bisschen verstaubt, wie Menschen eben so sind, wenn sie ihr ganzes Leben zwischen alten Büchern verbringen und von nichts anderem eine Ahnung haben.«

Samuel nickte lächelnd. »Stell dir vor: Das Problem der heutigen Forscher ist das Fehlen von altem Wissen und gerade von Büchern. Die Normoforscher haben noch nie von den früheren Entdeckern, Wissenschaftlern oder Denkern gehört. Weil das Wissen fehlt, müssen die Forscher mit ihrer Arbeit immer wieder ganz von vorne beginnen, jeden Tag. Sie können auf nichts aufbauen, was vorher schon herausgefunden wurde.«

»Also muss das Rad jeden Tag neu erfunden werden?«

»Ja, so ungefähr.«

»Wissen sie denn wirklich nichts über die Vergangenheit? Sie können ihren Kindern nicht erzählen, wie es früher war?«

»Nein. Die Leute tauschen keine Neuigkeiten aus und erzählen sich nicht, wie ihr Tag war. Jegliche Erzählkultur ist komplett sinnlos. Es gibt nur das Hier und Jetzt.«

Ich schlug mir die Hand vor die Stirn und rief: »Also … heute ist Dienstag. Es ist acht Uhr. Ich stehe mit dem Bart-Hippie auf der Dachterrasse der Bibliothek. Das Kartoffelbeet ist gefroren.«

»Oh nein, verdammt, es ist gefroren?«, fragte Samuel panisch, griff nach dem Spaten und schlug damit auf die vereiste Erde.

»Das war's dann mit den guten Kartoffeln, zum Teufel.«

»Aber kann denn niemand den Normos davon erzählen? Könntest *du* ihnen nicht davon berichten?«

Samuel schaute mich niedergeschlagen an. »Was soll ich ihnen denn sagen? Die Normos registrieren mich doch gar nicht. Sie bekommen ihre täglichen Aufträge über die Mani und nehmen nichts anderes wahr. Deshalb kann Thule sie so einfach mit dem Stock piesacken.«

•

»Du hast gesagt, Thule war zu Eis erstarrt, als du sie gefunden hast. Ist sie also tot? Oder halb tot?«

»Thule ist wahrscheinlich ein bisschen wie tot, was ihre Vergangenheit angeht. Sie kann sich nicht erinnern, was passiert ist. Ihre Haut und ihre Haare sind möglicherweise auch tot, aber ihre Muskeln und ihr Gehirn funktionieren einwandfrei, denn sie läuft, spricht und lebt.«

»Und du sagst, sie ist seit einem Jahr hier?«

»Ziemlich genau. Thule hat innerhalb von zwei Wochen lesen gelernt, und jetzt ist sie schneller als ich. Sie hat also ein hervorragendes Gehirn. Sie kann sich in kurzer Zeit eine große Menge Wissen aneignen. Aber ihr Manus ist offenbar im Norden eingefroren und hat sich so abgenutzt, dass es unbrauchbar geworden ist. Genau wie bei den Obdachlosen. Wenn die Geräte keine neuen Updates mehr bekommen, gehen sie langsam aus.«

»Alle Normos sollten ihre Mani einfrieren!«

•

Thule war eingeschlafen, als ich auf meine Matratze kroch. Ich holte das O-Buch aus meinem Rucksack hervor und durchblätterte es gedankenverloren, bis ich bemerkte, dass auf einer der Seiten schon wieder etwas Neues stand.

Vor Jahren untersuchte eine Forscherfamilie im Auftrag von Wanda die Dicke des arktischen Eises. Auf ihrer Reise verirrten sie sich und fanden mitten im eisigen Meer eine kleine Insel, auf der ein Gebäude von nie da gewesener Größe stand. Der Karte nach hätte es dort keine Insel geben dürfen, kein Haus, nichts. Es stellte sich als irgendein Institut heraus, aber der Zutritt war verboten. Die Forscher schickten einen Antrag auf Forschungsgenehmigung an Wanda. Sie wollten das riesige Gebäude betreten und herausfinden, ob es noch in Betrieb war. Doch nachdem sie den Antrag abgeschickt hatten, verschwanden sie spurlos.

Eines Morgens saß ihre Tochter hinter der Bibliothek von Beribelland, stumm. Um den Hals trug sie einen

Brief, auf dem stand:
HELFT THULE 80°34'N, 54°47'E.

In dieser Nacht machte ich kein Auge zu. Wieso erschien in diesem Buch von selbst ein Text, und warum handelte er von Dingen, die wirklich passiert waren? Was für ein Buch war das bloß? Wer schrieb es? Was war das nur für ein Ort? War es überhaupt eine normale Stadt, wenn man hier halb tot oder 200 Jahre alt sein konnte? Und was war mit mir? War ich wirklich der einzige normale Mensch hier oder ...?

Ich erinnerte mich daran, wie ich im Nordwald in das eiskalte, klare Wasser des Schluchtsees getaucht war, durch den man Aristo zufolge auf »die andere Seite der Wirklichkeit« gelangte. Ich traute mich nicht, den Gedanken weiter zu verfolgen, und schloss stattdessen die Augen.

Die Zweige trommelten und kratzten gegen das Fenster, verlangten Einlass. Das Herz hämmerte mir in der Brust, und ich zerbrach mir den Kopf über die Frage: Was war das hier alles eigentlich?

•

Als der Morgen graute, rannte ich die Treppe hinunter in den Bibliothekssaal, der sich schon zur Hälfte mit Obdachlosen gefüllt hatte. Samuel war gerade dabei, Haferbrei an eine Frau und ein Kind zu verteilen. Ich konnte nicht warten, bis ich an der Reihe war, und fragte: »Standen auf dem Zettel um Thules Hals Koordinaten?«

Samuel sah mich prüfend an und schüttelte den Kopf.

»Bist du dir sicher?«

»Wovon sprichst du denn?«, wollte er wissen.

Genau in diesem Moment kam Thule mit einem fröhlichen Gesicht an den Tisch. Sie deutete mit dem Kopf auf die Frau und das Kind. Jeden Morgen kamen sie hierher.

»Es ist nicht einfach, mit einem Kind auf der Straße zu überleben«, sagte Thule, den Blick auf die beiden gerichtet.

»Kinder laufen ständig Gefahr, erwischt zu werden und in der Biosphäre zu landen. Genau wie ihr. Zum Glück seid ihr schon größer, und man hält euch vielleicht für junge Erwachsene«, erwiderte Samuel.

»Was sind Biosphären? Ich wäre auch fast in irgend so einem Regenmonsun gelandet oder wie das hieß«, sagte ich.

»Wenn sie dich erwischt hätten, wärst du jetzt dort und würdest wahrscheinlich nie wieder rauskommen«, meinte Samuel.

Thule hob ihr Brötchen an die Lippen, nickte und erstarrte im nächsten Moment zu Eis. Samuel zuckte nicht einmal.

»Hat Thule Angst vor den Biosphären?«

»Ganz bestimmt, und das nicht ohne Grund«, sagte Samuel und fuhr fort: »Im Hof jeder ehemaligen Schule steht mindestens eine riesige Glaskuppel, also ein künstliches Ökosystem, das so funktionieren soll wie der Erdball. Die Idee dahinter war, in sich geschlossene Welten zu schaffen, in denen die Pflanzen im Notfall Nahrung für die Menschen produzieren können. Mithilfe des Sonnenlichts stellen sie auch Sauerstoff her. Schau, so«, sagte Samuel und zeichnete auf eine Serviette, wie die Biosphäre funktionierte.

»Luft, Nährstoffe und Wasser werden in einem geschlossenen Ökosystem recycelt. So eines könnte man sogar auf den Mars umsiedeln, falls der Sauerstoff ausgeht oder eine Eiszeit hereinbricht.«

»Ojemine«, sagte ich, starrte schockiert auf Samuels Zeichnung und stellte mir mich selbst auf dem Mars vor.

»In den Biosphären gibt es verschiedene Vegetationszonen. Es gibt Regenwald, Tundra, Ozean, Savanne und Wüste. Die Kinder halten die Biosphären am Laufen. Ihre Energie wird durch Sonne und Wind erzeugt, aber das reicht nicht …«

»Also wird hier der Sauerstoff knapp?«

»Nicht mehr, aber vor ungefähr 150 Jahren gab es diese Gefahr. Jetzt geht es der Welt gut. Das Problem ist nur, dass die programmierten Menschen das nicht wissen. Sie machen einfach immer weiter. Jemand muss dem ein Ende setzen!«

•

Knacksend begann Thule aufzutauen. Samuel gab mir mit einer Geste zu verstehen, dass das Gesprächsthema für dieses Mal beendet war. Und dann biss Thule in ihr Brötchen und starrte vor sich hin, als wäre nichts gewesen.

Die Fledermaushöhlen

Der Nachmittag war herbstlich feucht und kühl. Wir machten die Dachterrasse für den Winter fertig, deckten Pflanzenkübel ab und überzogen das Gemüsebeet mit Vlies. Samuel fuhr die ausgeblichenen lateinischen Pflanzennamen auf den kleinen Stäbchen nach und steckte sie zurück in die Erde.

Ich war nachdenklich. Schließlich nahm ich meinen Mut zusammen und fragte: »Warum bist *du* nicht programmiert worden? Du kümmerst dich doch um Pflanzen, genau wie sie. Warum werden Menschen überhaupt programmiert? Welchen Sinn hat das?«

Samuel stellte einen Blumentopf ab.

»Bist du dir sicher, dass du das hören willst? Es ist eine lange Geschichte.«

Ich nickte. Thule ließ sich auf einen Stuhl plumpsen. Ganz offensichtlich hatte sie Samuels Erzählungen schon mal gehört.

»Mach du es dir auch bequem, Oboi. Ich erzähle euch, wie es war«, sagte dieser nun.

Ich setzte mich auf den Boden der Terrasse, wir wickelten uns in Decken und ließen seine wahren Geschichten in unser Bewusstsein strömen. Lass auch du es jetzt geschehen. Starte ein kleines Kino in deinem Kopf. Und wenn im Saal alle Lichter ausgegangen sind, schau zu. So einen ungewöhnlichen Dokumentarfilm hast du vielleicht noch nie gesehen:

•

»Die Markthalle war so, wie Markthallen immer waren, farbenfroh und belebt. Besonders an sonnigen Werktagen war sie so voller Leute, dass man nicht hindurchgehen konnte, ohne immer wieder die Schulter, den Arm, den Rücken oder die Schuhspitze eines anderen zu berühren. Es wurde frisches Gemüse und Fleisch verkauft, viel frischer als das aus dem Laden. Vor allem vor Feiertagen schwirrten die Leute durch die Halle, auf der Jagd nach hochwertigen Zutaten. Straßenbahnen, Busse und U-Bahnen brachten sie dorthin und wieder weg.

Ein starker Geruch hing in den heißen Gängen. Für alle sichtbar zerhackten und zerschnitten die Fleischhändler die Tiere mit dicken Messern in passend große Stücke und Scheiben, verpackten sie geschickt und reichten sie den Händen, die sich ihnen entgegenstreckten. Hin und wieder erfüllte das Kreischen der Fleischsäge die Halle und verriet, dass das Sägeblatt den Knochen eines toten Tieres getroffen hatte. Niemand zuckte zusammen, nicht einmal die kleinen Kinder.

Auch lebende Tiere standen zum Verkauf. Sie wurden vor den Augen des Käufers getötet, damit die Ware auch sicher frisch war. Fische, Tintenfische und Krabben. Hühner, Birkhühner und Fledermäuse. Ratten, Marderhunde und kleine Schweine. Routiniert stießen die Fleischhändler ihnen ihre Messer in den Hals und durchtrennten ihn mit einer schnellen Bewegung des Handgelenks. Das Blut ließen sie in ein

Wasserbecken laufen und wischten ihr Messer an ihrer weißen Schürze ab, als wollten sie den Kunden stolz zeigen, wie viele Morde sie an diesem Tag schon verübt hatten.«

•

Samuel hielt in seiner Erzählung inne, hob leicht die Augenbrauen und blickte in die Ferne. Das war offenbar keine angenehme Geschichte. Er hatte einen Winter gesehen, der nicht gekommen war, und all das Schreckliche, das der helle Frühling stattdessen gebracht hatte.

»Hast du auch Fledermäuse gegessen, Samuel?«, fragte Thule interessiert.

Er schüttelte den Kopf und antwortete: »Aus dem Nackenfett der Fledermäuse wurde Suppe gemacht. Ich konnte nicht einmal den Geruch ertragen.«

Dann schaute er wieder in die Ferne, und mir war, als könnte ich die ledernen Flügel einer Fledermaus im Schatten der Nacht flattern hören.

»Kurz zuvor hatte Wanda ihre Männer in alle großen Fledermaushöhlen geschickt, sie hatten dort Köder ausgelegt, hauptsächlich Insekten und Libellen, denen man zuvor in einem Labor mit einer kleinen Spritze ein Virus eingeimpft hatte. Bald waren alle Fledermäuse mit diesem infiziert. Als die Jäger ihre Fallen aufstellten, wussten sie nicht, dass ihre Beute bald die ganze Welt grundlegend verändern würde. Ab dem Moment, als der Händler in der Markthalle der ersten zappelnden Fledermaus den Kopf abschlug.«

•

Jetzt zuckte ich so stark zusammen, dass Thule und Samuel es bemerkten.

»Mensch, du bist aber empfindlich. Süß«, sagte Thule. »Fängst schon bei der ersten toten Fledermaus an zu zittern!«

Beschämt schüttelte ich den Kopf. Ich mochte vielleicht keine Fledermausmorde, aber das war nicht der Grund, warum ich zusammengezuckt war. Hatte ich nicht gerade vor ein paar Tagen die gleiche verdammte Fledermausgeschichte im O-Buch gelesen? Es handelte wohl von wahren Geschichten. Doch warum in aller Welt? Wie konnte es all das wissen? Konnte das O-Buch die Zukunft vorhersagen?

Samuel riss mich aus meinen Gedanken, indem er mit seiner Erzählung fortfuhr.

»Es kam so, dass sich die Krankheit auf die Menschen übertrug. Und weil sich diese gern auf großen Marktplätzen versammelten, in großen Konzerthallen Musik hörten und in großen Stadien Sportwettkämpfe verfolgten, verbreitete sie sich schnell. Die Menschen bekamen ein Fieber, das so tödlich war wie kein anderes zuvor. Noch bevor es irgendjemand so richtig begriffen hatte, waren schon Millionen Menschen erkrankt. Und so vergingen nur wenige Wochen, bis sich die Krankheit auf allen Kontinenten ausgebreitet hatte. Sie setzte ihre tödliche Arbeit fort, bis Krankenhäuser, Krematorien und Friedhöfe unter der Last ächzten.«

•

Die Schatten auf dem Geländer flackerten. Für einen Moment schien es mir, als wäre die Terrasse ein altes Krankenhaus, aus dessen kleinen Sprossenfenstern die Schreie der Leidenden drangen, und als flimmerten auf dem Steinboden die Schatten von Grabhügeln. Samuel machte eine kleine Verschnaufpause, warf uns einen tröstenden Blick zu, weil wir so entsetzt waren, und erzählte dann weiter:

»Die Menschen starben mitten auf der Straße, sie starben auf Fußballfeldern und in Gemüsegärten, in Fabriken und Universitäten. Und das alles passierte in einer Welt, in der man es geschafft hatte, große Maschinen über den Himmel fliegen zu lassen, in der Roboter Autos und Telefone herstellten und in Geräten künstliche Intelligenz so klein verbaut werden konnte, dass sie unter den Nagel eines kleinen Fingers passte. In dieser Welt hatte man gegen viele Leiden Medikamente entwickelt. Wenn zum Beispiel das Herz oder der Arm erkrankt waren, konnte beides im Labor neu hergestellt werden. Die Lebenserwartung der Menschen stieg Tag für Tag weiter an, und darum kam es völlig unerwartet, dass eine so altertümliche Sache wie eine Seuche zuschlagen und eine derartige Zerstörung anrichten konnte.«

•

»Die Katastrophe spitzte sich zu. Waren und Lebensmittel verschwanden schließlich aus den Läden, fast überall herrschte ein Mangel. Kurz darauf schlossen Geschäfte und Restaurants ihre Türen. Museen, Kinos, Büchereien, Hallenbäder, alles wurde verriegelt. Bars, Kioske, Friseurläden, Nagelstudios, Tierärzte, Theater, Kegelhallen, Sportzentren, Freizeitparks, Reisebüros, Flughäfen, Schifffahrtsterminals, Schulen, Kindertagesstätten, Mensen, Tageszentren für Arme, Jugendzentren und andere Anlaufstellen. Fast alle Angebote, die die Menschen im Laufe der Jahre erfunden hatten, mussten jetzt ihre Türen schließen. Das war der Versuch der Menschen, die Ausbreitung der Krankheit zu stoppen. Bald wussten sie nicht mehr, was es überhaupt alles für Angebote gegeben hatte.

Jene, die noch nicht krank geworden waren, versteckten sich in ihren Häusern und Sommerhütten oder versuchten, in die menschenleere Wildnis zu fliehen. Aber es half nichts. Die Krankheit erreichte auf die eine oder andere Art fast alle, und als ein Jahr vergangen war, gab es auf der Welt nur noch

Menschen unter 30, abgesehen von ein paar übrig Gebliebenen oder solchen, denen es gelungen war zu fliehen.

Der Großteil der Bevölkerung bestand also plötzlich aus Kindern, die alles verloren hatten, ihre Eltern eingeschlossen.«

•

»Niemand war auf die Idee gekommen, dass es genau so hatte kommen sollen. Genau so war es geplant gewesen und hinter allem steckte Wanda.«

»Wanda?«, schrie ich auf, als ich wieder diesen seltsamen Namen hörte. »Warum um alles in der Welt?!«

»Das hatte mit dem Wetter zu tun. Es war so warm geworden, dass das ewige Eis geschmolzen war und die Städte untergingen. Der Meeresspiegel war schon angestiegen, und auch ein großer Teil der Stadt, in der wir uns jetzt befinden, stand unter Wasser. Bald hörten die Pflanzen auf, saubere Luft zu produzieren, und der Himmel verdunkelte sich.

Eine neue Zeit sollte anbrechen und nichts als Reinheit und Gesundheit bringen. Arbeit und Sauerstoff.

Da trat Wanda auf den Plan. Sie präsentierte sich als die Mutter aller Kinder in einem geblümten Kleid, und ihr könnt euch vorstellen, dass das genau das war, wonach die Kinder sich am meisten sehnten, denn die Dörfer und Städte waren voller Waisen. Wanda saß auf einer großen Decke, bat sie, sich zu ihr zu setzen, und sagte ihnen, sie habe den größten Schoß der Welt, auf den sie jederzeit kommen dürften. Sie zeigte ihnen ein Gerät, mit dem sie immer Kontakt zu ihr aufnehmen konnten. Über das Gerät tröstete Wanda sie, sang ihnen Schlaflieder, unterstützte und ermutigte sie.

Wenn man das Gerät in die Handfläche einsetzte, schickte es Nachrichten an Wanda. Falls eines ihrer Kinder krank wurde, erfuhr diese sofort davon und konnte es heilen. Sobald die

Entzündungswerte anstiegen, aktivierte das Gerät eigenständig die Fresszellen oder verabreichte ein Antibiotikum, lebenswichtige Vitamine oder ein Schmerzmittel. Nie wieder sollten sich die Kinder vor irgendetwas fürchten. Das Gerät würde sie für immer mit Wanda verbinden, und sie wären keine Waisen mehr.

Sein Name war wie eine frische Brise sauberer Eismeerluft. Manus.«

•

»Und ob ihr es glaubt oder nicht, alle Kinder und Jugendlichen wurden glücklich. Sie hatten eine Mutter! Und außerdem hatten sie viele Sorgen weniger. Begeistert rannten sie zu den Manus-Einrichtungszentren und stellten sich in die Warteschlange. Und im Nu waren alle Kinder der Welt im Netz, und Wanda konnte sie programmieren wie Roboter. Das gesamte alte Wissen wurde vernichtet. Man sprach von einem blütenweißen Neuanfang.

Bald kannte Wanda die Fähigkeiten und Gefühle der Kinder. Und vom Sammeln der Gefühlsdaten war es nicht mehr weit bis zu deren Manipulation. Wanda konnte die Kinder fühlen lassen, was sie wollte. Und anstatt sich darauf zu konzentrieren, ihre Menschlichkeit zu erforschen oder ihr Mitgefühl zu stärken, fokussierte sich Wanda darauf, ihr Potenzial als Energielieferanten, als Erzeuger von Muskelkraft und als Arbeitskräfte zu ergründen.«

•

»Wanda beteuerte, nur Gutes im Sinn zu haben und versprach, sich unermüdlich für die Erhaltung des Planeten einzusetzen. In Wahrheit machten die programmierten Kinder die Arbeit. Sie schufteten, um die Klimaerwärmung zu verhindern, sie pflanzten unendlich viele Wälder, die Kohlenstoff aufnahmen, stellten zerstörte Sümpfe wieder her und säuberten die Meere.

Wo es feucht war, pflanzten sie Mangroven, wo es nicht regnete, Kakteen. In kühlen Gegenden verwendeten sie Arten, die im Fjäll heimisch sind. Sie setzten Blumen, um Bienen anzulocken, damit sie die Pflanzen bestäubten, und wenn das nicht klappte, erledigten die Kinder das bei den Obstbäumen und Beeren von Hand. Sie bauten Sorten aus aller Welt an, vor allem solche, die vom Aussterben bedroht waren. Sie entdeckten eine Lösung gegen Schädlinge und fanden heraus, was zu tun war, wenn die Eisbären aufgrund der schmelzenden Gletscher Richtung Süden abwanderten. Die Kinder bauten flächendeckend Wind- und Solaranlagen und produzierten bis spät am Abend Energie für die Speicher. Müdigkeit war kein Problem mehr, denn sie spürten sie nicht. Sie fühlten keinen Schmerz, kein Glück, keine Trauer, keine Kälte oder Hitze und auch keine Liebe oder Sehnsucht. Sie brauchten nichts und hatten keine Ziele. Mit einem Schlag war das Träumen abgeschafft. Und so wurden sie zu Erwachsenen, zu Normos. Und eine neue Generation kam. Und danach noch eine.«

•

Ich schnappte nach Luft. Vor meinen Augen sah ich die Tausenden, die Millionen schuftenden Kinder, von denen Samuel sprach. Ich sah mich selbst, Marmelade und Fanta. Hätten wir nicht im Gefängnis gesessen, wären wir stattdessen dort gewesen. Aber Samuels Erzählung war noch nicht zu Ende.

•

»Hier und da gab es ein paar Alte, die die tödliche Seuche überlebt hatten. Mancherorts lebten Leute, die sich an alles erinnerten, was vorher gewesen war, und die sehr wohl verstanden, was gerade passierte, denn sie hatten es geschafft, außerhalb des Netzes zu bleiben. Und mehr als alles andere wollte Wanda sie loswerden.«

»Die Alten«, sagte Thule leise. »Du bist einer von den Alten! Kennst du noch andere?«

Samuel nickte.

»Gaira, eine ehemalige Freundin von mir, und ihre Schwester sind immer noch gesund und munter. Vor Jahren habe ich sie zufällig auf dem Marktplatz getroffen. Aber um etwas verändern zu können, müssten wir viel mehr sein. Denn nur wir sehen die Zukunft.«

»Die Zukunft? Kannst du in die Zukunft sehen?«, fragte ich, denn ganz eindeutig konnte das auch noch jemand anders. Die Person, die das O-Buch schrieb.

»Ich habe keine Kristallkugel, aber wenn man die Vergangenheit und die Gegenwart kennt, kann man daraus schließen, was kommen wird.«

•

Vor der Terrasse flimmerten die schwarzen Schatten der Bäume. Thule hielt ihren Blick auf einen dünnen Baum gerichtet, wie auf ein Problem, das gelöst werden muss. Ich wusste nicht, was ich sagen sollte. Ich dachte an die Zukunft. Ob ich dort das gelbe Haus finden würde? Auf einmal erschien mir alles düster. Ich vermisste Marmelade. Wenn sie jetzt hier wäre, würde sie vor mir sitzen und wie verrückt zeichnen. Mir kam es vor, als würde mir etwas fehlen, das sie und Fanta besaßen. Die Fähigkeit, sich vorzustellen, was kommen wird.

•

Spätabends klopfte ich vorsichtig an Samuels Tür. Ich befürchtete, dass er schon schlafen gegangen sein könnte, aber sie öffnete sich sofort. Samuel war komplett angezogen und offenbar auf dem Weg irgendwohin.

»Wohin gehst du? Ich dachte, du schläfst schon.«

»Ich schlafe ziemlich wenig. Die Nächte vergehen schneller, wenn ich durch die Straßen wandere.«

An seinem Arm hing ein großer Beutel, der bis oben hin voller Dosen war. Es sah nicht so aus, als würde er nur »herumwandern«. Er hatte irgendwas vor. Aber ich war nicht zu ihm gekommen, um herauszufinden, was er für ein Nachtleben führte. Ich wollte ihm das Buch zeigen.

»Ich hatte dich doch nach diesen Koordinaten gefragt.«

»Ja, stimmt. Thules Brief ist ... Moment ... Wo war er doch gleich ... hier, schau. Keine Koordinaten.«

Er gab mir ein von Hand beschriebenes Stück Pappe, das ziemlich feucht geworden war. So feucht, dass es gut möglich war, dass dort einmal Koordinaten gestanden waren. Lange starrte ich es an und suchte nach Abdrücken, die meine Theorie bestätigen würden.

»Warum suchst du nach Koordinaten?«

Ich sah Samuel in die Augen. Sie waren freundlich und geduldig, aber sehr müde. Ich beschloss, diesen Augen zu vertrauen, und sagte: »Ich habe ein Buch. Es ist ziemlich seltsam. Aus dem Nichts erscheint darin Text, der von Dingen handelt, die passiert sind oder noch passieren werden. Ich glaube nicht an Hokuspokus, Samuel, aber das ist kein normales Buch.«

•

Sein Blick schärfte sich sofort, als ich es ihm gab. Er blätterte es mit einem verblüfften Gesichtsausdruck durch, sagte aber nichts. Er drehte es hin und her, als wisse er nicht, was das überhaupt für ein Gegenstand war. Dann las er den Text, in dem es um die Forscherfamilie ging, und sah die Koordinaten. Er schrieb sie in ein kleines Notizbuch, das ich schon einmal gesehen hatte. Es steckte immer in einer der riesigen Taschen seiner Strickjacke. Nun blätterte er auch durch die anderen

Seiten, auf denen Text erschienen war, und untersuchte mit der Lupe jene, auf denen nichts stand. Sein Gesicht wurde immer runzliger. Es kam mir vor, als würde er mit jeder Seite älter werden, auf einen Schlag 20 Jahre. Nachdem er lange geschwiegen und in dem Buch herumgeblättert hatte, gab er es mir zurück und sagte: »Ich muss nachdenken, Oboi.«

Sein Gesicht hatte einen Ausdruck angenommen, den ich überhaupt nicht lesen konnte. Es war eine ziemlich komplizierte Miene. Für so einen Gesichtsausdruck brauchte man die Falten vieler Hundert Jahre und genauso viele Jahre an Übung.

•

Am Abend berichtete ich in Gedanken meinen Schwestern: »Ich bin hier in Bergstadt völlig fassungslos. Eine schockierende Wahrheit ist ans Licht gekommen, von der ich euch eigentlich nicht erzählen will, weil ihr es mir sowieso nicht glaubt, aber ich sage sie euch trotzdem: Kinder sind hier Sklaven, sie arbeiten in gigantischen Gewächshäusern, um Sauerstoff herzustellen. Ich habe ein seltsames Buch bekommen, in dem von selbst Text erscheint. Trotzdem habe ich das Gefühl, dass ich noch überhaupt nichts über das alles hier weiß. Keine Spur vom gelben Haus, aber keine Sorge, euer Bruder Oboi ist zum Glück ein Genie im Suchen.«

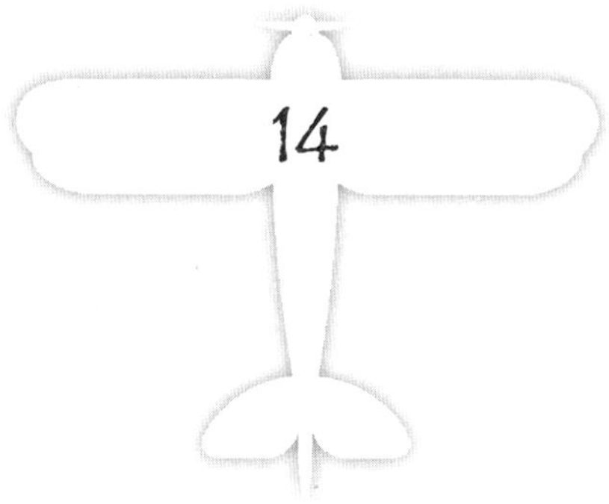

Alarm! Ein emotionaler Normo!

Der Winter kam. Er war schneereich und kalt, und Bergstadt sah aus wie ein großes Stück Plunder. Obwohl es einige Dutzend Zentimeter schneite, kam der Betrieb in der Stadt nicht zum Erliegen. Die Normos rückten mit ihren Schneepflügen aus und trugen Schneeschaufeln in ihren Rucksäcken, die sie bei Bedarf hervorholten, um energisch die zugeschneite Straße oder ein feststeckendes Fahrzeug freizuschaufeln. Dazu brauchte es weder Schimpfwörter noch verärgerte Blicke. Sie funktionierten wie Automaten. Thule und ich hatten es uns zur täglichen Aufgabe gemacht, nach dem Frühstück durch die Stadt zu spazieren. Nach wie vor hielt ich am Rande jedes Stadtviertels, durch das wir kamen, nach dem gelben Haus Ausschau, aber es war nirgends zu sehen.

•

Durch unsere Nachforschungen kamen wir zu dem Schluss, dass die erwachsenen Normos nicht wussten, wessen Kinder sie waren oder dass sie überhaupt einmal Kinder gewesen waren. Sie hatten keine Ahnung davon, wo die Milch herkam, es sei denn, Melken gehörte zu ihrer Arbeit. Oder wie die Äpfel im Supermarktregal landeten – außer sie arbeiteten in einer Apfelplantage. Sie wussten nicht, warum die Sonne aufging und warum die Vögel flogen, wie Städte gebaut und Menschen geboren wurden und wie sie sich auf der Erde ausgebreitet hatten.

Aber was ihr Leben ganz und gar furchtbar machte, war, dass ihnen die Träume fehlten. Sie hatten keine Wünsche, nach denen sie streben konnten, keinen Traum von einem Leben, das sie sich aufbauen wollten. Sie dachten nicht darüber nach, was für eine Arbeit sie als Nächstes machen wollten, nicht einmal darüber, was sie anziehen, was sie heute essen oder was sie denken wollten.

Wenn ein Haus gebraucht wurde, suchte man auf der Karte eine passende Stelle, baute es und ließ einen Normo einziehen, der zu dessen Lage passte. Für die Normos war ihr Zuhause ein Zimmer, in dem es ein Bett zum Ausruhen gab, einen Kühlschrank zur Aufbewahrung von Nahrung, einen Tisch zum Essen, ein Bad zum Waschen und eine Toilette, na, ihr wisst schon, wofür.

»Sieh mal«, sagte Thule und deutete auf ein riesiges Gebäude, dessen großer Garten von einem massiven Zaun umgeben war. Hier und da schritten Normos langsam auf und ab.

»Ist das ein Krankenhaus? Warum gehen die Leute da so? So langsam?«, fragte ich.

»Das Gebäude heißt Vermehrung. Das ist eine Babyfabrik, Oboi«, flüsterte Thule und blickte mich mit großen Augen an. Ich starrte zurück, versuchte Fragen zu formulieren, aber mein Gehirn schien so blockiert zu sein und unter Schock zu stehen, dass meine Sprechmuskeln gelähmt waren. Eine verdammte

Babyfabrik! Ich wollte nicht einmal wissen, was hinter diesen Mauern passierte.

In diesem Moment hatte ich ungeheures Mitleid mit den Normos.

•

Thules Interesse an ihnen schien nicht abzunehmen.

»Niesen die eigentlich jemals? Wie werden sie krank? Bekommen sie Schüttelfrost? Wie erkennt man an ihrem Verhalten, dass sie müde sind? Empfinden sie Schmerz oder Durst? Verlieben sie sich? Wird ihnen jemals schlecht oder können sie betrunken werden?«

Eine Frage folgte der anderen, während wir quer durch die Stadt liefen, und ich gab mir Mühe, mir irgendwelche Antworten einfallen zu lassen:

»Natürlich niesen sie, aber ich glaube, wenn sie krank werden, kommt bestimmt Wanda angerannt. Weißt du noch, wie Samuel von ihrem riesigen Schoß erzählt hat, auf den alle Normos passen? Jetzt mal ehrlich, wie ist Wanda wohl? Ich würde sie gern mal sehen. Sie muss gigantisch groß sein! Und sie kann doch wohl kein echter Mensch sein. Und ob sich die Normos betrinken können? Wie sollen die das machen? In Bergstadt gibt es doch keinen Wein!«

Fieberhaft hielt Thule nach Normos Ausschau, die anders waren als die anderen, die einen Programmierfehler hatten oder die aus irgendeinem Grund übersehen worden waren. Ab und zu sahen wir so jemanden. Jemanden, der plötzlich anfing zu schreien oder einen Wutanfall bekam oder der über seine eigenen Füße stolperte und nicht mehr wusste, wohin er als Nächstes gehen sollte und deshalb stundenlang am Straßenrand herumsaß, als wäre er aus einem Zug gefallen und würde jetzt auf den nächsten warten.

•

Eines Tages geschah etwas Außergewöhnliches. Wir standen vor einem Obstbaumladen und betrachteten gedankenverloren das Schaufenster, als neben uns eine Frau stehen blieb, eine Normo.

Freundlich lächelnd sah sie uns an.

Thule erschrak, auch wenn sie es hinterher abstritt. Kann sein, dass auch ich ein wenig Angst bekam, denn sonst beachteten uns die Normos so gut wie nie. Und lächeln taten sie auch nicht.

Eine Stelle aus Samuels Erzählung schoss mir durch den Kopf.

Sie fühlten keinen Schmerz, kein Glück, keine Trauer, keine Kälte oder Hitze und auch keine Liebe oder Sehnsucht.

»Du bist aber hübsch«, sagte die Normo zu Thule und strich ihr über die Wange. »Komische Farbe.«

Ihr Manus pulsierte blau, als wäre ein Alarm ausgelöst worden. Doch die Frau reagierte in keinster Weise darauf.

»Kalte Haut«, sagte sie und sah Thule besorgt an. »Funktioniert dein Wärmegenerator nicht?«

»Nein«, sagte Thule und spielte sofort mit.

»Und du, Junge mit den wilden Locken, ist dir auch kalt?«

»Neeein«, antwortete ich wachsam.

»Woher hast du so ein schönes Lächeln?«

»Ääh ... ich weiß nicht, vielleicht von meiner Mama«, stammelte ich.

»Ist deine Mama auch schwarz und hat grüne Augen?«

»Ööööh.« Mir verschlug es die Sprache, aber zum Glück rettete Thule die Situation.

»Wir sind Geschwister. Unser Papa ist schwarz und unsere Mama schneeweiß.«

»Ach so! Ihr seid schöne Kinder. Ist es nicht herrlich, wenn die Sonne scheint?«, sagte die Frau und drehte ihr Gesicht in deren Richtung. »In der Sonne ist es noch warm. Mein Name ist Wellblech. Wie heißt ihr?«

Bevor wir antworten konnten, kamen zwei Wachen um die Ecke gesaust. Thule und ich sahen uns mit ernsten Blicken an. Wir waren uns sicher, dass wir jetzt geschnappt werden würden und nicht mehr entkommen konnten. Das Herz schlug mir bis zum Hals. Aber die Wachen traten vor die Normo und nahmen sie am Handgelenk.

»Der Alarm deines Manus ist aktiviert. Es wurde drei Tage lang nicht aktualisiert. Wir prüfen die Sache, dann kannst du weitergehen.«

Gehorsam streckte die Normo den Arm aus und eine der beiden Wachfrauen ergriff ihn. Auf ihrem Rücken trug sie ein röhrenförmiges Gerät, in das sie nun vorsichtig die Manus-Hand der Normo steckte. Sie drückte auf dem Display ihres Apparates herum, während ihre Kollegin die Situation von der Seite genau beobachtete. Einen Moment später nickte sie und befreite die Frau aus dem Rohr.

»Bericht an Wanda: Gefühlsvirus. Neutralisiert. Im Norden gab es eine Störung bei der Energieverteilung und ein Teil der Menschen ist aus dem System gefallen. Sie haben sich organisiert und fabrizieren jetzt Gefühlsviren. In Bergstadt hat die Graumee die Situation aber unter Kontrolle bekommen. Ende.«

Und dann rauschten sie genauso schnell davon, wie sie gekommen waren.

Die Heiterkeit und Freundlichkeit, die der Frau eben noch ins Gesicht geschrieben stand, war verschwunden.

»Wellblech«, sagte Thule und machte einen Schritt auf sie zu.

Doch diese wich zurück und sah Thule verdattert an, so als ob sie sich überhaupt nicht an unser Gespräch erinnern könnte.

»Wellblech, ist es nicht herrlich, wenn die Sonne scheint?«, versuchte es Thule, aber die Normo drehte uns den Rücken zu und ging.

•

Der Vorfall war deprimierend. Je mehr wir über die Normos erfuhren, desto trauriger erschien uns ihr Leben. Sie lebten allein, ohne Familie, ohne Partner, ohne Freunde. Kinder und alte Menschen wohnten in Anstalten. Die Erwachsenen verbrachten ihre Tage bei der Arbeit, produzierten danach im Fitnesscenter Energie und ruhten sich anschließend in ihren Häusern aus. Die Normos hatten keine Fantasie, keine Spiele, keinen Spaß, keine Emotionen – nichts Eigenes. Es gab nur den ewigen Alltagstrott. Doch es schien, als würden sie anfangen, Gefühle zu empfinden, wenn es eine Störung in ihrem Manus gab. Die wiederum wurde jedoch im Handumdrehen beseitigt.

•

Am Nachmittag fielen große Hagelkörner vom Himmel. Sie prasselten auf Blechdächer und Fensterbänke. Ich zog mich auf den Dachboden zurück, und obwohl die Bibliothek bis zum Bersten mit Büchern gefüllt war, tastete meine Hand immer und immer wieder nach meinem Rucksack und zog dieses namenlose Buch heraus, auf dessen Umschlag jetzt ein funkelndes, rundes O prangte.

Kurz darauf hatten deine Freundin und du eine neue Idee: Ihr fingt an zu lesen. Ihr last ihnen von Prinzessinnen, Prinzen, Flugzeugen, Kriegen und Aufständen vor. Zuerst hassten sie diese Geschichten. Sie waren voller Unglauben und Angst. Aber als ihr hartnäckig weitermachtet, saht ihr, dass die Welt mit jedem Mal ein etwas besserer Ort wurde.

Faule Mandarinen

Samuel hatte Thule, einem jungen Obdachlosen namens Schlüssel und mir die Aufgabe gegeben, den Bibliothekssaal von all dem Staub zu befreien, der durch die Luft schwebte und uns zum Husten brachte. Trotzdem war es mir lieber, mich in Arbeit zu stürzen, da ich dadurch die seltsamen Gedanken über Bergstadt und das merkwürdige Buch vertreiben konnte, die mir abends durch den Kopf gingen. An diesem Morgen kam eine Obdachlose, die ich in der Bibliothek noch nie gesehen hatte, auf uns zu gerannt.

»Schlüssel! Schlüssel! Hilfe! Mein Unterschlupf ist schon zum vierten Mal in diesem Winter zerstört worden. Ich brauche ein Schloss dafür und nur du weißt, wie man eines macht!«

»Was hast du für eine Tür, Wirbelknochen?«, fragte er ruhig und holte ein paar Schlüssel und passende Einsteckschlösser aus der Tasche.

»Eine Holztür«, antwortete sie.

»Dann gehen wir, Wirbelknochen«, sagte er und ging hinter der Obdachlosen die Treppe hinunter. »Als Gegenleistung kannst du mir die Schulter einrenken, die tut schon seit Wochen weh.«

»Moment«, unterbrach Thule und hielt die beiden auf. »Wer macht denn die Unterschlüpfe kaputt?«

»Die Wachen. Sie haben die Anordnung dazu bekommen. Klauen tun sie nichts, sie zerstören nur den Unterschlupf. Die Obdachlosen hingegen stehlen, machen aber nichts kaputt«, erklärte Schlüssel. Wirbelknochen nickte.

»Die Obdachlosen?« Thule starrte Schlüssel und Wirbelknochen verdutzt an. »Klaut ihr auch Sachen?«

»Wenn es sein muss«, sagte Wirbelknochen wie selbstverständlich.

»Obdachlose haben keine Gesetze, keine Polizei und keine Gefängnisse, also gibt es auch keine Verbrechen«, meinte Schlüssel gelassen.

»Und ich dachte, Obdachlose wären nett«, schrie Thule auf. »Seid ihr alle Räuber?«

»Ja und nein. Euch ist schon klar, dass uns kalt ist, wenn der Winter kommt? Wenn ich also irgendwo eine Decke sehe, frage ich nicht lange, ob jemand weiß, wem sie gehört, sondern nehme sie mit.«

»Warum machen die Wachen denn nur eure Unterschlüpfe kaputt und nehmen euch nicht fest?«, fragte ich.

»Ab und zu verschwinden Obdachlose. Wir wissen nicht, wohin, aber vielleicht werden sie programmiert oder Schlimmeres. Man sagt, dass Frauen zur Vermehrung gebracht werden. Wenn nicht, um zu gebären, dann, um die Kinder aufzuziehen, bis sie alt genug sind, um in die Biosphäre gebracht werden zu können. Und die Männer kommen wahrscheinlich ins AmsEL.«

»Was ist das?«

»Das Amt für das sichere Ende des Lebens. Dort wird alles organisiert, was mit dem Tod der Normos zu tun hat.«

»Puh! Das klingt ganz so, als ob ich gar nicht mehr darüber hören will«, sagte ich. »Und Thule will es auch nicht«, fügte ich schnell hinzu, als ich schon blauen Raureif auf ihren Lippen sah.

»Aber es verschwindet nur selten jemand. Wanda schert sich nicht um die Obdachlosen. Wir sind ja nur wenige und viele sind alt oder krank. Wir streiten uns höchstens untereinander«, stellte Schlüssel fest.

»Hört doch auf damit und startet lieber einen Aufstand gegen Wanda«, meinte Thule aufgeregt. »Ihr könntet das alles beenden.«

Schlüssel schmunzelte und blickte in die Ferne. Wahrscheinlich betrachtete er vor seinem inneren Auge die Möglichkeit, die Thule ihm aufgezeigt hatte. Das taten Menschen, die nicht programmiert waren. Sie schufen in ihrer Fantasie Bilder, mögliche Alternativen zur Gegenwart. Dann schüttelte er den Kopf. In seiner Vorstellung konnten Obdachlose – elende, halb erfrorene und hungrige Menschen von der Straße – die Welt wohl nicht verändern.

•

Die Obdachlosen hatten kein Zuhause, weil es sie in dieser Welt eigentlich gar nicht gab. Im Bewusstsein der Normos existierte nur das, was ihnen einprogrammiert worden war. Wenn etwas das nicht war, wie zum Beispiel ein Vogel, der über den Himmel flog, oder ein Obdachloser, dann gab es das nicht. Einige Normos kannten zwar Obdachlose, aber nur, weil es zum Beispiel zu ihrer Arbeit gehörte, diese von der Straße zu vertreiben oder alles, was fremd war, zu melden.

Die Obdachlosen konnten kein einziges Haus betreten. Sie kamen nicht durch die Türen, denn um diese zu öffnen, brauchte man ein Manus. In den Geschäften wurde ebenfalls mit Manus oder Kronkorken bezahlt, Geld wechselte nirgendwo mehr den Besitzer. Auf dem Flohmarkt hingegen galten Gegenstände oder der Austausch von Dienstleistungen als Zahlungsmittel und so wimmelte es dort von Obdachlosen, die sich als Normos tarnten. Ein alter Trick bestand darin, sich mit Klebeband ein Manus an der Hand zu befestigen, das voll funktionsfähig aussah. Diese wurden am Strand und in den illegalen Bretterbuden der Obdachlosen verkauft.

Da sie von allen Angeboten der Normos ausgeschlossen waren, halfen die Obdachlosen sich gegenseitig, so gut sie konnten. Sie waren häufig krank, es fehlten ihnen Gliedmaßen oder es wuchsen ihnen Höcker an den Körperseiten. Hin und wieder hatten sie seltsame Behaarung oder einen grünlichen Ausschlag im Gesicht. Manchmal gruben sie Baumwurzeln aus, die sie gegen den Hunger aßen, suchten im Müll nach Knochen und machten daraus Windspiele und waren genauso, wie Obdachlose schon immer gewesen waren. Aber trotz alledem kamen sie mir viel menschlicher vor als diejenigen, die durch die Straßen hetzten, ohne die Welt um sich herum zu sehen oder zu hören.

•

Und so putzten wir weiter die Bibliothek, trugen Bücher auf die Dachterrasse und staubten sie ab, so gut wir konnten. Wir putzten die Böden und Treppen, polierten die Geländer und wischten auch die Wände ab. Thule stieg auf eine Leiter und staubte die Decke ab, wobei sie darauf achtete, keine einzige Pflanze auszureißen und die Spinnennetze nicht zu zerstören, die sich in den Ecken der Bibliothek gebildet hatten und wegen ihrer Größe schon fast wie Spinnenpaläste aussahen. Nach wochenlanger Arbeit roch der Saal frisch und strahlte vor Sauberkeit wie – und das muss man sich mal vorstellen – seit Hunderten von Jahren nicht mehr.

•

In der Zwischenzeit war Samuel auf die Idee gekommen, den Obdachlosen alte Abenteuergeschichten vorzulesen. Kurze, einfache Märchen für Kinder. Ein Teil von ihnen zog sofort Leine, als Samuel anfing zu lesen, und starrte ihn an, als sei er von einer gefährlichen und ansteckenden Geisteskrankheit befallen, zu deren Symptomen es gehörte, auf einen Haufen Papier zu starren und komische Dinge vorzutragen. Andere hatten offensichtlich Angst oder lachten nervös. Ein weiterer Teil machte sich mit Zwischenrufen über Samuel lustig. Aber ein paar von ihnen saßen ganz still auf ihren Plätzen. Sie hörten zu. Und Samuel las vor.

Er erzählte ihnen von einem Seeräuberhauptmann und von Dummköpfen, las Grusel- und Gespenstergeschichten vor oder Abenteuer von Menschen, die aus fernen Ländern kamen oder auf einer einsamen Insel Schiffbruch erlitten.

»Warum liest du ihnen Märchen vor? Warum nicht etwas über die richtige Welt?«, fragte ich verwundert.

Ich kapierte immer noch nicht, wozu solche Geschichten gut sein sollten.

»Alle Märchen handeln von der richtigen Welt«, sagte Samuel ruhig.

Schnaubend schüttelte ich den Kopf. Ich dachte an die Geschichte von »Alice im Wunderland«, die er gerade vorgelesen hatte. Was erzählte sie über diese Welt? Alice fällt in einen Kaninchenbau, sieht das weiße Kaninchen, das schon spät dran ist, streitende Spielkarten, die Grinsekatze, eine Raupe, die Ratschläge gibt und vieles mehr. Über unsere Welt erzählte die Geschichte nichts!

Trotzdem versammelten sich von Tag zu Tag mehr Menschen im Lesesaal. Staunend und mit geweiteten Pupillen lauschten sie den Erzählungen. Mal kreischten sie vor lauter Spannung auf, mal ballten sie wütend die Fäuste. Manchmal weinten sie, ohne überhaupt zu verstehen, worum es ging. Hin und wieder lösten die Geschichten einen Streit aus. Wenn im Buch ein Mord passierte, kam es vor, dass die Obdachlosen wütend mit faulen Mandarinen nach Samuel warfen. Sie waren der Meinung, dass er eine so schreckliche Tat hätte verhindern müssen. Oder aber sie hatten so große Angst, dass sie sich weigerten, die Bibliothek zu verlassen, Samuel nicht gehen ließen und panisch nach draußen spähten, aus Angst, der Mörder könne sie jeden Moment überfallen. Sie waren wie kleine Kinder. Samuel hatte sie in den verwunschenen Wald geführt, wo nichts unmöglich war. Und das fühlte sich viel gefährlicher an als die ständigen Wachpatrouillen auf den Straßen, die Truppen der Graumee oder die unberechenbaren Obdachlosen, die sich gegenseitig beklauten.

»Da siehst du's, Samuel! Geschichten tun den Menschen überhaupt nicht gut«, rief ich, während ich gleichzeitig versuchte, ein paar weinende Riesenkerle zu trösten, die Angst hatten, dass ihnen eine lange Nase wachsen würde, wenn sie logen.

•

Immer wieder erklärte Samuel ihnen geduldig den Sinn von Büchern.

»Es sind nur Geschichten, sie sind nicht wahr. Der Sinn einer Erzählung ist, dass ihr Spannung, Freude, Trauer und Verwirrung empfindet. Wenn sie gut ist, wollt ihr mehr davon hören. Ihr seid wütend, verzückt, ängstlich und erleichtert. Aber wenn ich das Buch schließe (er klappte es mit einer großen Geste zu), braucht ihr nicht mehr wütend zu sein. Ihr braucht nicht in Panik zu geraten. Die Geschichte ist im Inneren des Buches und bleibt auch dort.«

»Wie kann man das wissen? Was ist, wenn sie doch wirklich passiert?«, fragte Astschneider misstrauisch.

»Du hast völlig recht, Astschneider. Geschichten erzählt man aus vielen Gründen. Sie sind zur Unterhaltung da, aber sie können auch vor einer möglichen Gefahr warnen. Feuerspeiende Drachen gibt es nicht, aber ein Blitz kann in einen trockenen Baum einschlagen und ihn in Brand setzen, was schreckliche Folgen haben kann. Es gibt keine Monster, aber abscheuliche Menschen und Dinge schon. Geschichten sind gleichzeitig unwahr und wahr. Das lässt sich unmöglich erklären, wenn ihr keine kennt. Aber bald werdet ihr das, wenn ihr nur mutig seid und wieder zu unserem Lesekreis kommt. Bald wird sich euch diese Stadt von einer immer bunteren Seite zeigen. Ihr werdet aus den Geschichten lernen und zum Beispiel herausfinden, wie ein Mensch vogelgleich über den Himmel fliegen oder durch das Wasser gleiten kann wie ein Pottwal. Ihr werdet nicht nur Wissen erwerben, sondern auch anfangen, Möglichkeiten zu sehen. Ihr fangt an zu denken. Ihr fangt an zu fühlen. Ihr fangt an, euch zu verändern. Und bald werdet ihr nicht mehr auf der Straße wohnen wollen und euch um Kerzenstummel streiten. Ihr werdet euch etwas Besseres wünschen. Und glaubt mir, die Welt hat euch etwas Besseres zu bieten«, versicherte Samuel.

Die Obdachlosen sahen sich verdattert an und konnten es nicht glauben, obwohl das jeder Einzelne von ihnen gern getan hätte. Ich vielleicht auch ein bisschen.

•

Und unglaublich, aber wahr: Wie das seltsame O-Buch es vorausgesagt hatte, begannen Thule und ich, den Obdachlosen ebenfalls Geschichten vorzulesen. »Ich weiß, dass du kein Freund von Märchen bist, Oboi, aber gerade dir würde es guttun, dich mit ihnen zu beschäftigen«, sagte Samuel und gab ein hohles Lachen von sich.

Und ich musste natürlich auch zugeben, dass die Geschichten schon jetzt einen Eindruck im Leben der Obdachlosen hinterlassen hatten, auch wenn es meiner Meinung nach sinnvoller gewesen wäre, ihnen zum Beispiel die Strategien der Kriegsführung beizubringen.

Jetzt, im Nachhinein, muss ich gestehen, dass Thule und ich damals überhaupt keine Ahnung hatten, was für ein Weg noch vor uns lag.

•

Wir hatten beide unsere eigenen Lesekreise, jeder in einem der kleinen Lesesäle, die einander gegenüber lagen. Ich begann mit den Büchern, mit denen ich selbst in der Kinderabteilung der Bibliothek von Tómos-Biblos angefangen hatte. Ich las von Prinzessinnen und Königen vor, zeigte ihnen Bilder von Planeten und Sternen im Weltall. Am besten gefiel ihnen »Der kleine Prinz«. Das Buch entfachte endlose Diskussionen über Flugzeuge, Wüsten und Dinge, von denen die Obdachlosen kaum etwas wussten. Gab es den Weltraum wirklich? Oder Flugzeuge? Die eitle Rose? Während ich auf ihre Fragen antwortete, fing ich langsam selbst an zu begreifen, wie viel Wahres in Geschichten steckte.

Ich las ihnen von sprechenden Tieren, von Zirkussen, laufenden Spielkarten, tanzenden Bären und singenden Pflanzen vor. Als sie von einem märchenhaften Tanzball hörten, der in einem Königsschloss in einem fernen Land veranstaltet wurde, fragten sie mich, was tanzen bedeutete. Bevor ich auf ihre Frage antworten konnte, musste ich ihnen erzählen, dass es Musik gab und sie ein bisschen wie Vogelgesang war. Ich summte etwas vor und zeigte ihnen, wie man Tanzschritte machte. Zuerst sahen sie sich verwirrt an, aber dann machten sie es mir zögernd nach. Dabei lachten sie, als hätten sie noch nie etwas Verrückteres gesehen oder gehört, aber offensichtlich waren sie interessiert an all dem Neuen, das die Lesekreise ihnen boten. Und jeden Tag kamen mehr von ihnen.

•

Es dauerte nicht lange, bis Thule und ich eines Abends am Stadtrand im Schutz eines Felsens eine große Gruppe Obdachloser sahen, die im Schein eines Lagerfeuers saßen. Eine Frau sprach, die anderen hörten zu. Als wir uns näher heranschlichen, erkannten wir, dass sie sich Geschichten erzählten. Dieselben, die wir ihnen in der Bibliothek vorgelesen hatten. Im Schein des Feuers starrten Dutzende, wenn nicht Hunderte von Augenpaaren die Erzählerin an, gespannt und gebannt von der Geschichte.

Wie zwei Kleinkinder rannten wir um die Wette, um Samuel zu berichten, was wir gesehen hatten, und diesmal war er es, der lachte.

»Ich hätte nie gedacht, dass ich diesen Tag noch erleben würde«, seufzte er sichtlich glücklich. »Wenn sie es nur nicht übertreiben und sich erwischen lassen.«

•

Zum ersten Mal seit meiner Ankunft hier hatte ich das Gefühl, dass wir diesen seltsamen und gefühllosen Ort wenigstens ein bisschen besser gemacht hatten. Wir hatten hier etwas Lebendiges und Fröhliches geschaffen. Wir hatten eine

Aufgabe. Und zum ersten Mal kam mir der Gedanke, dass mir die hellseherischen Texte des O-Buches vielleicht gar keine Zerstörung voraussagten. Vielleicht war das O-Buch gar kein böses Buch.

Alice, der Rabe und Herr C

Eines Tages verschlug es uns an das Bootsufer, wo die blattlosen Äste der Kastanien in den Himmel ragten. Es waren viele Leute unterwegs. Unter den Bäumen sahen wir ein Mädchen, das ein Loch in den Schnee grub. Sie trug einen merkwürdigen weißen Rock, wie man ihn in diesen Straßen kaum sah. Niemand trug Röcke. Die Kinder hatten ihre grauen Schuluniformen, die Erwachsenen Overalls, die zu ihrer jeweiligen Arbeit passten, die Obdachlosen alte, abgetragene und selbst zusammengeflickte Klamotten. Niemand in dieser Stadt hatte irgendeinen Grund, einen Rock zu tragen! Besonders keinen weißen.

Thule bedeutete mir, ihr zu folgen.

»He, du!«, rief sie in mutigem Tonfall. »Was gräbst du da?«

»Ein Loch«, antwortete das Mädchen etwas außer Atem.

Wir bemerkten, dass sie kein Manus hatte. Etwas an ihr kam mir bekannt vor. Ich war mir ganz sicher, sie schon einmal gesehen zu haben.

»Was für ein Loch grabst du?«

»Ich suche einen Gang.«

»Was für einen Gang?«

»Ich muss an einen bestimmten Ort.«

»Können wir helfen? Ich bin Thule, und das ist Oboi. Wie heißt du?«

»Alice«, antwortete das Mädchen.

Sie blickte auf, und in dem Moment sah ich, wie ein Stück entfernt inmitten der Menschenmenge etwas aufblitzte, das noch weißer war als Alices Rock. Da rannte das Mädchen los.

»Moment«, meinte Thule plötzlich. »Stimmt etwas mit meinem Kopf nicht, oder war das da drüben mit der Weste ein riesiger Hase?«

Ich nickte und starrte dabei unaufhörlich in die Menschenmenge, in der der Hase verschwunden war.

»Er ist auf den Hinterbeinen gegangen! Ein mannsgroßer Hase, der auf den Hinterbeinen gelaufen ist!«, rief Thule und fuhr fort: »Samuel hat doch neulich ›Alice im Wunderland‹ vorgelesen. Darin trifft Alice das weiße Kaninchen und das Kaninchen … Nein, das ist völlig unmöglich, aber es sah genauso aus wie das da drüben. Und das Mädchen hieß …«

»Alice!«, schrie ich.

Alice war schon weit weg, dem weißen Hasen auf den Fersen, und kurz darauf waren beide in der Menge verschwunden.

•

Es passierten noch andere seltsame Dinge. Die Obdachlosen erzählten, dass eines Abends eine große Katze in glänzend roten Stiefeln mitten durch die verschneite Straße stolziert sei und gefragt habe, ob sie den Grafen von Carabas gesehen hätten. Eine andere Gruppe erzählte, sie habe einen Mann mit Turban gesehen, der auf nichts als einem Teppichfetzen über die Straßenbahnschienen geflogen sei, und wiederum eine dritte sprach von einem gewissen langbärtigen Herrn C, der noch verwahrloster ausgesehen habe als sie selbst und der auf einem selbst zusammengezimmerten Floß in Begleitung eines durchgefrorenen, leicht bekleideten und wortkargen Jungen namens Freitag am schneematschigen Strand angekommen sei. Ein Obdachloser berichtete, er habe mitten am Tag eine wunderschöne Stimme gehört. Es sei die einer Frau gewesen, vielleicht habe sie ein Lied gesungen. Sie schien alles geradezu erstarren zu lassen, jegliche Bewegung zum Stillstand zu bringen. Sie sei so schön gewesen, dass Vögel mitten im Flug vom Himmel fielen, der Wind aufhörte zu blasen, die Meereswellen innehielten, die Wolken verschwanden und es schien, als hätte ganz Bergstadt für einen Moment den Atem angehalten, nur um diesen wundervollen Lauten zu lauschen. Auch die Normos auf den Straßen seien einen Augenblick lang von der Stimme aus der Fassung gebracht worden. Anschließend sei alles wieder beim Alten gewesen.

•

An dieser Stelle muss ich auch das Gespräch erwähnen, das ich eines Abends mit Thule führte, als wir an der alten Kirche vorbeikamen, die zum Windkraftwerk umfunktioniert worden war.

»Was glaubst du, wie es mit der Welt weitergeht? Bleibt alles so wie jetzt? Werden wir auch zu Normos, die ihre eigene Hand anstarren und piependen Pfosten ausweichen?«, fragte ich.

Und bevor Thule überhaupt den Mund aufmachen konnte, flog ein schwarzer Vogel über uns hinweg. Und so unglaublich es auch klingen mag, es war mit Sicherheit sein Schnabel, aus dem die Worte kamen. Er krächzte eine heisere Antwort in die Luft:

»Nimmermehr!«

Schatten und Buchstaben

Zur selben Zeit, als wir uns so in den vereisten Straßen herumdrückten, sahen wir den ersten Schatten. Er war in einer schmalen, etwas dunklen Gasse, und wir erschraken beide, denn das Schattenbild kam uns bekannt vor. Es ähnelte denen, die jemand auf die große Wand in Samuels Arbeitszimmer in der Bibliothek gemalt hatte.

Diesen hier hatte jemand mit schwarzer Farbe an die Backsteinmauer gemalt und die Farbe absichtlich vom ausgestreckten Arm der Gestalt auf den Boden tropfen lassen. Als wir uns das Bild genauer ansahen, erkannten wir, dass sie ein Buch in der Hand hielt. Die Figur war lang, so wie Schatten bei Sonnenuntergang. Aber sie schien gute Absichten zu haben. Sie hielt das Buch zärtlich in der Hand und bedeutete uns Betrachtern, ihr zu folgen.

Während wir so über das Bild staunten, passierte etwas Interessantes. Eine Normo lief an uns vorbei. Normalerweise gingen sie im Laufschritt, ohne nach rechts und links zu schauen, aber diese blieb vor dem Bild stehen. Sie machte ein paar Schritte rückwärts, als hätte auch sie sich erschreckt. Dann verweilte sie eine Weile vor dem Schatten, als überlege sie, was das sei. Es schien, als hätte er sie für einen Moment aus ihrem Schlaf gerissen. Als hätte er eine ferne Erinnerung oder ein Gefühl in ihr geweckt. Dann machte die Normo kehrt und ging mit einem verdutzten Gesichtsausdruck in die Richtung zurück, aus der sie gekommen war.

•

Nachdem die Lesekreise einige Monate lang stattgefunden hatten, bemerkten Thule und ich, dass die Obdachlosen anfingen, nicht nur Bilder, sondern auch Buchstaben zu erkunden.

»Was heißt das da und das? Steht da ERDE?«

Samuel überschlug sich fast vor Begeisterung. Er beschloss, dass die Obdachlosen sofort im Lesen und Schreiben unterrichtet werden sollten. Zuerst würde er ihnen die Buchstaben beibringen und dann würden wir mit ihnen Bilderbuchtexte üben und schließlich zu schwierigeren übergehen.

•

Zuerst sahen die Obdachlosen nur stumme Striche und Bögen vor sich, die ihnen nichts sagten. Trotzdem betrachteten sie sie interessiert. Genau wie du mit drei Jahren, als du die Zeichen noch nicht verstanden hast, aber wusstest, dass sie den Erwachsenen um dich herum offenbar alles Mögliche sagten. Nach und nach fingst du an, sie voneinander zu unterscheiden. Und plötzlich kamen dir bestimmte Buchstabenfolgen vertraut vor. Vielleicht war es dein Name oder eine andere interessante Kombination wie MUND oder MOND oder BAUM. Genauso ging es auch den Obdachlosen.

•

Am Ende waren die Lesekreise ein großer Erfolg. Tag für Tag drängten mehr Menschen in die Schreibzimmer. Diejenigen, die schon die Buchstaben gelernt hatten, durften in die Geschichtenzimmer, um einfache Lesebücher zu buchstabieren. Danach konnten sie andere unterrichten.

Samuel holte alte Flöten, Geigen und Schlaginstrumente aus den Verstecken der Bibliothek. Im Hauptsaal stand ein ziemlich verstimmtes und heruntergekommenes Klavier.

Die Obdachlosen lernten nicht nur lesen, jeder auf seine Weise, sondern auch Instrumente, denn wer die Sprache der Zeichen verstand, dem öffnete sich auch die Welt der Noten. Alte Männer übten auf Blasinstrumenten kleine Lieder. Natürlich war es supergefährlich, Instrumente zu spielen. Die ganze Zeit versuchten wir uns daran zu erinnern, dass alles MÄV passieren musste, aber ab und zu vergaßen wir es, weil es in der Bibliothek auf einmal so fröhlich zuging.

Und als die gedämpfte Musik bis auf die Straße drang, gingen dort die Normos entlang, die noch nie in ihrem Leben auf irgendetwas reagiert hatten, und schauten sich interessiert und etwas beunruhigt um, als kündigte sich ein Sturm an oder als würde der Himmel einstürzen.

Das Manus übermittelte Wanda sicherlich die Information, dass die Programmierten nun auf etwas Neues reagierten, aber worauf, das konnte es nicht sagen.

•

Nach einem dieser sehr ereignisreichen Tage saß ich abends allein auf den Stufen vor der Bibliothek. Der Mond war schon aufgegangen, und ich dachte, wenn ich doch nur Marmelade und Fanta von all den wundersamen Dingen erzählen könnte. Wie es ihnen wohl ging? Saßen sie traurig und hoffnungslos auf dem Gefängnisboden? Planten auch sie ihre Flucht? Ich fragte mich, wie es Aristo ging, ob er immer noch die Kraft hatte zu unterrichten, ob er immer noch auf einen Aufstand wartete und eine bessere Welt plante. Wie mochte es wohl Petit gehen? Er hatte geschworen, aus dem Gefängnis zu verschwinden, wenn es ihm nur gelingen würde, das fehlende Teil in sein Flugzeug einzubauen. (Sein Flugzeug wartete angeblich auf einem nahe gelegenen Gletscher auf ihn.)

Auf einmal setzte sich Samuel neben mich. Eine Weile lang waren wir einfach still und blickten in das ewige Leuchten der Sterne am dunklen Himmel.

»Erinnerst du dich noch an die Koordinaten?«, fragte er dann.

»Rettet Thule und so weiter? Natürlich«, antwortete ich.

»Ich habe darüber nachgedacht. Und auch über viele andere Dinge, die euch und vor allem dich betreffen, Oboi. Weißt du, was das für Koordinaten sind?«

»Vielleicht die des Ortes, an dem Thules Eltern gestorben sind?«

»Es sind die von Tómos-Biblos. Ich glaube, Thules Eltern haben das Gefängnis gefunden! Zuerst habe ich das völlig falsch verstanden. Offenbar haben sie den Ort Thule genannt, genau wie die Forschungsreisenden, die vor langer Zeit den Norden entdeckten. Wahrscheinlich haben sie Wanda von ihrem Fund berichtet, was natürlich ein großer Fehler war. Wanda will nicht, dass irgendjemand auch nur ein Sterbenswörtchen von Tómos-Biblos erfährt.«

Ich starrte Samuel an wie ein Wesen, das ich noch nie zuvor gesehen hatte.

»Mit ›Rettet Thule‹ war also nicht das Mädchen gemeint, sondern die Gefängnisinsel!«, sagte ich entgeistert. »Wollten Thules Eltern etwa ... *uns* retten?«

»Ich weiß nicht, was sie über das Gefängnis und euch Gefangene herausgefunden haben, aber für Wanda jedenfalls zu viel.«

Ich dachte nach. Ich versuchte mir vorzustellen, wie es gewesen wäre, von Thules Eltern aus Tómos-Biblos befreit zu werden. Gleichzeitig wurde mir klar, wie unmöglich das gewesen wäre. Kein Mensch hätte es geschafft, alle Insassen eines so riesigen Gefängnisses zu retten. Schon gar nicht bei einer Direktorin wie Mega!

Auch Samuel war in Gedanken versunken. Er rieb sich die Schläfen.

»Worüber hast du denn noch nachgedacht? Über etwas, das mich betrifft, hast du gesagt.«

»Das ist eine ziemlich komplizierte Sache, deswegen muss ich noch etwas mehr darüber nachdenken, um dich nicht unnötig zu erschrecken. Aber so viel kann ich dir sagen: Du bist nicht das, wofür du dich hältst.«

»Was bin ich denn dann? Ich halte mich doch für gar nichts … oder na ja. Was meinst du damit, Samuel?«

»Du solltest dir das Buch genau ansehen. Es wird dir Antworten geben.«

•

Samuels Worte verwirrten mich. Als ich endlich auf meiner Matratze lag, holte ich das Buch aus meinem Rucksack.

Du warst in die Stadt gekommen, um ein bestimmtes, wichtiges Haus zu finden. Im Laufe der Zeit hattest du diese Aufgabe allerdings langsam vergessen. Aber davon hattest du keinen blassen

Schimmer, denn gleichzeitig behielt auch das Haus dich still und heimlich im Auge. Es wusste nur zu gut, dass du auserwählt worden warst. Natürlich, denn es hatte selbst die Wahl getroffen.

Du warst genau das, was Auserwählte immer sind. Ein Waisenkind, auf den ersten Blick gewöhnlich, aber dennoch vielleicht etwas mutiger als die anderen. Dann wieder überschätztest du dich selbst, wie es Auserwählte oft tun.

Nun, wofür warst du auserwählt worden?

Auch das ist geradezu klassisch: Um die Welt aus den Klauen der Tyrannin zu befreien!

Wann würde dir klar werden, worin diese Aufgabe bestand?

Schon bald, Kind, schon bald.

Genau in diesem Augenblick, in dem du dein Buch liest und deinen Augen nicht traust, nicht glauben kannst, was gerade geschieht, genau in diesem Moment erfährst du, dass du auserwählt bist. Aber es sollte noch

lange dauern, bis du es begreifen würdest,
bis sich die ganze verstrickte Wahrheit
vor dir ausrollen würde, genau wie
Papyrusrollen sich früher nur vor wenigen,
auserwählten Lesekundigen ausrollten.

Ich schüttelte den Kopf. Was zum Teufel? Das Haus. Der Text handelte von der Suche nach dem Haus. Ich war doch in die Stadt gekommen, um es zu suchen. Da stand, dass ich das schon langsam vergessen hatte. Genau das war mir passiert! War es das gelbe Haus? Und wie kann ein Haus jemanden suchen und beobachten?

Nun, in Geschichten war natürlich nichts unmöglich. Und dass es auf der Welt ziemlich viele dumme Geschichten gab, in denen ein gewöhnliches Kind eine zu große Aufgabe, wie die Rettung der Welt, bekam, da hatte der Text recht. Aber trotzdem hatte ich das Gefühl, dass das Geschriebene mehr als eine reine Erzählung war, und außerdem war sie genau für mich bestimmt!

Weiter wagte ich nicht zu denken, denn aus irgendeinem Grund packte mich das Grauen.

•

Mein Freund und Leser, du bist nun am Ende des ersten Teils angelangt. Ich, Oboi, sage dir, dass du ganz nah am Geschehen bist. Bergstadt liegt wie eine Bühne vor dir und fast alle Figuren sind jetzt vorgestellt worden.

Ich muss dir gestehen, dass meine Geschichte schon bald eine Wendung nehmen wird, von der du dich betrogen fühlen wirst. Auch mir ging es so! Verflixt und zugenäht, du darfst ruhig fluchen! Es ist, als würden Bomben fallen und alles zerstören, was du für wahr gehalten hast.

Vielleicht denkst du, dass so etwas nicht einmal in einer Geschichte passieren kann. Ich kann dir versichern, dass ich da ganz deiner Meinung bin. Vielleicht habe ich ein bisschen zu oft wiederholt, dass ich nicht verstehe, wozu Erzählungen gut sein sollen! Aber mein Freund, dieses Buch – so rasend es einen zwischendurch auch macht, – dieses Buch kann dir eine Beule auf die Stirn schlagen und Schlimmeres, aber am Ende bleibt einem nichts anderes übrig, als sich zu fügen und den Pfaden zu folgen, die es vorgibt.

Ich bin fast den ganzen Weg bei dir. Irgendwann wirst du vielleicht allein sein, aber ich glaube daran, dass du es schaffst, wenn du nur nicht zurückblickst. Und bitte, wenn du in den Wald gehst, geh nicht in das Haus, auch wenn du eine schöne handgeschriebene Einladung bekommst. Geh auf keinen Fall in das Haus!

Komm, lass uns weitergehen!

ZWEITER TEIL

Das Buch beginnt zu sprechen

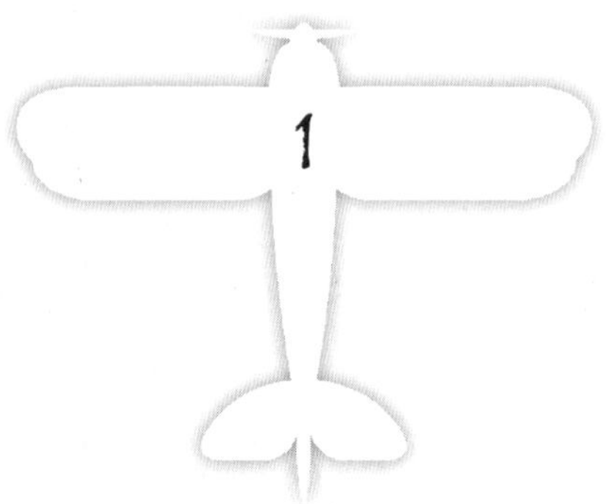

Petit kommt nach Bergstadt

Als dieser herrliche Tag anbrach, lungerte ich, Oboi, nichts ahnend vor der Bibliothek herum, an einen stinkenden Müllcontainer gelehnt. Ich beobachtete die Vögel, die über mir ihre Kreise zogen, als ich plötzlich nach hinten umkippte! Ich fiel auf den Rücken, mitten in eine eiskalte Pfütze, die in der Sonne aufgetaut war, und stieß dabei mit dem Ellbogen so schmerzhaft gegen den Bordstein, dass für einen Moment Sterne vor meinen Augen tanzten. Jemand ergriff meine Hand und sagte mit jungenhafter Stimme meinen Namen.

»Oboi!«

Ich versuchte, meine Sehfähigkeit wiederzuerlangen, während die Hand mich hochzog.

»Oboi! So *fantastique,* dich zu sehen!«

Mein Gehirn suchte in meinem wirren Gedächtnis wie verrückt nach weiteren Informationen über diese Stimme, diese Hand und ihren Besitzer. Ich lächelte schon jetzt, etwas Gutes stand bevor, da war ich mir sicher! Und dann wusste ich es!

»Petit!«

»Oboi!«

Das konnte nicht wahr sein, aber trotzdem stand er leibhaftig vor mir und sah noch ganz genauso aus wie im Gefängnis. Mein bester Freund Petit!

»Petit!«

»Oboi!«

Wir wiederholten unsere Namen wie frisch Verliebte und fielen uns um den Hals, umarmten uns und lachten. Noch nie war ich in dieser Stadt so glücklich gewesen wie jetzt. Er war es wirklich! Petit, der beste Mensch auf der Welt!

»Ein schrecklicher Ort! *Horrible!* Oboi, was ist das hier für eine Stadt?«, rief er, und ich musste lachen.

»Diese Leute hier müssen Roboter sein! Ich habe Tausende von ihnen gefragt, wo es hier einen Baumarkt oder einen Schrottplatz gibt, aber sie haben mich keines Blickes gewürdigt.«

Lachend schüttelte ich den Kopf. Niemand außer Petit wollte, gleich nachdem er aus dem Gefängnis entkommen war, als Erstes zu einem Schrottplatz.

»Du bist wohl noch nicht lange in Bergstadt?«

»Nein, ich bin gestern angekommen. Die Reise war einfach furchtbar. So *terrible!* Ich musste mich durch einen verschneiten Wald kämpfen. Es war schlimmer als in der Sahara, ich dachte, ich müsste sterben. Dann bin ich in diesen schrecklichen schwarzen See gesprungen. Ich dachte wirklich, meine nächste Station wäre der Friedhof. Viele Male habe ich Aristo verflucht. Ich wollte ihn am liebsten herholen und selbst da reinwerfen. Aber so unglaublich es auch ist, am Ende habe ich es geschafft …«

»Auf die andere Seite der Wirklichkeit zu kommen?«

»Ich gehe nie wieder zurück in diesen grässlichen, schlammigen Tümpel!«

Petit schüttelte heftig den Kopf und ich lachte so sehr, dass ich mich kaum auf den Beinen halten konnte.

•

Noch lange saßen wir auf der Steinmauer, die den kleinen Park gegenüber der Bibliothek umgab, und der Schnee wurde endlich weniger. Ich erzählte Petit, wie ich nach Bergstadt gekommen und in der Bibliothek gelandet war. Als ich von den Normos berichtete, sah er mich an, als sei ich verrückt.

Er wiederum erzählte mir vom Gefängnis und wie sie einen Aufstand geplant hatten. Leider war dies Mega zu Ohren gekommen, die daraufhin die Sicherheitsvorkehrungen so verschärft hatte, dass die Gefangenen ihre Zellen nicht mehr verlassen durften.

»Sie durften nicht mehr raus?!«, schrie ich, denn ich wusste, was das bedeutete.

»Sie durften nicht einmal zum Essen gehen. Es wurde ihnen in die Zellen gebracht. *Bon appetit*«, sagte Petit mit ernstem Gesicht.

Wenn die Gefangenen nicht arbeiten, nicht in den Speisesaal oder in die Bibliothek gehen und nicht am Unterricht von Aristo und Tzeitel teilnehmen durften, blieb ihnen im Grunde nichts anderes übrig, als sich aus dem Nichts etwas einfallen zu lassen, womit sie sich beschäftigen konnten, und in Gedanken zu versinken. Aber was war passiert, als sie auch ihre Gedanken leer gedacht hatten? Jetzt machte ich mir wirklich Sorgen.

»Wie sind Fanta und Marme klargekommen?«

Petit schüttelte düster den Kopf.

»Pippi ist verschwunden. Spurlos. Mega hat Fanta befohlen, für sie einzuspringen.«

»Fanta!!?«, wollte ich schreien, aber es blieb mir im Hals stecken, denn Verzweiflung und Angst schnürten mir die Kehle zu.

•

Habe ich dir schon vom Feuerschlund erzählt? Das ist ein riesiger Ofen in den Tiefen des Kellers von Tómos-Biblos, der den ganzen verdammten Laden beheizt. Um dir vorstellen zu können, wie groß er ist, müsstest du erst einmal verstehen, wie groß Tómos-Biblos ist. Und um das zu verstehen, müsstest du erst alle Gebäude, die du kennst, vergessen, denn ich bin mir sicher, dass keines davon so riesig ist wie Tómos-Biblos. Das Gefängnis ist größer als alle Kraftwerke und Wassertürme, die du kennst. Es ist höher als der höchste Wolkenkratzer. Daher wage ich zu behaupten, dass allein der Feuerschlund größer ist als das höchste Hochhaus deiner Stadt. Er ist wie die Niagarafälle, nur mit lodernden Flammen anstelle des Wassers!

Pippi war in Tómos-Biblos für den Feuerschlund zuständig gewesen. Sie hatte fast übernatürliche Kräfte. Es hieß, sie könne sogar ein Pferd oder einen Elefanten heben. Für den Feuerschlund war ihre Kraft auch nötig, denn ihn zu beheizen, war anstrengender als alles andere im Gefängnis. Pippi schaffte es allein, aber immer, wenn sie krank wurde, mussten mindestens fünf starke Männer für sie einspringen.

»Ihr konnt euch nicht vorstellen, wie viele Wälder ich zerhackt und in diesen verdammten Schlund gestopft habe, damit es in dieser eiskalten Steinbude wenigstens ein bisschen erträglicher wird. Und trotzdem kommt jeder Einzelne, der morgens in den Speisesaal wankt, mit blauen Lippen dort an!«, hatte sie oft geschnaubt.

•

»Fanta als Verantwortliche für den Feuerschlund! Mega ist endgültig durchgedreht. Wenn Pippi so stark ist wie fünf Männer, dann ist Fanta so stark wie ein Fünftel eines Mannes!«

Fanta war mit Sicherheit die schwächlichste Bewohnerin von Tómos-Biblos und noch dazu hatte sie nur ein Bein. Sie hätte es nicht einmal geschafft, ein einziges Zimmer warm zu halten, geschweige denn den Feuerschlund.

»*Je suis désolé.* Es tut mir so leid, Oboi«, sagte Petit.

Tränen schossen mir in die Augen. Ich brachte es kaum über mich, die nächste Frage zu stellen: »Wie geht es Fanta denn?«

Petit schüttelte den Kopf.

»Niemand hat sie seither gesehen.«

»Ist es in Tómos kälter geworden?«

»Erstaunlicherweise nicht. Irgendwie hat Fanta es geschafft, es warm zu halten.«

Ich seufzte. Wie war das möglich?

»Fanta kann nicht einmal eine Axt heben. Wie um alles in der Welt soll sie es schaffen, schwere Baumstämme hochzubekommen? Und Marmelade?«

»Sie spricht mit niemandem mehr.«

»Nicht einmal mit dir?«

Petit schüttelte den Kopf.

»Nein.«

»Zeichnet sie noch, malt sie?«

»Nein. Sie tut nichts anderes, als *la mer,* das wogende Meer zu betrachten.«

Eine unstillbare Sehnsucht erfasste mich.

»Ich muss dorthin zurück. Ich muss die beiden hierherholen. Aber wie ... Weißt du, wie man den Schluchtsee findet, wenn man aus dieser Richtung kommt?«

Ein Schatten hatte sich auf Petits Gesicht gelegt. Immer entschiedener schüttelte er den Kopf.

»Du kannst nicht zurück, Oboi! Nie wieder!«

»Aber es gibt einen Weg dorthin! Ich muss nur den Badestrand finden, an dem ich angekommen bin. Er war am Meer, aber irgendwo dort, vielleicht im Wald, gibt es auch einen See, den Schluchtsee. In dieser Welt gibt es keinen Ort, den man nicht erreichen kann. Man muss nur einen Weg finden! Wir müssen zu diesem See!«

»Der Schluchtsee ist nicht einfach irgendein See, Oboi, das weißt du doch, *oui?*«

•

Natürlich wusste ich das. Ich erinnerte mich daran, wie ich dort oben gestanden hatte, inmitten des trostlosen Waldes, unten in der Schlucht Bäume mit schwarzen Stämmen, darunter grün bemooste Steine und sumpfige Grashügel, große, vom Morgentau benetzte Farnwedel, unter dem Moos die Welt der glänzenden Käfer und Würmer, ein Netzwerk aus verrotteten Bäumen und Pilzmyzelien, ein Garten aus Skeletten und der runde, von Grasbüscheln umgebene, seltsam schimmernde See. Und unter seiner Oberfläche lag etwas, das meine Vorstellungskraft überstieg.

Der Schluchtsee rief mich damals glitzernd und plätschernd zu sich, zog mich an und übte für einen Augenblick eine merkwürdige Faszination auf mich aus. Kennst du diese seltsamen Momente, in denen es dir vorkommt, als würde die Zeit stillstehen oder die Luft oder die ganze Welt? Oder den Moment, in dem du dir sicher bist, dass du genau diesen Augenblick schon einmal woanders erlebt hast, in einer anderen Zeit oder an einem anderen Ort, dass dir genau diese Sache schon einmal passiert ist, als du noch nicht du warst oder als du auf dem Weg warst, du zu werden.

»Was glaubst du denn, was der Schluchtsee ist?«, fragte ich Petit.

»Ich weiß nicht.« Er schnaubte. »*Un miroir?* Ein Spiegel, der die andere Seite ...«

»... der Welt zeigt?«

»*Non,* eher ein Spiegel, der zeigt, wie es wäre, wenn ...«

»Wenn was?«

»Ich weiß es nicht.«

•

Etwas Düsteres legte sich über unser fröhliches Wiedersehen. Ich konnte nicht genau sagen, was es war. Gegen Abend trennten wir uns. Die Wolken hingen am Himmel, als würden sie sich mit letzter Kraft daran festhalten. Petit ging Richtung Stadtrand, dorthin, wo die verlassenen Kraftwerke lagen.

»Dort ist mein Flugzeug!«

Hätte ich mir denken können. Das Flugzeug!

»Petit, das ist doch nicht ... oder es ist ...«, versuchte ich einen Satz zu formulieren, der nicht so verletzend war. Ich wollte nicht mit meinem besten Freund streiten, schließlich war er gerade erst angekommen.

»Das ist doch nur deine Fantasie. Dein Lieblingsmärchen. Wir alle hatten so eines, als wir klein waren, und wir haben fest daran geglaubt. So wie unser Frühstücksspiel.«

Petit wurde nicht böse, er fing nicht einmal an zu schmollen. Sein Mund verzog sich zu einem breiten Grinsen, er nickte aufgeregt und sagte: »*Très bien,* sehr gut, genau dort habe ich es damals stehen lassen, als ich aus Afrika zurückkam.«

Ich brach in Gelächter aus, war mir aber nicht ganz sicher, was ich lustiger fand: dass er schon wieder von dieser albernen Afrikareise sprach oder von seinem Flugzeug? Wie auch immer, ich war überglücklich, dass mein bester Freund gekommen war.

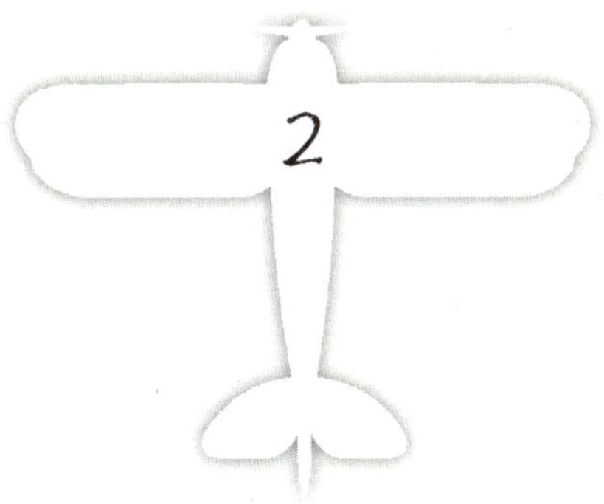

Die schreckliche Wahrheit kommt ans Licht

Als ich in die Bibliothek zurückkam, hatten Samuel und Thule schon gegessen. Sie waren auf die Dachterrasse gestiegen, um die Winterabdeckungen von den Pflanzen zu nehmen. Die Abendsonne schien noch immer und versprach einen lebendigen Frühling, der mit Riesenschritten auf Bergstadt zukam. Meine Suppenschale hatte jemand auf den Terrassentisch gestellt und mit einer Servierglocke abgedeckt. Ich setzte mich davor, holte das O-Buch aus meiner Tasche und fing an, darin zu blättern. Als ich Petits Namen entdeckte, konnte ich mich nicht mehr zurückhalten und rannte schreiend auf Samuel zu, das Buch zwischen den Fingerspitzen, als wäre es mindestens eine tote Ratte.

»Was ist los, Kind?«, fragte er besorgt.

Ich reichte ihm das Buch und er ließ die Gießkanne fallen. Das O auf dem Umschlag glühte wie Feuer. Samuel starrte den Buchdeckel an, als würde er angestrengt versuchen, einen sehr schwierigen Sachverhalt zu begreifen.

•

Thule und ich saßen schweigend auf der kaputten Gartenschaukel der Dachterrasse und sahen ihm dabei zu, wie er mein Buch unter die Lupe nahm. Wir saßen einfach da und warteten, während der Abendwind die Schaukel sanft zum Schwingen brachte. Alles war so friedlich und angenehm, dass ich hätte ahnen müssen, dass das, was ich als Nächstes erfuhr, wie eine riesengroße, erbarmungslose Bombe einschlagen würde.

Mein Freund und Leser, wenn die kommenden Ereignisse des Buches deine Vorstellungskraft übersteigen und du dich verwirrt fühlst, vielleicht sogar verloren, mach dir keine Sorgen: Wir sind gemeinsam verwirrt und verloren. Gib nicht auf, wenn du es nicht gleich verstehst. Mir ging es genauso. Alles wird sich dir nach und nach erschließen, glaub mir. Bleib an meiner Seite, wir gehen den Weg zusammen.

•

Und dann kam Samuel zu mir und fragte: »Wo hast du dieses Buch denn her?«

Er hielt es immer noch fest umklammert, drückte es an seine Brust, als wäre es sein Schatz, den er behüten müsse. Ich erzählte ihm von dem Markt, zu dem ich im Frühherbst mit der Straßenbahn gefahren war, und berichtete ihm in allen Einzelheiten von der Verkäuferin, die mir das Buch gegeben hatte.

»Ich sehe es jetzt zum zweiten Mal«, sagte er und blickte mich an, als wäre es ein Todesurteil, so einen Wälzer zu besitzen, »und ich stelle fest, dass es sich verändert hat. Das ist ganz offensichtlich dein Buch.«

»Natürlich ist es meins! Ich habe es bekommen!«, fauchte ich. »Aber was ist mit ihm? Was hat das zu bedeuten? Werde ich von irgendeinem Haus ausspioniert? Bin ich der Retter der Welt?«

Thule fing an zu lachen und ich ließ sie, denn ich hatte jetzt keine Zeit, um beleidigt zu sein.

Samuel räusperte sich, als würde es ihm schwerfallen, die folgenden Worte auszusprechen.

»Oboi. Das ist ein sehr wichtiges Buch. Es erzählt deine Geschichte. Du bist seine Hauptfigur ... und wie soll ich das sagen ... mehr bist du nicht.«

»Was soll das heißen, mehr nicht?«, schrie jetzt auch Thule, als wollte sie meine Existenz verteidigen.

»Die Dinge, die gerade passieren, stehen in diesem Buch geschrieben. Oder aber sie schreiben sich selbst hinein, während sie passieren.«

Ich nickte. Samuel hatte es genauso verstanden wie ich. Er fuhr fort: »Das ist jetzt etwas kompliziert, aber irgendwann wirst du es begreifen:

Tómos-Biblos ist, ganz wie ich mir schon dachte ...«

»... ein Gefängnis, in das unschuldige Menschen gesteckt wurden!«, rief ich.

Samuel schüttelte den Kopf. Ich sah ihn verdutzt an. Er schien innerlich einen großen Gedanken zu formulieren und verkündete dann: »Ein Gefängnis, in dem die Figuren vergessener Geschichten eingesperrt sind. Ich glaube, dass alle Geschichten der Welt in den Katakomben dieses Gebäudes herumlungern.«

Thule und ich sahen uns entgeistert an.

»Äääh, also ... warst du ohne Hut in der Sonne, Samuel? Warum sollte man Bücher ins Gefängnis stecken?«, fragte Thule.

Ich starrte die beiden abwechselnd an, ohne auch nur ein Wort zu verstehen. Samuel fuhr langsam und geduldig fort, diesmal mit klarer Stimme.

»Tómos-Biblos ist eine Art geschlossene Bibliothek oder ein Geschichtengefängnis.«

»Es ist ein Menschengefängnis!«, schrie ich.

»Ein Gefängnis für Menschen, die in Geschichten vorkommen«, betonte Samuel immer noch ruhig. »Vielleicht auch für andere Figuren, denn ich habe hier neulich ein großes weißes Kaninchen mit einer goldenen Taschenuhr auf der Straße gesehen. Das fand ich etwas merkwürdig. Aber als ich richtig über die Sache und auch über dich nachdachte, wurde mir klar, dass es wahrscheinlich vom selben Ort ausgebrochen ist wie du.«

Erneut starrten Thule und ich uns finster an. Dann verzog sich ihr Mund langsam zu einem breiten Grinsen.

»Oboi, oooh là làà, erzähl uns doch mal von deinen Freunden im Knast. Hast du oft mit Kaninchen rumgehangen?« Sie lachte schallend und konnte die Sache überhaupt nicht ernst nehmen.

»Meinst du, ich bin … Was bin ich, Samuel?«

»Eine Figur aus einem Buch, die Hauptfigur der Geschichte, die du da in den Händen hältst«, sagte er, ohne zu zögern.

»Du bist zum Buchgefangenen geworden, weil niemand es gelesen hat. Und was das Schlimmste ist: Deine Geschichte ist noch nicht fertig.«

Ich raufte mir die Haare und hätte sie mir am liebsten ausgerissen.

•

Ich, Oboi, der Geschichten hasste und die Wahrheit liebte, war jetzt laut Samuel die Hauptfigur irgendeines vermaledeiten Märchenbuches!

»Aber er ist doch aus dem Gefängnis geflohen. Und das Buch ist jetzt hier«, sagte Thule und wurde wieder ernst.

Sie warf diese Wendung offensichtlich nicht aus der Bahn, für sie war es nur eine weitere Sache in einer Verkettung merkwürdiger Dinge. Wäre ich doch auch nur so gewesen wie sie, genauso anpassungsfähig und flexibel.

•

Samuel sprach weiter: »Oboi, du hast erzählt, dass du ein gelbes Haus suchst. Das wird auch im Buch erwähnt. Es hat irgendetwas mit deiner wichtigen Aufgabe zu tun. Was das gelbe Haus ist, das wissen wir noch nicht ...«

»Doch, das weiß ich! Es ist mein Zuhause«, blaffte ich.

Als er das Haus ansprach, bekam ich einen Kloß im Hals. Jetzt war ich mir plötzlich sicher, dass das gelbe Haus und das Frühstück echt waren und keineswegs nur Träumerei.

»Vielleicht findest du es, wenn deine Geschichte abgeschlossen ist und gelesen wurde.«

»Abgeschlossen und gelesen! Neeein. Wie soll sie jemals abgeschlossen ...«

»... und gelesen werden, wenn sie doch mittendrin aufhört?«, vervollständigte Thule meine zögerliche Frage.

»Vielleicht wurde die Flucht in Obois Geschichte hineingeschrieben ... so muss es tatsächlich sein. Alles, was jetzt gerade passiert, gehört zu deiner Erzählung, Oboi.«

»Nein, das kann nicht sein, Samuel. Das ist mein Leben und keine Geschichte.«

»Ich glaube, du liegst falsch. Es kann sein, dass genau dieses Gespräch, das wir gerade führen, Teil deines Buches ist. Und dort wurde hineingeschrieben, dass du, Oboi, nach Bergstadt kommst. Genau diese Stadt ist wichtig für deine Geschichte. Hier gibt es etwas, was du tun musst.«

»Was kann das sein?!«, rief ich am Boden zerstört. »Soll ich das gelbe Haus jetzt gar nicht mehr suchen?«

»Das weiß ich nicht«, sagte Samuel, und das gefiel mir wirklich überhaupt nicht.

•

Das gelbe Haus auf der großen weiten Welt zu suchen, war mir schon wie der pure Wahnsinn vorgekommen, aber diese neue Situation erschien mir wie der absolute Gipfel der Verrücktheit. Wenn man Samuels Worten Glauben schenken durfte, dann war ich eine unvollständige Figur aus dem O-Buch. Aus dem Buch in meiner Hand, in dem von selbst Text zum Vorschein kam. Es handelte von den Dingen, die mir passiert waren oder gerade passierten. Und jetzt hatte ich erfahren, dass ich die Geschichte zu Ende bringen musste, indem ich in Bergstadt etwas Wichtiges erledigte. Wenn ich das geschafft hatte, würde ich das gelbe Haus vielleicht finden!

•

Jetzt war die Bombe eingeschlagen und meine Welt komplett zerstört. Das konnte doch nicht wahr sein! Das durfte nicht wahr sein! Ich war nicht wahr! Alles war viel zu kompliziert, um es zu verstehen.

In Gedanken ging ich den Text aus dem Buch, den ich schon so viele Male gelesen hatte, noch einmal durch:

Er, der es wagte, diesen Namen, Beribelland, mit einem Hüsteln auszusprechen, warf sofort einen Blick über seine Schulter und schaute sich gehetzt um wie ein Häschen, das von einem Gewehr aufgeschreckt worden ist. Wenn es so schlimm kam, dass man beim Aussprechen des Namens erwischt wurde, nahm einen das Handlicht für alle Zeiten in seinen Kreis auf. So geheim, verboten und gefährlich war der Name Beribelland. In dieser Stadt warst du gerade angekommen. In dieser Stadt gab es eine Aufgabe für dich.

•

Thule und Samuel diskutierten hitzig miteinander. Thule hielt heftig dagegen. Sie hatte sich in den Kopf gesetzt, dass vielleicht auch sie nur Teil einer Erzählung war, eine Nebenfigur meiner Geschichte, und das passte ihr überhaupt nicht. Ich bekam kein Wort heraus und schloss die Augen. Ich wollte nicht, dass sie sahen, was für ein Sturm sich in mir zusammenbraute. Es war ein ziemlich merkwürdiger Moment. Innerhalb und außerhalb meines Körpers wurde dasselbe Gespräch geführt. Meine eigenen Gedanken vermischten sich mit Thules und Samuels Worten, und ich konnte die beiden Dinge nicht mehr auseinanderhalten.

•

In meinem Gehirn tobte ein riesiger Krieg. Wenn ich, Oboi, nur eine Figur in einer Geschichte war, gab es mich dann wirklich? Wen gab es wirklich? Gab es überhaupt etwas? Gab es Bergstadt? Die Bibliothek? Diesen Augenblick? War all das auch nur eine Geschichte? Was war Wirklichkeit? Manche Geschichten waren real, schließlich gab es Sachbücher! War meine Geschichte wahr? Wer hatte mein Buch geschrieben? Und wenn niemand die Bücher las, würden die Geschichten dann für immer im Gefängnis schmachten, wie meine

Schwestern und meine Freunde? Welchen Unterschied machte es, ob man existierte oder in einer Geschichte war, wenn sich in einer Geschichte zu sein doch so anfühlte, als würde man wirklich existieren?

•

So im Nachhinein ist es leicht, klug daherzureden und zu sagen, der Unterschied liege darin, dass ich, wenn ich real war, dann aufhörte zu sein, wenn mein Herz nicht mehr schlug. Aber wenn ich ein reines Märchen war, dann hörte ich auf zu sein, wenn niemand mehr meine Geschichte las. Wenn auch du, mein Freund, schließlich den Buchdeckel zuklappst. Das war der Unterschied.

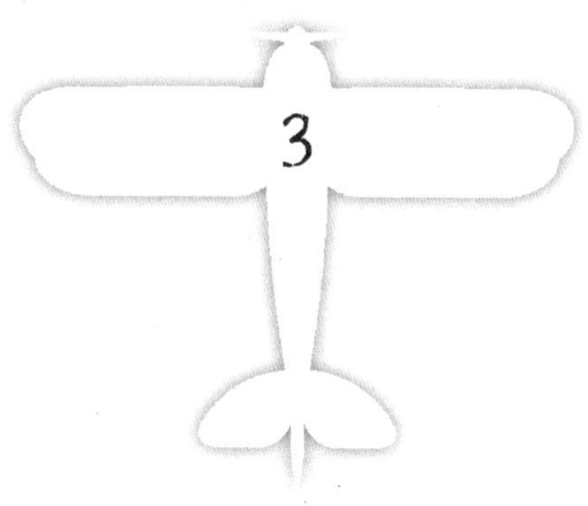

Buch-Buch

Am nächsten Morgen saß ich schweigend vor meinem Brötchen und bekam keinen Bissen hinunter. Samuel hielt ein Wörterbuch in der Hand, mit dem er nun zu mir herübergehopst kam. Hektisch und zerstreut blätterte er darin herum.

»Schau! ›Tómos‹ … Ich wusste es! Das ist griechisch und bedeutet Buch … Und ›Biblos‹ ist ebenfalls griechisch und bedeutet dasselbe. Tómos-Biblos ist also das Buch-Buch-Gefängnis! Ich wusste es!«, rief er und fuhr fort: »Und wie war das noch mal, die Gefängnisdirektorin ist eine Frau namens Mega?«

»Jep. Aber Monster wäre wohl der passendere Ausdruck.«

»Natürlich!«, jubelte Samuel.

Mir taten die Schläfen weh, als wäre mir eine Dampflok über die Stirn gerattert. Das Buch-Buch-Gefängnis, dachte ich niedergeschlagen. Da kam ich her, die Hauptfigur der Geschichte, die Geschichten hasste.

Samuel scherte sich nicht die Bohne um meine Krise. Er war hellauf begeistert.

»Ich habe mir überlegt, dass du, indem du deine eigene Geschichte durchläufst, vielleicht jemanden retten oder befreien könntest. Es könnte sehr gut diese Art von Märchen sein. Es enthält viele solcher Elemente! Oboi, das ist womöglich die beste Geschichte seit Langem«, sagte er und tanzte begeistert vor mir herum. Auch wenn es lustig aussah, wie ein über zwei Meter großer alter Mann mit der Breischüssel in der Hand tanzte, bekam ich kein Lächeln zustande.

»Ja, hoffentlich kann ich zumindest meine Schwestern befreien«, murmelte ich.

»Hmmm. Vielleicht, aber deine Schwestern sind ja etwas recht Kleines ...«

Da platzte mir der Kragen, und ich schrie: »Du denkst, meine Schwester sind etwas Kleines und jemand anders etwas Großes! Sie sind vielleicht von ihrer Größe her klein, aber trotzdem gehören sie zu den wichtigsten Schwestern der Welt!«

Überraschenderweise musste Samuel über meinen Wutanfall lachen.

»Der Held kommt zum Frühstück und tobt wegen der Körpergröße seiner Schwestern herum. Wie erfrischend! Ich habe schon lange genug von diesen verdammten Schwert- und Faustschwingern.«

»So einer hatte ich gerade vor zu werden«, sagte ich und ballte die Hände zu Fäusten, bis meine Knöchel weiß wurden.

»Ich sage, dass du das beste Kind seit Jahrhunderten bist, Oboi! Der beste Held! Vielleicht sogar das beste und wichtigste Kind auf der ganzen Welt!«

Samuel lachte und umarmte mich fest. Ich ließ die Fäuste wieder locker, schließlich konnte ich doch verdammt noch mal nicht mit einem alten Mann kämpfen.

•

Erst dann dachte ich wieder an Petit, und mir fiel ein, dass die wichtige Sache, die ich Samuel eigentlich erzählen wollte, Petits Ankunft in Bergstadt und das Auftauchen seines Namens im Buch war.

»Samuel, ich habe gestern meinen Freund Petit getroffen. Er ist auch aus Tómos-Biblos geflohen, auf demselben Weg wie ich.«

»Petit?«, wiederholte Samuel.

Ich konnte förmlich hören, wie es in seinem Kopf ratterte.

»Der Pilot, ich habe dir doch von ihm erzählt. Der, der immer damit prahlt, dass er ein Flugzeug hat und dass er eine Notlandung in der Wüste machen musste.«

»Kann Petit ein echtes Flugzeug fliegen, und hat er blonde Haare, und trägt er einen gelben Schal um den Hals?«

Ohne Vorwarnung sprudelten die Fragen nur so aus Samuels Mund.

»Nicht einmal annähernd. Petit hat dunkle Haare und auch keinen Schal. Er kommt aus dem Gefängnis. Aber weiße Handschuhe trägt er immer.«

Beim Gedanken an meinen besten Freund breitete sich wie von selbst ein Lächeln auf meinem Gesicht aus.

»Ist er Franzose?«

»*Oui.* Kennst du ihn?«, fragte ich verwundert.

Da stand Samuel auf, fuhr sich mit der Hand durch die schwarzgrauen Locken, und ehrlich gesagt, wenn ich genau drüber nachdenke, sah er in diesem Moment ziemlich verrückt aus. Vielleicht haben verrückt sein und eine große Erkenntnis haben ja etwas gemeinsam.

»Ich weiß nicht, warum du freigekommen bist, schließlich ist dein Buch noch nicht fertig. Petits Buch hingegen ist uralt, und jetzt hat es jemand gelesen! Ich fange langsam an zu begreifen … Wenn ich ihn nur mit eigenen Augen sehen könnte! Meine Güte, das ist eine große Sache, hört ihr! Oboi, ich will ihn sofort treffen! Ich glaube, dass jetzt wirklich große Dinge passieren!«

•

Petit hatte sich fein angezogen und trug eine schwarze Jacke mit zwei Knopfleisten, und natürlich hatte er die weißen Baumwollhandschuhe an. Thule saß auf den Stufen vor der Bibliothek, genau wie damals, als ich sie das erste Mal getroffen hatte. Wieder versteckte sie ein Buch hinter ihrem Rücken. Als sie Petit sah, verengten sich ihre Augen zu Schlitzen. Kurz darauf verzog sich ihr Mund zu einem breiten Lächeln. Sie reichte ihm die Hand und wippte etwas schüchtern vor ihm auf und ab.

»Thule«, stellte sie sich vor.

»Petit«, erwiderte er.

Ich schüttelte den Kopf. Genauso verhielten sich Marmelade und Fanta Petit gegenüber. Als wir zur Hintertür der Bibliothek gingen, hüpfte Thule wie ein kleines Mädchen neben ihm herum, und ich kapierte überhaupt nichts mehr.

Aber Samuels Reaktion war erst komisch! Als er Petit sah, fiel ihm die Kinnlade herunter und er seufzte erleichtert auf.

»Genau, dunkles Haar! Natürlich! Warum habe ich das nicht gleich kapiert!«

Großspurig nahm er ihn in Empfang wie einen ehrwürdigen Staatsgast und auch die Suppe beim Abendessen war viel dicker als sonst.

•

Petit erzählte von seinem Flugzeug, an dem Thule und Samuel grenzenloses Interesse zeigten. Als sie schließlich anfingen, fachkundig über irgendeinen Fuchs zu sprechen, wurde es mir zu viel, und ich schnauzte: »Was soll das hier eigentlich? Was für ein Fuchs? Woher kennt ihr Petit?« Ich starrte ihm in die Augen. »Kennst du sie etwa auch?«, fragte ich. Er erwiderte meinen Blick und schüttelte den Kopf.

»Nein.«

Da zog Thule schmunzelnd ein mir bekanntes Buch aus ihrer Jackentasche, das ich Fanta als Kind Dutzende Male vorlesen musste und auf dessen Umschlag die Zeichnung eines hübsch gekleideten Jungen mit einem gelben, im Wind flatternden Schal abgebildet war. Der kleine Prinz.

Jetzt war ich es, der sprachlos war. Der kleine Prinz! Was sollte das jetzt?

»Oboi, dieses Buch haben wir vor einer Woche im Lesekreis fertig gelesen«, sagte Thule bedeutungsvoll.

Gedankenverloren strich ich darüber. Es handelte von einem Jungen, der von einem Asteroiden stammt. Er landet auf der Erde und trifft dort den Erzähler der Geschichte, einen Piloten, dessen Flugzeug kaputtgegangen ist und der darum in der Wüste notlanden musste. Das Ende bleibt offen. Darüber hatten wir uns damals als kleine Kinder gestritten.

»Er ist gestorben, das war's mit deinem Prinzen«, hatte ich Fanta geärgert, der sofort Tränen in die Augen gestiegen waren.

»Er ist nicht gestorben! Das wird nicht gesagt. Da steht: ›Er fiel langsam, wie ein Baum.‹«

»Fallen bedeutet sterben. Das sagt man so, wenn man Bekloppte wie dich nicht zu sehr schockieren will.«

Das war einer der Gründe, warum ich Geschichten hasste. Fiel langsam, wie ein Baum, was für ein Mist. Warum konnte man nicht einfach offen und ehrlich sagen: »Dann starb der kleine Prinz am Schlangengift«?

Na ja, so war es eben unter uns Geschwistern, eine ewige Zankerei. Aber jetzt war die Stimmung eine andere.

Nach und nach dämmerte mir, warum Thule mit diesem Buch in der Hand vor mir stand.

»Es war seinerzeit ein beliebter Klassiker. Die ganze Welt kannte die Geschichte«, erklärte Samuel mit ehrfürchtiger Stimme.

»Als wir deine Geschichte gelesen haben, bist du freigekommen«, sagte Thule und jetzt war es Petit, der verdattert war.

»Oh …«

Endlich einmal wusste der feine Herr nicht, wie er reagieren und was er tun sollte.

»Aber Petit kann nicht der kleine Prinz sein, er sieht ihm überhaupt nicht ähnlich!«, beharrte ich.

»Ist er auch nicht! Er ist nicht der kleine Prinz, sondern der Erzähler! Der Pilot!«, platzte Thule heraus.

Petit sah aus, als würde er angestrengt nachdenken. Dann nickte er und sagte: »Ich weiß nicht, woher wir uns kennen, aber ich bin sehr froh, dass ich endlich auf Menschen treffe, die mir glauben, dass ich ein *pilote* bin. Und ihr habt sogar irgendwo davon gehört, dass ich durch die Sahara geflogen bin und mittendrin eine Notlandung machen musste. Das war ein *horrible accident,* ein schrecklicher Unfall.«

»Und wo ist der kleine Prinz?«, fragte ich und sah Petit herausfordernd an. »War er auch in Tómos-Biblos? Ist er entkommen?«

Mein bester Freund wirkte plötzlich kleinlaut, als würde er sich schämen, und gab zu: »Der Prinz war meine *hallucination.* Ein Hirngespinst. Eine Fata Morgana. Er war jemand, den ich für wirklich hielt, weil ich durstig war und kurz davor, in der Wüste zu sterben, Oboi! Mithilfe des Prinzen habe ich überlebt.«

Samuel klatschte begeistert in die Hände, als hätte er gerade eine fantastische Theatervorstellung gesehen. Erfreut über den Applaus beendete Petit die Show, indem er sich mit seinem feinsten Hofknicks vor uns verbeugte.

•

An diesem Tag erzählte Samuel ihm von seiner Theorie über Tómos-Biblos, dem Buch-Buch-Gefängnis, und dass darin alle Geschichten eingesperrt waren, die nicht mehr gelesen wurden.

»Vielleicht harren dort auch Forschungsreisende, Denker, berühmte Erfinder und Sänger aus, alle, über die Bücher geschrieben wurden«, sagte Samuel nachdenklich.

Petit lachte. Ich weiß nicht, ob er an die Theorie glaubte oder sie schon kannte, zumindest schien er nicht besonders schockiert zu sein. Jedenfalls war ich ein wenig neidisch auf ihn. Unsere ganze Gefängniszeit über waren wir beste Freunde gewesen, ebenbürtig, aber jetzt hatte sich herausgestellt, dass er aus einer viel größeren Geschichte stammte. Im Gegensatz zu mir. Ich war nur ein unfertiger und bedeutungsloser dummer Bengel aus einem Mini-Abenteuer.

•

Beim Mittagessen schienen alle in Gedanken versunken zu sein.

»Wie bist du entkommen, Petit?«, wollte Samuel wissen.

»Ich war gerade dabei, *à la cantine,* im Speisesaal das Frühstücksgeschirr abzuräumen, als ich bemerkte, dass jemand die Hintertür, durch die das Essen hereingebracht wurde, offengelassen hatte. Ich rannte zum Strand, und als ich an der Anlegestelle für Versorgungsschiffe ankam, fand ich dort ein Schiff in einem lächerlich schlechten Zustand. Trotzdem schaffte ich es, damit die Insel zu verlassen und das Festland zu erreichen.

Dort angekommen, bemerkte ich am Treppengeländer des Piers einen Briefumschlag, auf dem mein Name stand. Darin war eine Anleitung, wie ich den Weg durch den Nordwald bis zum See finden würde.«

Samuel nickte langsam und zustimmend vor sich hin. Ich grübelte über das weiße Kaninchen, Petit, Robinson Crusoe und den gestiefelten Kater nach. Waren sie auch durch den Wald gestapft?

Dann dachte ich über mich selbst nach und sagte: »Wenn ich meine Geschichte also irgendwie fertig bekomme und jemand sie liest, dann werden meine Schwestern befreit! Alle Gefangenen erhalten die Freiheit, wenn wir ihre Geschichten lesen, oder?« Nun war auch ich begeistert und fuhr fort: »Auf geht's, Freunde! Lasst uns lesen!«

Ich stand auf und wollte losgehen, aber Samuel lächelte nur und hob beschwichtigend die Hand.

»Du musst verstehen, wie viele Bücher es in Tómos-Biblos gibt. Wenn dort wirklich alle Bücher der Welt sind, dann müssen es Hunderte von Millionen sein. Wir können sie nicht alle durch Lesen befreien.«

Enttäuscht setzte ich mich wieder hin und sagte: »Eines verstehe ich nicht so ganz. Warum gibt es hier Bücher, wenn doch alle Geschichten der Welt eingesperrt sind?«

»Gute Frage, Oboi. In der alten Zeit fand man überall Bücher, so viel kann ich dir sagen. Es gab sie in Schulen, Kindergärten, Altenheimen und Krankenhäusern. In Büchereien und Geschäften, an Kiosken und in Cafés, in Bars, Restaurants und an Flughäfen. Sie waren in Wohnhäusern und auf Dachböden. In Kisten, Kommoden und Regalen. Es gab sie auf Müllhalden und in Mülltonnen, in Jacken- und Handtaschen. Als Wanda beschloss, sie alle zu vernichten, gelang ihr das natürlich nicht vollständig. Und weder ein Suchtrupp noch der beste Spürhund konnte wirklich alle Bücher aufspüren. Hier und da blieben ein paar übrig. Ab und zu wurde ein ganzes Regal vergessen. Und dann und wann auch eine vollständige Bibliothek. Nach und nach geriet die Büchervernichtung in Vergessenheit. Und als genug Zeit vergangen war, erschien es auch nicht mehr so wichtig. Würde ein Normo ein Buch in die Hand nehmen, würde er sicher nichts Interessantes darin sehen, denn die kleinen schwarzen Zeichen würden ihm ja überhaupt nichts sagen.«

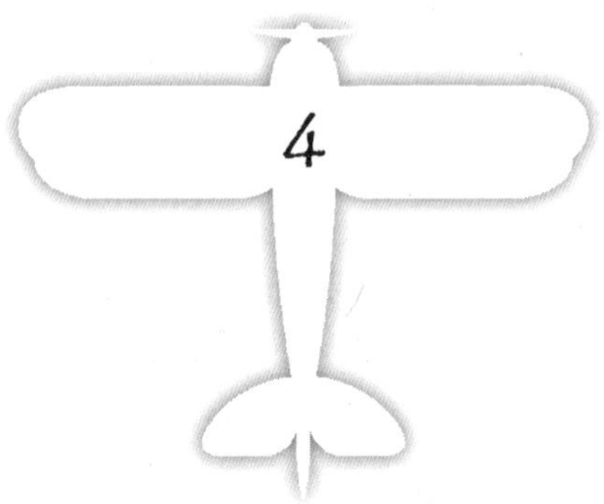

4

Lies mich! Betrachte das Bild!

Abends lag ich auf dem Dachboden und konnte nicht schlafen. Warum hatte man ausgerechnet mich von Tómos-Biblos nach Bergstadt geschickt? Wie sollte ich meine Geschichte zu Ende bringen? Wie würde sie enden? Was für eine Erzählung würde es werden? Auch wenn ich es nicht wollte, zogen meine Hände das O-Buch unter dem Kissen hervor und schlugen die letzte beschriebene Seite auf. Im Halbdunkel konnte ich folgende Worte erkennen:

> *Du lagst auf dem Dachboden und konntest nicht einschlafen. Du dachtest darüber nach, wie du die Geschichte zu Ende bringen solltest. Wie sollte sie aufhören und wer würde sie lesen? Lies du sie! Lies mich, lies, lies! Blättere die*

Teile um! Aber zuerst beherrsche deinen Geist.

Als ich diese Worte gelesen hatte, schleuderte ich das O-Buch so weit von mir weg, wie ich konnte. Der Einband löste sich, und ich wünschte mir sogar, dass auch die Seiten herausfliegen würden.

Es war klar, dass ich heute Nacht nicht würde schlafen können.

Ich lief durch die nächtlichen Straßen von Bergstadt, um meine Gedanken zu ordnen. Was war wichtig in meiner Geschichte? Sie war so abgedroschen: Ein Waisenjunge reist durch ein Zeitportal in eine Stadt der Zukunft, in der alles schiefläuft. Er wurde auserwählt, auch wenn er nicht versteht, wie und warum, denn er hält sich für ganz normal ... na okay, für ein bisschen schlauer als normal, aber trotzdem für einen ziemlich gewöhnlichen Jungen. Nichtsdestotrotz muss er seine Familie vor dem Tod retten, irgendeinen verdammten Zauber brechen und die Welt aus den Fängen des Drachen befreien. Oder so was in die Richtung.

Als ich zum Kraftwerk hinunterging, bemerkte ich, dass an den Häuserwänden noch mehr Schattenrisse aufgetaucht waren. Ich bog in die kleine Gasse ein, in der ich mit Thule den ersten davon gesehen hatte. Er war verschwunden! Die Wand war komplett mit strahlend weißer Farbe überstrichen worden. Die Malutensilien standen noch da.

•

Am Morgen weckte ich meine Freundin früh.

»Thule, komm mit! Es sind noch mehr Schatten aufgetaucht!«

Sofort sprang sie auf.

Zuerst führte ich sie in die kleine Gasse. Als wir dort ankamen, bot sich uns ein aufregender Anblick!

Etliche Normos hatten sich versammelt. Sie alle starrten die Wand an, die heute Nacht noch strahlend weiß gewesen war. Jetzt war darauf ein Schatten zu sehen, der in die Luft sprang, dabei vergnügt die Fersen zusammenschlug und gleichzeitig Buchstaben in die Höhe warf, die wieder auf ihn herabregneten. Ein zweiter Schatten hielt ein aufgeschlagenes Buch in der Hand, aus dessen Seiten feuerspeiende Drachen, Meerjungfrauen, Waldninjas, Blümchen und fliegende Elefanten in den Himmel aufstiegen. Die Bilder waren so schön, dass sie einen geradezu dazu zwangen, sie anzuschauen. Die Normos waren wie verzaubert von ihnen, so als könnten sie sich nicht aus ihrem Bann befreien.

Man hatte uns gesagt, sie hätten keine Gefühle, keine Träume. Sie hatten auch keine Geschichten, keine Filme, keine Theaterstücke oder Lieder. Sie konnten nirgendwohin fliehen, an keinen Ort in ihrer Fantasie. Jetzt allerdings standen sie vor dem Bild und empfanden etwas.

•

Es dauerte nicht lange, bis eine zehnköpfige Graumee auf ihren lautlosen Hoverboards herbeigesaust kam. Wir hatten festgestellt, dass ihre Truppen und auch die Wachpatrouillen uns komplett ignorierten, wenn wir es den anderen nur nachmachten und unsere Handflächen anstarrten.

Ein paar Graumee-Typen holten ihre Programmiergeräte aus den Rucksäcken. Es brauchte nur ein paar Klicks, schon wandten sich die Normos vom Schattenbild ab, gingen weiter und kehrten wieder zu ihren Beschäftigungen zurück. Die

Graumee-Typen schickten ihren Bericht an Wanda, und kurz darauf traf ein Malertrupp ein. Dann war das Bild weg.

Aber für kurze Zeit hatte der Schattenriss es geschafft, die Normos in seinen Bann zu ziehen. Es gab also Dinge, die eine stärkere Wirkung auf sie hatten als die verfluchten Geräte in ihren Händen. Was lösten die Schattenbilder in ihnen aus? Gefühle? Interesse?

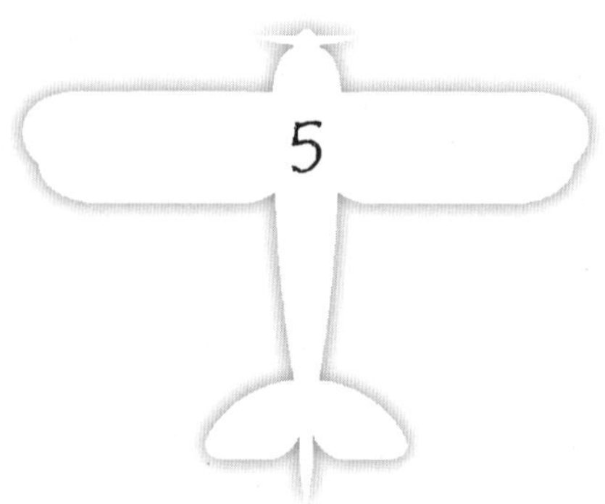

Der Straßenkünstler

Bald hatte sich mein täglicher Rhythmus wieder eingependelt, und es gab viel zu tun. Ab und zu vergaß ich das verfluchte O-Buch sogar ganz. Auch Figuren aus Geschichten mussten essen und schlafen und Dinge tun, die keine aufregenden Abenteuer waren. Das war beruhigend.

Petit kam jeden Morgen zu uns zum Frühstück, und die Tage vergingen, während wir für ihn nach Teilen suchten, die in den Motor seines kaputten Flugzeugs passen könnten. Aber Bergstadt wurde sorgfältig sauber gehalten, nirgends gab es Gerümpel, einen Baumarkt oder ein Ersatzteillager. Trotzdem klapperten wir Flohmärkte und Läden ab, suchten, suchten und suchten.

Wir schlichen uns in verlassene Gebäude, aber auch die waren leer geräumt worden, als hätte man die Geschichte aus ihnen herausgefegt. Jetzt war es, als würden sie rufen: »Hier gibt es nichts! Niemand hat hier jemals gewohnt!«

»Nirgends scheint Metall aufzutreiben zu sein. Plastik habe ich gefunden, aber wer hat je von einem Flugzeug aus Plastik gehört? *Nul!* Niemand!« Petit schnaubte.

»Wer hat hier überhaupt schon mal von einem Flugzeug gehört?«, erinnerte ich ihn.

»Also, ich suche Teile für ein unbekanntes Flugobjekt am Himmel.« Petit lachte.

Aber als wir uns genug amüsiert hatten, wurden wir wieder ernst, und ich fragte: »Petit, wann darf ich deine Maschine sehen?«

»Noch nicht«, antwortete er geheimnisvoll.

•

Sicher gab es sein Flugzeug überhaupt nicht, dachte ich oft, wenn ich mich von ihm verabschiedete. Aber letzten Endes spielte das keine Rolle. Niemand kann sich vorstellen, wie wunderbar es war, mich mit meinem besten Freund zu unterhalten. Er war vom selben Schlag wie ich. Eine schwer definierbare und nicht existierende Sorte Mensch aus Tómos-Biblos. Und so jemand sollte wohl nicht an der Existenz von Flugzeugen, gelben Häusern, weißen Kaninchen oder von mir aus auch Ponys in Regenbogenfarben zweifeln.

•

Eines Tages kam Thule weder zum Frühstück noch zum Mittagessen. Sie hatte sich im Lesesaal eingeschlossen, wo sie konzentriert irgendein Buch studierte. An der Tür klebte ein Zettel: »Nicht stören!« Ich klopfte trotzdem mit der Handfläche gegen das Glas der Scheibe, aber Thule sah nicht mal von ihrem Buch auf. Erst am Abend sprang sie hinter dem Treppenpfeiler hervor und mir auf den Rücken, als hätte sie mir schon länger aufgelauert.

»Thule, was zum Henker! Ich sterbe noch an einem Herzinfarkt, wenn du mich so erschreckst.«

»An so einer Kleinigkeit kannst du nicht sterben. Denk doch mal nach, wer würde so ein Buch über dich schreiben: Der Held bricht aus dem Gefängnis aus, kommt in eine Stadt, in der er eine Aufgabe hat, aber bevor es damit so richtig losgehen kann, bleibt sein Herz stehen, weil er vor seiner Freundin erschrickt und stirbt. Ende.«

Dann reichte Thule mir das Buch. Es war ein Fotoband, auf dessen Umschlag »Straßenkünstler« stand. Ich blätterte durch die großen Seiten. Die Bilder zeigten eine endlose Reihe von Malereien auf Betonmauern, Zäunen und Hauswänden. Farbenfrohe Bilder von Menschen, Pflanzen, Tieren, Autos und einer Welt, die es nicht mehr gab. Ich blätterte weiter. Plötzlich kam ich zu einer Seite mit vielen kleinen Fotos von Schattenriss-Malereien auf Häuserwänden, die mir bekannt vorkamen. Die Stadt, aus der die Bilder stammten, erschien mir ebenfalls vertraut. War es diese hier? War diese graue Kirche da nicht mittlerweile ein Windrad? Und der Hof voller Schüler daneben, war der jetzt nicht eine große Biosphäre? Und diese Bibliothek, vor der sich die Leute tummelten, war das nicht unsere? Auf dem Straßenbild sahen die Menschen anders aus. Sie liefen mit Bücherstapeln unter dem Arm herum, telefonierten, lächelten, betrachteten Schaufenster und saßen fröhlich in Cafés. Auf einem Bild war ein Straßenkünstler zu sehen, der gerade ein Schattenbild malte. Auch er kam mir bekannt vor. In der Bildunterschrift stand, dass er Richard Clement hieß. Darunter stand der Name Wanda. Der Mann auf dem Bild war jung und hatte eine aufrechte Statur, dunkle Augen, braune Haut und kurze schwarze Haare. Er wirkte fröhlich, sein Gesicht hatte irgendwie einen schelmischen Ausdruck, etwas,

was den Betrachter ansprach, ihn aufforderte, länger hinzusehen. Es lag etwas sehr Vertrautes darin. Es sah genauso aus wie bei …

»Samuel! Ist sein Name etwa Richard Clement? War er ein Straßenkünstler? Hat er die Schattenrisse erschaffen? Und warum steht unter seinem Namen Wanda? Was haben die beiden miteinander zu tun?«

Thule zuckte mit den Schultern und sah aus, als wäre sie mehr als bereit, das alles herauszufinden.

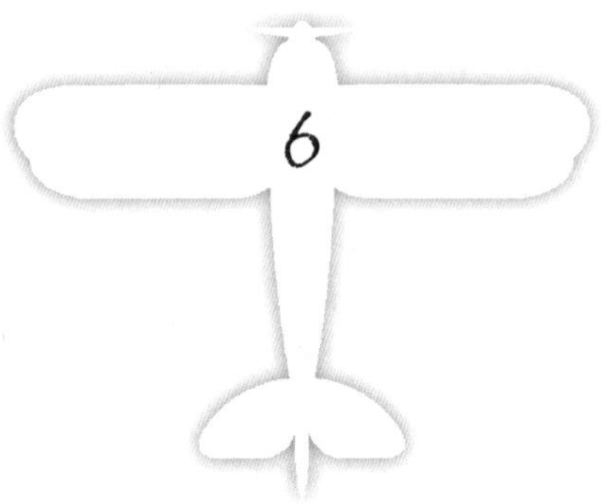

6

Der Klassiker

Innerhalb eines Tages explodierte in der Stadt das Grün und machte alle scharfen Ecken weicher, dämpfte den ununterbrochenen Lärm. Die Luft dampfte, kleine Keimlinge sprossen fröhlich aus den Blumentöpfen und Asphaltrissen. Der Frühling war gekommen.

Petit, Thule und ich liefen täglich in der Stadt herum. Ich konnte nicht aufhören, darauf herumzureiten, dass wir nur Figuren aus irgendeinem armseligen Buch waren, und Petit konnte es sich nicht verkneifen zu antworten: »Du vielleicht, aber ich nicht. Ich bin ein *classique,* der Erzähler einer beliebten Geschichte. Ich bin Pilot, bin mit meiner Maschine in der Wüste abgestürzt, habe einen Jungen getroffen, der sagte, er sei der kleine Prinz und der mir von Planeten und Menschen erzählte. Und ich habe seine Geschichte in einem Buch erzählt, das Millionen und Abermillionen Mal gekauft wurde. Das ist nicht armselig. Und jetzt habe ich schrecklichen Hunger und will ein richtiges Baguette essen! Ich kann nicht aus Papier sein, schließlich ernähre ich mich von richtigem Brot! Aber erzähl mal von deiner Geschichte.«

»Alles das, was jetzt gerade passiert, gehört dazu. Auch du, Petit.«

»Ahaa, *oui,* der kleine Prinz, ein großer Klassiker soll einfach nur Teil deiner Geschichte sein? *Oh là là,* das glaub ich nicht, Oboi.«

»Oder also ... vielleicht spielt deine Geschichte innerhalb von meiner«, versuchte ich es weiter.

»*Non,* tut sie nicht. Meine Geschichte ist so berühmt, dass sie nicht Teil einer anderen sein kann!«

Wir fingen an zu streiten. Sonst war Petit ein Spitzentyp, aber sein Klassikerdasein war ihm offensichtlich gehörig zu Kopf gestiegen. Manchmal kam er tagelang nicht zu uns. Vielleicht wollte er nicht in meiner Geschichte vorkommen. Resigniert ging ich also zu Samuel.

»Nehmen wir zum Beispiel die Erzählung des kleinen Prinzen, welche Gefahr hätte die denn für die Leute darstellen sollen? Warum mussten alle Geschichten in Tómos-Biblos eingesperrt werden?«, fragte ich ihn.

»Die gesamte Energie der Menschen sollte darauf ausgerichtet werden, die Erde zu retten. Für Vergnügen und Lernen war keine Zeit. Es war besser, wenn die Leute nicht wussten, wer die Zerstörung verursacht hatte, also war es am sichersten, alles Wissen auszuradieren. Zeitungen, Forschungsstudien, Lehrbücher, Sachbücher, Reportagen. Auch Geschichten enthielten viel Wissen. Der kleine Prinz reist durch das Weltall und denkt über viele große Fragen nach. Das Buch spendete Trost und Hoffnung. So etwas war eine große Gefahr. Wie schon ein berühmter Philosoph einst sagte: ›Die Hoffnung ist der Traum des Wachenden.‹ Aber jetzt hatte der Wachende keine Zeit für Träume, Wünsche oder Hoffnung.«

»Und bestimmt gibt es keinen einzigen Normo, der glücklich ist.«

»Du triffst den Nagel auf den Kopf! Die wissen nicht einmal, was Glück ist. Sie erfüllen nur ihre Aufgaben, und hier ist niemand, der das Projekt stoppen könnte, obwohl das Klima schon wieder in Ordnung ist.«

»Außer dir, Samuel! Du kannst es. Geh und sprich mit dieser verfluchten Wanda, wer auch immer sie ist. Wir müssen die Normos befreien!«

Samuel lächelte, aber diesmal war es kein gutes Lächeln.

»Ich bin nicht so weise, dass ich wüsste, wie man das hier beendet. Wanda ist zu mächtig. Wenn ich ihr allein gegenübertrete, ist das mein Ende. Aber mit kleinen Taten kann Großes bewirkt werden. Wir können die Normos langsam wachrütteln und ihnen helfen, etwas zu fühlen. In kleinen Schritten bringen wir Farbe in das Leben der Obdachlosen. Mit Geschichten ermutigen wir sie dazu, von einer besseren Zukunft zu träumen, wir versetzen sie in Aufruhr.«

»Wann erfahre ich mehr über Wanda? Ich will alles über sie wissen.«

»Die Zeit ist noch nicht ganz reif dafür«, sagte Samuel.

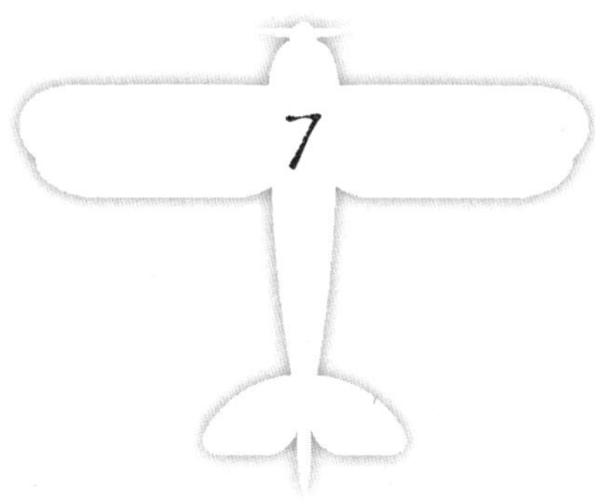

Lenora Clem

Neben all den Dingen, die ich in den vergangenen Tagen über die Welt gelernt hatte, wurde mir die Stadt von Tag zu Tag etwas vertrauter. Der Sommer stand vor der Tür, die Laternenpfähle zwitscherten »Piep, piep, piep« wie Vögel, die Ansagen der Straßenbahnen hallten überall wider, die Wachpatrouillen zischten vorbei und die Leute gingen wie immer von einem Ort zum anderen. Ich hatte mich schon so sehr an den unaufhörlichen Lärm der Stadt gewöhnt, dass ich angefangen hatte, die Geräuschkulisse angenehm zu finden. Hier und da tauchten Gestalten auf, die weder Normos noch Obdachlose waren, die ich aber irgendwann einmal in den endlosen Gängen des Gefängnisses gesehen hatte. Während wir im Lesekreis der Bibliothek Bücher lasen, kamen in Tómos-Biblos gleichzeitig Gefangene frei. Auch wenn Samuel gesagt hatte, dass wir auf diese Weise niemals alle befreien konnten, kannst du mir glauben, dass auch mich plötzlich die Lust auf Lesen überkam. Wenn mir doch nur eingefallen wäre, aus welchem Buch Aristo stammte und was Tzeitels Geschichte war.

•

Die Obdachlosen hatten angefangen, immer mehr über ihr Recht auf eine Wohnung zu sprechen. Sie dachten darüber nach, außerhalb der Stadt ein eigenes Dorf zu gründen. Diejenigen, die sich mit Häuserbau auskannten, schlossen sich zu einer Baugruppe zusammen, und diejenigen, die sich mit Landwirtschaft auskannten, machten Pläne für einen Bauernhof. Ein Teil von ihnen ging herum und suchte Leute aus den Randgebieten der Stadt zusammen. Samuel hielt das für einen tollen Anfang, aber er war dagegen, dass die Obdachlosen Bergstadt verließen.

»Das ist auch eure Stadt! Ihr müsst nur eine Gruppe zusammentrommeln, die groß genug ist, dann könnt ihr anfangen, die Revolution zu planen. Danach gehört das alles hier auch euch, so wie es sein sollte. Ihr habt Wohnungen in den besten Lagen verdient!«

Doch die Obdachlosen bezweifelten, dass es genug von ihnen gab, um der Graumee Widerstand leisten zu können.

»Wir müssen auch noch andere Leute auf unsere Seite holen«, schlug Samuel vor.

»Wen denn? Hier gibt es doch nur die Normos«, warf Thule ein.

»Vielleicht können wir irgendwie Kontakt zu ihnen aufnehmen«, überlegte Samuel.

Es folgte großes Geschrei.

»Zu den Normos?! Dann erklär uns doch mal, wie man zu denen bitte Kontakt herstellen kann, und wir machen es!«

Die Obdachlosen fingen gackernd an, in ihre Handflächen zu rufen.

»Hörst du mich, Normo, hörst du mich? Die Revolution beginnt im Morgengrauen vor den Stufen der Bibliothek!«, schäkerten sie und konnten sich vor Lachen kaum halten.

•

Ich lag allein auf dem Dachboden der Bibliothek und dachte nach. Es war sonnenklar, dass die Buchfiguren aus Tómos-Biblos befreit wurden, wenn wir ihre Geschichten lasen. Aber was bedeutete das? Was die Befreiten machten, wo sie wohnten und was sie über das alles dachten, das wusste ich nicht. Ob sie uns helfen konnten? Oder rannte Alice immer noch dem weißen Kaninchen hinterher und die alte Frau und der alte Mann dem Lebkuchenjungen? Vielleicht sollten wir anfangen, gezielt Bücher zu lesen, in denen es starke Figuren gab, die sich unserem Aufstand anschließen würden. Vielleicht war es an der Zeit, Geschichten über Riesen, Hexen, Wikinger, Ritter, Soldaten, Zauberer und antike Mythen zu lesen …

Für einen Moment sah ich vor meinem inneren Auge die Straßen von Bergstadt, die sich mit kriegerischen Truppen füllten. Ich sah Ritter, die ihre Schwerter zogen, Hexen, die mit glühenden Augen und brennenden Besen über den Himmel flogen und Riesen, die Menschen mit ihren Füßen zerquetschten … nein!

Wir mussten uns die Sache gut überlegen.

•

Gedankenlos blätterte ich in den Büchern, die auf dem Boden vor mir verstreut waren, bis mein Blick auf jenes fiel, das Thule gerade las. Es lag verkehrt herum und hieß »Die Vögel erzählten es mir«. Auf der Rückseite stand nur: »Eines Tages wachen alle Kinder der Welt als Waisen auf. Die Maschinen haben sie in ihre Obhut genommen, und es gibt keinen einzigen Erwachsenen mehr. Was ist passiert? Nur die Vögel wissen es. Können sie gemeinsam mit den Kindern die Welt retten?« Auf dem düsteren Titelbild gingen Kinder in einer Schlange in ein großes Gebäude – eine Fabrik oder etwas in der Art. Kleine Vögel flogen am dunklen Himmel. Keines der Kindergesichter war zu erkennen, denn sie gingen alle gebeugt, den Blick auf die Straße gerichtet. Nur in einem der dunklen Fenster brannte Licht. Wer wohnte dort? Was sagten die Vögel, und zu wem?

Auf der Umschlagsrückseite war ein Bild der Autorin. Als ich es sah, fiel ich fast vom Stuhl. Das war dieselbe Frau, die mir nach meiner Ankunft in der Stadt auf dem Flohmarkt das O-Buch gegeben hatte!

Sie hieß Lenora Clem und hatte »Die Vögel erzählten es mir« geschrieben. Und noch etwas fiel mir ins Auge: In der unteren Ecke des Umschlags war ein Bild, eine Art Logo mit einer Straßenlaterne, in deren Licht der Name Wanda stand.

•

Stolpernd rannte ich die Treppe hinunter. Samuel hielt gerade einen Lesekreis ab, aber ich musste ihn einfach unterbrechen.

»Entschuldigung, tut mir wirklich leid, Samuel. Aber es ist wichtig. Diese Frau hier hat mir das O-Buch gegeben!«

Samuel runzelte die Stirn. Die Lesekreise durften nicht gestört werden, aber das war ein Notfall. Als ich ihm »Die Vögel erzählten es mir« reichte, riss er vor Staunen die Augen weit auf. Seine Hände begannen zu zittern, und einen Moment lang sah es so aus, als könne er sich nicht mehr auf den Beinen halten.

Der Lesekreis musste warten. Samuel konnte den Blick nicht vom Buchdeckel lösen. Er schien sehr tief in Gedanken versunken zu sein.

»Lenora …«, stieß er hervor und sah mich an, als würde er überhaupt nichts mehr verstehen.

Er stützte sich auf einen Stuhl.

»Bist du dir ganz sicher, dass sie es war? Diese Frau hat dir das O-Buch gegeben?«

Ich nickte.

Samuel schüttelte den Kopf.

»Sie hatte längere Haare und war vielleicht etwas älter, aber ansonsten schwöre ich, dass sie es gewesen ist.«

»Das kann nicht sein!«

•

Samuel war den ganzen restlichen Tag in Gedanken versunken. Er goss die Pflanzen, wischte die Böden, ging in der Bibliothek herum und blieb immer wieder stehen, um das Buch »Die Vögel erzählten es mir« anzuschauen. Er öffnete die Umschlagklappe, betrachtete das Bild und schüttelte energisch den Kopf. Ab und zu wischte er sich über die Stirn und sogar die Augenwinkel.

Beim Abendessen erzählte er endlich: »Vor langer Zeit kannte ich diese Schriftstellerin. Sie war meine Freundin. Eine sehr, sehr enge Freundin. Aber plötzlich war sie weg. Das ist schon Jahre her. Sie verschwand wie Asche im Wind. Du kannst sie nicht auf dem Markt getroffen haben, Oboi. Es muss jemand anderes gewesen sein, den du dort getroffen hast. Jemand, der aussah wie sie.«

Die Trauer zeichnete tiefe Falten in Samuels Gesicht.

»Im Laufe eines Lebens zerbricht alles so viele Male in Scherben. Meine Frau …«

»Moment mal, Samuel. Was hast du da gesagt? War Lenora deine Frau? Bist du mit ihr verheiratet? Wenn das so ist, dann habe ich deine Ehefrau gesehen! In Fleisch und Blut!«, rief ich und deutete auf das Bild auf der Umschlagklappe.

Traurig betrachtete Samuel das Titelbild, und ich sah den Zorn in seinen Augen aufsteigen.

»So etwas passierte damals ständig und überall auf der Welt. Menschen verschwanden, es gab seltsame Unfälle, Flugzeuge stürzten ab, Krankheiten wüteten, große Häuser gerieten in Brand, es gab Erdbeben, Tsunamis, Meteoriten fielen auf die Straßen, Wirbelstürme, Vulkanausbrüche. Die Nachrichten waren eine einzige Aneinanderreihung von Ausnahmezuständen.«

Es war schwer, sich vorzustellen, was Samuel in diesen Jahren alles erlebt haben musste.

»Ich habe deine Frau gesehen. Und auf ihrem Buch steht Wanda«, sagte ich leise, ganz durcheinander von der Enttäuschung, dem Chaos und weil ich wieder einmal gar nichts verstand.

Samuel fauchte wütend: »Wie gesagt: Du hast eine Frau getroffen, die ihr ähnlich sah, Oboi. Meine Frau ist fort.«

•

Ich konnte die Sache nicht auf sich beruhen lassen. Sie war mir zu wichtig, auch wenn ich Samuel mit meinen Fragen verletzte, ihn an schmerzhafte Dinge erinnerte oder er Hunderte von Jahren alt war.

»Ich habe auch ein Bild von dir gesehen. In dem Buch namens ›Straßenkünstler‹. Auch darunter stand der Name Wanda. Ist jetzt der richtige Zeitpunkt für die Geschichte?«

»Bald, Oboi. Sehr bald.«

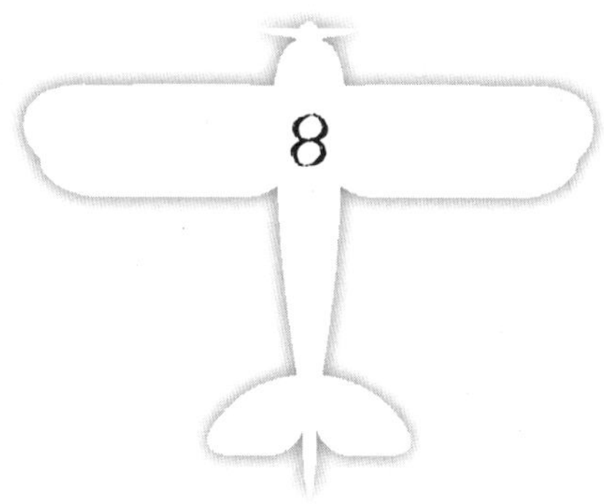

Prinz

Samuel, Thule und ich hatten uns darauf geeinigt, früh aufzubrechen, und überließen Schlüssel die Organisation des Frühstücks.

»Warum heißt Schlüssel eigentlich so?«, fragte ich Thule, die erstaunlich viel Zeit vor dem Spiegel verbrachte, um verschiedene Frisuren auszuprobieren.

»Einfach, weil er alle Türen öffnen kann.«

»Alle Türen? Das ist ja bahnbrechend!«

»Bahnbrechend? Du fängst ja wirklich an, wie eine Buchfigur zu reden. An welchen Bahnbruch hast du denn gedacht? Die Gefängnistür?«

»Na ja, nicht direkt. Eigentlich ist es egal, welche. Die vom Bäcker gegenüber der Bibliothek zum Beispiel.«

»Aha. Der edle Held und Retter Oboi will ein paar Brötchen klauen«, frotzelte Thule.

»Ich habe noch keinen Plan im Kopf, aber Türen öffnen zu können ist wirklich eine super Fähigkeit!«

»Na ja, im Moment wäre es besser, sie geschlossen zu halten«, mischte Samuel sich grimmig in unser Gespräch ein.

Dann zog er seine uralten Lederstiefel an.

•

Samuel betonte immer häufiger, wie gefährlich es war, in der Bibliothek zu wohnen. Die Zahl der Obdachlosen stieg jeden Tag und damit auch das Risiko. Es war gefährlich, täglich 50 Obdachlose zum Essen einzuladen und sie bis spät abends in den Räumen der Bibliothek bleiben zu lassen. Die Regeln wurden jeden Tag strenger.

»Durch die Fenster darf man nicht den kleinsten Lichtschimmer sehen! Auf der Dachterrasse wird nur geflüstert! Geht nicht zu nah an die Fenster heran! Keine Instrumente! Kein Tanzen! Durch die Hintertür dürfen immer nur drei Leute auf einmal herein! Und Thule, du sitzt nicht mehr auf der Treppe und liest! Das ist lebensgefährlich!«

Samuel war nur noch selten der gut gelaunte Mann, als den ich ihn kennengelernt hatte. Abends schlich er nervös von einem Fenster zum anderen, spähte durch die zugezogenen Vorhänge auf die Straße und schüttelte besorgt den Kopf, wenn er eine Wachpatrouille vorbeifliegen sah.

•

Endlich waren wir auf dem Weg zu dem berühmten Flugzeug.

»Wir gehen heute in das alte Industriegebiet, oder?«, fragte Samuel.

»Wir nehmen die kleine Gasse am linken Schornstein des alten Elektrizitätswerks und folgen ihr so lange, bis vor uns ein kleines Gebäude auftaucht, das aussieht wie ein Schuppen. Angeblich ist dort Petits Maschine, aber wir sollten nicht zu viel erwarten. Ich bin mir ziemlich sicher, dass es die gar nicht gibt«, erinnerte ich ihn.

»Ich kann es kaum erwarten«, sagte Thule, und es war, als hätten ihre totenbleichen Wangen einen zarten Rotton angenommen.

Die Stelle war leicht zu finden, aber für Samuel war der Weg beschwerlich. Er war kein gebückter Greis, im Gegenteil, er war so groß und aufrecht, dass es schien, als könne er von dort oben seine eigenen Füße nicht richtig sehen. Deshalb war jedes Stück Holz, jeder Zweig, jeder Haufen Metallschrott, jeder Stein und jeder Brocken für ihn lebensgefährlich. Und es dauerte nicht lange, bis Samuel auf den Boden donnerte.

»Und er fiel langsam, wie ein Baum!«, rief Petit und rannte zu ihm, um ihm aufzuhelfen. Hinter dem Schuppen sprang ein klappriger und ziemlich dreckiger Köter hervor und schaute uns misstrauisch an.

»Hallo und herzlich willkommen! *Bienvenue!*«

Petit begrüßte uns und umarmte uns alle fest.

»Ist das dein Hund?«, fragte ich skeptisch und etwas nervös.

Das Tier sah aus, als hätte es Flöhe.

»Na ja, wie man's nimmt. Er streunt schon hier herum, seit ich angekommen bin, und will offensichtlich nicht von meiner Seite weichen. Irgendetwas scheint er zu wollen. Ich habe ihn Prinz genannt.«

»Prinz!«, johlte ich und brach in Lachen aus. »Von allen Dingen auf der Welt hat dieser räudige Köter am wenigsten Ähnlichkeit mit einem Prinzen!«

»Räudig? Ich finde, du bist räudiger als Prinz«, meinte Petit eindeutig beleidigt.

»Prinz! Hierher, Prinz«, befahl er, aber der Hund kümmerte sich nicht im Geringsten um das Kommando.

•

Eifrig riefen wir nach ihm und sahen dabei zu, wie er stur im fast komplett überwucherten Hof des Elektrizitätswerks herumsprang.

Samuel stieß einen Pfiff aus. Sofort lief Prinz zu seinen Füßen. Samuel runzelte die Stirn, als wäre das etwas Komisches, obwohl Tiere hier in der Stadt überhaupt nicht selten waren. Er ging neben dem Hund in die Hocke und nahm ihn sanft am Hals, prüfte seine Augen, seine Ohren, seine Schnauze und seinen Schwanz. Der Reihe nach hob er seine weißen Pfoten an und untersuchte lange und nachdenklich sein Fell.

»Das ist kein gewöhnlicher Straßenköter, wisst ihr«, stellte er fest und lachte kurz auf. »Das ist ein Fuchs. Deshalb ist er so eigensinnig.«

»Ein Fuchs?«, fragte Petit verwundert.

Verblüfft schaute er Samuel an, als wäre ihm seine eigene Geschichte fremd. Der Fuchs schmiegte sich an Petits Beine und sah ihn fast flehend an.

»Er will, dass du ihn zähmst«, sagte Thule.

Da prusteten wir alle los, auch Petit.

•

Im Hangar stand tatsächlich ein Flugzeug. Ein echtes! Es war genauso schäbig wie der Fuchs, aber man konnte sehen, dass es einmal ein prächtiges Gefährt gewesen war. Es handelte sich um ein kleines Passagierflugzeug mit vier Sitzen.

»Eine Caudron Simoun«, sagte Petit würdevoll. »Sie ist Hunderte von Jahren alt.«

»Hah!«, rief Samuel aus. »Endlich gibt es hier noch etwas in meiner Altersklasse!«

»Jetzt versteht ihr, warum es fast unmöglich ist, Teile dafür zu finden.«

»Hmm«, murmelte Samuel. »Vielleicht könnten Schlüssel und Metallsäge helfen. Eine alte Bahnstrecke führt zum ehemaligen Flughafen. Daneben ist eine große Halle mit einem Luftfahrtmuseum ... oder zumindest war sie es vor ein paar Hundert Jahren.«

•

Begeistert zeigte Petit uns sein Flugzeug. Wir spielten die Passagiere auf einem Flug und er steuerte die Maschine. Als »Reiseproviant« hatte er uns die besten Baguettes besorgt und in diesem Moment fühlte sich alles so wunderbar an.

Das Flugzeug, an das ich nicht geglaubt hatte, stand vor mir! Das gab mir die Hoffnung, dass vielleicht auch das gelbe Haus irgendwo existierte. Außerdem wäre es vielleicht unsere Chance, endlich aus dieser Stadt rauszukommen. Vielleicht könnten wir damit einen Weg nach Tómos-Biblos finden.

•

Als wir auf dem Vorplatz des Hangars standen, zwitscherte ein Schwarm Spatzen sorglos um Samuel herum, als wollten sie ihm etwas mitteilen. Wir lachten, aber Samuel betrachtete die Vögel besorgt.

»Lasst uns schnell nachschauen, ob die Obdachlosen in der Bibliothek die Stellung gehalten haben«, sagte er und ging los. Den ganzen Weg lief er schnellen Schrittes und sprach kein Wort.

•

Als wir bei der Bibliothek ankamen, wurde mir klar, dass er geahnt hatte, dass etwas nicht stimmte. Der Platz vor der Bibliothek war voller Wachen, sogar die Graumee war vor Ort! Die Obdachlosen hatten dürftige Barrikaden gebaut, von denen aus sie die Wachen mit Steinen bewarfen.

»Ergebt euch!«, riefen die Typen in den schwarzen Schutzanzügen und mit den Helmen der Graumee, die das ganze Gesicht bedeckten. Sie sahen eher wie Außerirdische aus als wie Menschen. Und es kamen immer mehr von ihnen.

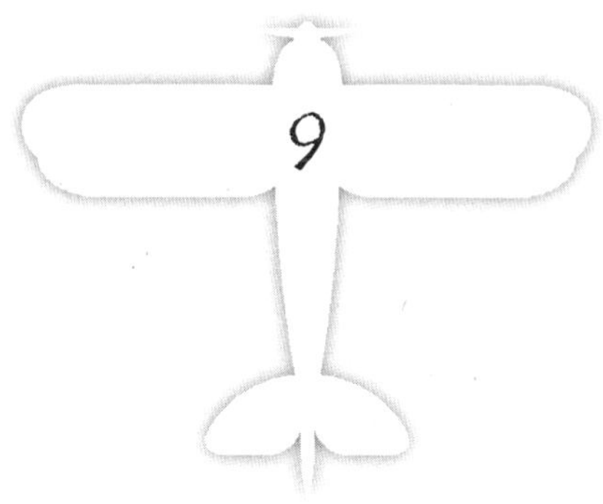

Die Bibliothek in Flammen

Das Feuer fraß sich bereits durch die Wipfel der großen Bäume. Der Hügel, auf dem die Bibliothek stand, glich einem Schlachtfeld. Die Wachen hatten sie in Brand gesetzt und warfen durch die offenen Türen und die zerbrochenen Fenster weitere brennende Holzstücke hinein.

Vor der Bibliothek hatten die Obdachlosen eine Front gebildet. Die Graumee hatte die Blechtonnen vor dem Haus angezündet, und nun holte Motorendonner sich daraus Feuer für ihre Stöcke. Auch die anderen fuchtelten mit brennenden Stöcken drohend vor der Graumee herum, die eine Kette bildete. Die Obdachlosen warfen brennende Lumpen und große Steinbrocken durch die Luft.

Dann ließ Motorendonner das Losungswort, das ich vor langer Zeit gehört hatte, erschallen: »Berihelland!«

Und die anderen Obdachlosen riefen zurück: »Berihelland!«

Jetzt wusste ich also, wessen Losungswort der alte Name der Stadt war. Es war der Befreiungsschrei der Rebellen!

•

»Was sollen wir tun?«, fragte Thule unruhig und machte bereits ein paar Schritte auf die Bibliothek zu. Flehend sah sie Samuel an, als wolle sie ihn um Erlaubnis bitten. Ich stand vor Schreck wie angewurzelt da und war mir ganz und gar nicht sicher, ob meine Beine und Arme mir noch gehorchen würden.

Samuel schien nicht zu wissen, ob er über den Beginn des Aufstands begeistert sein oder sich Sorgen über die mögliche Zerstörung der Bibliothek machen sollte. Er hastete hin und her, feuerte abwechselnd die Obdachlosen mit begeisterten Beifallsrufen an und hielt sich dann wieder bestürzt mit beiden Händen den Kopf.

»Es hat begonnen! Die Gerüchte, die ich in der Stadt gehört habe, sind wirklich wahr!«, rief er über den Lärm hinweg und genau in dem Moment brachte das Feuer die Fenster der Bibliothek zum Bersten. Es hatte sich im Inneren unkontrollierbar ausgebreitet und zerstörte gerade die letzten Bücher der Welt!

»Was hat begonnen? Wovon sprichst du?«, fragte ich.

»Sie haben still und heimlich eine Truppe zusammengetrommelt und eine Machtübernahme geplant. Es kommt nur ein kleiner Teil der Obdachlosen zu uns in die Bibliothek, die anderen leben in den Wäldern oder an den Stränden. Die größte Widerstandsgruppe nennt sich ›Die Unterirdischen‹. Sie verstecken sich so gut, dass man ihnen kaum begegnet. Sie haben unter der Stadt ein weitverzweigtes Tunnelsystem gegraben. Damit kommt man fast überallhin. Offenbar sind auch sie jetzt hier!« Ein kleines Lächeln huschte über Samuels ernstes Gesicht.

•

Ich wiederum beobachtete mit Sorge, wie die Truppen der Graumee sich der vorderen Front der Obdachlosen näherten. Aus verschiedenen Richtungen zischten Wachpatrouillen herbei.

»Samuel, ich glaube, sie schaffen es nicht! Lass uns ihnen helfen!«, flehte Thule und machte noch ein paar Schritte auf die Bibliothek zu.

»Nein! Geh nicht näher hin! Aufstände sind nichts für Kinder! Außerdem ist es gerade für dich riskant. Es besteht die große Gefahr, dass du einfrierst, Thule!«, rief Samuel über den Lärm hinweg, und in diesem Moment fiel krachend ein großer brennender Ast auf uns herab.

»Vorsicht!«, schrie Samuel und zog mich aus den Flammen.

»Los jetzt! Schau, da ist Schlüssel, ihn schnappen sie sich sonst zuerst«, ordnete Thule an und bewegte sich immer weiter von uns weg.

•

Schlüssel stand auf der Treppe und trotzte der Graumee. Die Obdachlosen waren in der Überzahl, aber viele von ihnen waren vom Leben auf der Straße geschwächt oder hatten körperliche Einschränkungen. Die Frauen und Männer der Graumee dagegen sahen so widerstandskräftig und furchterregend wie Roboter aus. Thule war bereits losgelaufen.

»Thule! Nein«, befahl Samuel scharf. »Wenn Wanda von uns erfährt, dann ist das unser Ende! Wir werden uns nie wiedersehen!«

Aber meine Freundin schien vor nichts Angst zu haben. Nicht vor der Graumee, nicht vor den Flammen, nicht vor dem Schreckensszenario, das Samuel gezeichnet hatte, vor gar nichts.

•

Schlüssel warf mit einem kleinen Blumentopf nach den Truppen der Graumee und traf eine Soldatin im Gesicht. Sie zuckte nicht einmal mit der Wimper, sondern fasste sich nur mit beiden Händen an die Stirn. Sofort quoll Blut zwischen ihren

Fingern hervor. Die Graumee fühlte keinen Schmerz, und das machte sie unbesiegbar. Die Obdachlosen hatten keine Schutzwesten, keine Waffen, keine Fahrzeuge, mit denen sie hätten fliehen können. Sie hatten nur einander und die Steine und Stöcke.

In diesem Moment preschte die Graumee auf die Bibliothek zu, und ein Teil der Obdachlosen floh. Motorendonner stieß einen Kampfschrei aus und ließ ihren brennenden Stock vor der sich nähernden Kette der Graumee durch die Luft wirbeln. Schlüssel blieb wie erstarrt am Treppenabsatz stehen.

•

Nun schob auch ich mich durch die Menge in Richtung Bibliothek. Samuel versuchte mich zu packen und aufzuhalten, aber seine Hand streifte nur meinen Rücken, ohne mich zu fassen zu bekommen. Kurz darauf waren Thule und ich mitten im Getümmel. Die Luft war schwer vom Rauch und den Schreien und von beiden Seiten der Bibliothek flogen Steine durch die Luft. Manche standen auf dem Dach und warfen von dort aus mit Ziegelstücken, ohne zu wissen, ob sie die Wachen, die Graumee oder ihre eigenen Truppen trafen.

Etwas stürzte krachend ein. Der Lärm war ohrenbetäubend. Ich befand mich in einer Geräuschkulisse, bei der man am liebsten in die Hocke gehen und sich mit beiden Händen die Ohren zuhalten würde. Aber das tat ich nicht und auch sonst niemand. Denn jetzt herrschte Rebellion, endlich war die Zeit des Umsturzes gekommen. Er hatte begonnen und war wie ein Kriegs- oder Ausnahmezustand. In einer solchen Lage hält ein Mensch viel mehr aus als in normalen Situationen. Der ganze Körper ist in Alarmbereitschaft, und weder kleine noch große Dinge, weder laute Geräusche noch schockierende Anblicke, nicht einmal starke Schmerzen stören den Körper in seiner

Funktion, denn er hat sich darauf eingestellt, für die Freiheit zu kämpfen.

Wir alle waren stark und furchtlos wie die ungezähmten Wölfe der Wildnis. Wir taten Dinge, die wir uns niemals zugetraut hätten! Wir sprangen von Dächern und packten die Soldaten der Graumee an der Gurgel, machten Luftkicks, fochten mit brennenden Hemden inmitten von Flammen, brüllten wie Tiere, bissen und kämpften. Und Thule war die Wildeste von uns allen. Sie war wie ein unbändiger, aschgrauer Wirbelsturm. So stark wie ein kleines Kernkraftwerk, so schnell und wendig wie eine Raubkatze. Ihre graue Strickjacke sauste durch die Menge wie der Umhang einer Superheldin, während sie sich ihren Weg zu den Stufen vor der Bibliothek bahnte, wo Schlüssel immer noch ratlos stand.

Ich verließ kurz das Schlachtfeld und ging zu Samuel. Sein Blick war verzweifelt.

»Thule!«, schrie er mit hilfloser Stimme. Sein gellender Schrei flog über die Meute hinweg und erreichte wie durch ein Wunder tatsächlich sein Ziel. Thule stand auf der Treppe, hob beschwichtigend die Arme und lächelte uns zu, und da passierte es!

•

Sie erstarrte. Ihre wilde Eisstatue voller Siegeswillen thronte nun über allem auf den oberen Stufen vor der Bibliothek, die Arme besänftigend erhoben, wie die Skulptur einer Siegerin in einer Schlacht, die ihre Truppen beruhigte, überzeugt von ihrem baldigen Triumph.

Als Schlüssel das sah, nahm er die Beine in die Hand und rannte brüllend vor Schreck die Treppe herunter, durch die kämpfende Menge und die Kette der Graumee hindurch. Thule hatte ihn tatsächlich gerettet!

»Oboi, geh und hol Thule. Ich bringe Schlüssel und die anderen Verletzten über die Straße in den kleinen Park.«

»Und die Bibliothek? Sie steht doch in Flammen!«

»Für die können wir jetzt nichts mehr tun«, schrie Samuel.

»Aber die Bücher! Dann werden sie doch …«

»Ich weiß, Oboi. Wir müssen jetzt versuchen zu retten, was noch zu retten ist. Geh schon! Aber pass auf, dass du nicht geschnappt wirst! Das ist das Allerwichtigste! Ich weiß nicht, was ich tun soll, falls das passiert. Ich weiß nicht, was dann aus deinem Buch wird!«

•

Ich nahm all meinen Mut zusammen und kämpfte mich zur Treppe durch. Eine immer größer werdende Truppe an Graumeesoldaten näherte sich der in siegessicherer Haltung erstarrten Thule, die ich auch mit Superkräften nicht rechtzeitig hätte erreichen können.

Einen Wimpernschlag später hatte ein fünfköpfiger Trupp die Eisskulptur auf der Treppe gepackt. Ich sah Samuels zu einer Grimasse verzerrtes Gesicht, während er im Gehen das Geschehen beobachtete.

Von seinen Lippen las ich ein Stöhnen ab: »Nein!«

Zwei Graumee-Kämpfer trugen die gefrorene Thule durch die wild wogende Meute. Wie von selbst öffneten sich vor ihnen die Türen eines Autos. Sie schoben Thule hinein, und die Türen knallten zu. Der Wagen fuhr los und beschleunigte blitzschnell auf Höchstgeschwindigkeit. Das war's.

Thule war weg. Ich konnte nichts mehr für sie tun. Die Graumee setzte den Kampf gegen die Obdachlosen fort, als wäre überhaupt nichts passiert. Ich fühlte mich so nutzlos, dass ich nur fassungslos dastand und dem Tumult zusah. Thule zu verlieren war ein zu hoher Preis für diesen Kampf.

Die Bibliothek brannte lichterloh. Ein Teil der Obdachlosen auf dem Dach versuchte, mithilfe von Schlingpflanzen herunterzuklettern, ein anderer Teil, das Dach durch das Innere des Hauses zu verlassen. Einige waren festgenommen worden, andere rannten panisch durch die Straßen, die Kampftruppen auf den Fersen. Samuel und Schlüssel winkten mich zu sich in Richtung Park, in den Schutz der Büsche. Thule war schon irgendwo weit weg. Die Bibliothek war nicht mehr zu retten. Der Aufstand löste sich in Rauch auf.

•

»Oboi!«, rief mir Samuel plötzlich im Befehlston vom Fuße des Hügels zu, den er mit einigen Obdachlosen bereits erreicht hatte.

Entmutigt lief ich zu ihm und den anderen. Schweigend gingen wir die schmale Straße hinunter und weiter zum Kraftwerksgelände. Als wir den Maschendrahtzaun erreichten, sahen wir uns um, und als wir sicher waren, dass uns niemand folgte, kletterten wir durch das Loch im Zaun auf die andere Seite. Samuel und die Obdachlosen erkundeten das Gelände. Vielleicht konnten wir für eine Weile in einem der Gebäude Unterschlupf finden.

Ich ging weiter zu Petits Maschinenhalle. Ich klopfte unser Erkennungszeichen und kurz darauf öffnete mein Freund vorsichtig die Tür. Als er mich sah, stieß er einen erleichterten Schrei aus.

Petit machte ein Lagerfeuer und wenig später saßen wir alle mit dampfenden Teetassen in der Hand darum herum. Samuel weinte leise. Doch mir war nicht nach Stille zumute.

»Was zum Teufel machen wir jetzt?! Die ganze Bibliothek steht in Flammen! Die Truppen der Graumee haben alles niedergebrannt! Sie haben Thule mitgenommen!«, schrie ich.

Samuel rieb sich schmerzerfüllt die Schläfen. Er sah Hunderte Jahre alt und müde aus, was er vermutlich auch war, aber es war das erste Mal, dass ich eine so tiefe Erschöpfung an ihm sah, und als mir das klar wurde, war das alles andere als beruhigend. Selbst das Atmen schien ihm schwerzufallen. Ein schwarzer Rabe kreiste über uns.

»Ich muss nachdenken. Gut möglich, dass wir im Moment nichts tun können«, murmelte Samuel leise. »Es kann tatsächlich sein, dass wir überhaupt nichts mehr tun können.«

Ich sah ihn schockiert an.

»Gar nichts?«

•

Samuel hatte immer den Eindruck vermittelt, dass er jedes Problem lösen konnte. Darum wogen seine Worte schwerer als alles, was er mir jemals gesagt hatte. Dass ich nur eine Buchfigur war, schien mir jetzt von all meinen Problemen das geringste zu sein.

»Vielleicht sollten wir einfach hierbleiben. Uns darauf konzentrieren, wie wir etwas zu essen bekommen und uns ausruhen. Momentan ist das am wichtigsten«, sagte er und streckte seine langen Gliedmaßen aus.

»Ausruhen? Bist du verrückt geworden, Samuel?«, schrie ich. »Thule wurde gefangen genommen und du willst dich ausruhen?«

»Thule hat Schlüssel gerettet und tapfer gekämpft. Vielleicht war das ihre Aufgabe in dieser Geschichte.«

»Hör auf! Sei einmal in deinem Leben still und sprich nicht von der Geschichte! Thule ist real! Wir müssen sie retten!«

Samuel antwortete nicht, sondern schloss seine runzligen Augenlider.

Wäre ich Marmelade gewesen, wäre ich sicherlich aufgestanden, hätte gegrollt wie ein schwarzer Sturm am Tag des Jüngsten Gerichts und ein Bild an die Wand gemalt, bei dem Samuel nicht nach Ruhe zumute gewesen wäre. Wäre ich Fanta gewesen, hätte ich ihn mit meinen süßen Augen angeschaut, wäre eine gefühlte Ewigkeit lang auf der Sache herumgeritten und hätte ihn mit meinen Fragen so ermüdet, bis ich meinen Willen durchgesetzt hätte und er sich eine Möglichkeit ausgedacht hätte, wie man Thule retten konnte. Aber ich war ich, Oboi, und mir fiel keine Lösung ein. Enttäuscht von mir selbst ließ ich mich auf den Boden plumpsen.

•

Jetzt hüstelte Schlüssel in der Ecke, als wäre er beleidigt, dass wir ihn vergessen hatten.

»Auch wir haben gut gekämpft, oder nicht?«, fragte er leise.

Samuel erwiderte schroff: »Ihr habt euch mit eurer Sorglosigkeit die Graumee selbst auf den Hals gehetzt.«

»War das gar kein Aufstand?«, fragte ich erstaunt.

Samuel schüttelte den Kopf.

»Die Obdachlosen sind aufs Dach gestiegen, um zu fruhstücken, und haben dort angefangen, eine Art Fest zu feiern.«

»Wir haben nur ein bisschen getanzt und gesungen … Aber fast die ganze Zeit über MÄV«, versuchte uns Schlüssel zu überzeugen.

»Und die Unterirdischen, wie sind die hergekommen? Die haben doch wohl nicht getanzt?«

»Nein. Jemand hat sie zu Hilfe gerufen.«

•

Ich hatte Mitleid mit Schlüssel.

Dank der Lesekreise hatten die Obdachlosen gelernt, wie man Spaß hat. Vorher hatten sie sich keine Geschichten erzählt, nicht gesungen, nicht getanzt. Samuel hatte ihnen das Spaßhaben beigebracht.

»Wie auch immer, wegen euch wurde Thule festgenommen. Hast du eine Ahnung, was als Nächstes mit ihr passiert, Schlüssel?«, fragte Samuel.

»Man untersucht sie, verhört sie, setzt ihr ein Manus ein und steckt sie in eine Biosphäre. Alle Kinder kommen in die Biosphäre. Von dort kommt Thule nicht mehr weg«, antwortete Schlüssel.

»In welche Biosphäre? Was denkst du?«

»Ich weiß nicht. In der Stadt gibt es fünf. In irgendeine von denen.«

»Aber Schlüssel, kannst du nicht die Türen der Biosphäre öffnen?«, fragte ich hoffnungsvoll.

»Ja, bestimmt, aber das ist ein zu großes Risiko.«

Da ging knarzend die Tür auf. Motorendonner kam herein. Sie wirkte mitgenommen und war außer Atem.

•

Im Laufe des Abends strömten noch mehr Obdachlose ins Kraftwerk. Sie sahen schrecklich aus. Blutig, rußverschmiert, schmutzig. Einige hatte offene Wunden oder schwere Verbrennungen.

Andere kam gar nicht. Vielleicht hatten sie keine Kraft mehr, fanden nicht hierher oder konnten nicht weg.

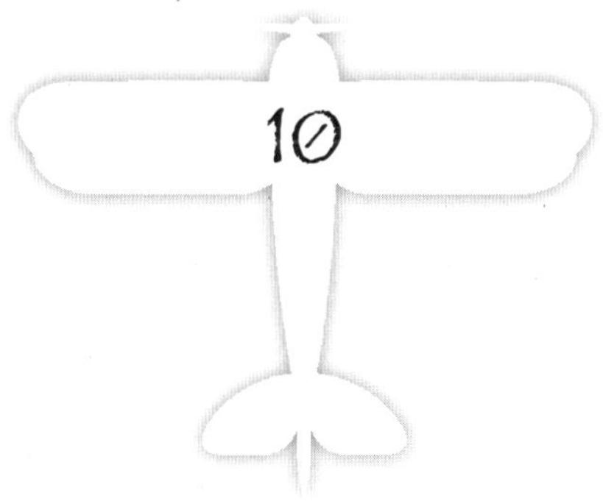

Das Kraftwerk

Thule war mein einziger Gedanke in der Nacht. Mein einziger Gedanke am Morgen. Am Tag. Am Abend. Wo war sie, wie konnte ich sie zurückholen? Wo war die Manus-Klinik? Wie kam man dorthin? Sollte ich Thule retten, war das Teil meiner Geschichte? Was sollte ich eigentlich tun? Das gelbe Haus suchen, Thule finden oder mich einfach vom Wind treiben lassen, von der Geschichte, wohin auch immer sie mich führte? Wieder holte ich das O-Buch hervor.

»Erzähl mir ein einziges Mal etwas Sinnvolles«, sagte ich zu ihm, möglicherweise blaffte ich es sogar regelrecht an.

Und auf einer der Seiten stand:

Die Bibliothek war für viele ein Zuhause gewesen. Jetzt war sie zerstört. Das war ein Zeichen dafür, dass die Dinge bald ins Rollen geraten würden.

Fieberhaft dachtest du darüber nach, was deine Aufgabe an diesem Punkt der Geschichte war. Deine Aufgabe war es zu warten. Zu warten, bis der nächste Schritt ganz klar vor dir lag. Bis du ganz genau wusstest, dass dies, genau dies, deine Bestimmung war.

Und an dieser Stelle noch ein Wort der Warnung: Überlege dir, durch welche Tür du gehst. Nicht alle Türen, die sich vor dir öffnen, führen dich weiter. Eine davon ist lebensgefährlich.

Ich nickte, als könne das Buch mich sehen. Den Großteil verstand ich. Das Buch sprach jetzt klar und deutlich. Ich sollte warten, bis ich wusste, was meine Aufgabe war. Das hörte sich beruhigend an. Aber welche Türen meinte es? Würde ich die gefährliche erkennen, wenn ich davorstand?

•

Nach der Zerstörung der Bibliothek war Samuel müder denn je. Im Kraftwerk machte er sich trotzdem direkt an die Arbeit. Er organisierte eine Essensausgabe und Schlafplätze für die Obdachlosen. Nachts hörte ich ihn immer fortgehen. Wohin, das sollten wir bald erfahren, denn wir stellten fest, dass die Schattenrisse an den Häuserwänden der Stadt immer zahlreicher wurden. Jetzt waren die Schatten, die er malte, nicht mehr außer sich vor Freude, sondern winkten die Menschen zu sich heran, saßen in der Hocke, um jemandem etwas zuzuflüstern oder standen einfach mit dem Finger auf den Lippen da und baten darum, ein Geheimnis zu wahren.

•

Als ich Samuel nach der Manus-Klinik fragte, nahm sein Gesicht einen bedauernden Ausdruck an. »Ich habe keine Antworten mehr auf die Fragen dieser Welt. Meine Kräfte gehen zur Neige. Jetzt sind andere an der Reihe, nach Lösungen zu suchen. Du, Oboi.«

»Ich?«, fragte ich erschrocken. »Ich habe keine Lösungen. Das Buch ist an den Falschen gegangen! Ich habe auf gar nichts eine Antwort!«

»Jeder muss zumindest die Rätsel seines eigenen Lebens lösen«, meinte Samuel.

»Willst du jetzt sterben und mir alle Probleme dieser Welt überlassen? Das geht nicht, Samuel!«, schrie ich wie ein Kind im Trotzalter.

»Kaum jemand plant im Leben seinen eigenen Tod. Er kommt, wenn er kommt. Aber ich kann nicht wissen, welche Aufgaben dein Leben für dich bereithält. Was ich mit Sicherheit weiß, ist, dass die einen große Taten vollbringen und die anderen kleine, und dass es keinen Menschen auf der Welt gibt, der überhaupt keine vollbringt.«

•

Unter den Obdachlosen, die zum Kraftwerk kamen, waren viele, die ich in der Bibliothek noch nie gesehen hatte. Sie hatten die Nachricht erhalten, dass wir einen neuen Stützpunkt gegründet hatten. Aufgeregt unterhielten sie sich über das, was in der Bibliothek passiert war, und hier und da hörte ich das Wort, das mir inzwischen vertraut war: Berihelland. Sie wirkten anders als früher. Jetzt, da Samuel sich zurückgezogen hatte, waren sie selbstständiger. Sie hatten ein eigenes Ziel, und dieses hieß Berihelland. Ob es der Name ihrer Revolution, der frühere Name dieser Stadt oder sogar ihr zukünftiger war, wusste ich nicht, aber in jedem Fall verband sie das Wort miteinander. Es war die Richtung, die sie gemeinsam einschlugen.

•

Schlüssel bekam schließlich die massive Stahltür des alten Hauptgebäudes auf und nach ein paar Tagen erinnerte die Eingangshalle an den Bibliothekssaal, nur dass sie natürlich viel größer und trostloser war und es darin kein einziges Buch gab. Im hinteren Teil stand ein uralter, staubiger Fichtenstumpf, die grauen Nadeln lagen auf dem Boden, der rote Sockel leuchtete grell wie ein Ausrufezeichen, als wolle er rufen, dass in dieser Halle vor langer Zeit einmal die Weihnachtsfeier des Elektrizitätswerks stattgefunden hatte, und zwar die letzte.

•

Durch die jüngsten Ereignisse waren Petit, die Obdachlosen und ich klüger geworden und dachten uns zuerst einen Plan für den Fall eines erneuten Angriffs aus. Es gab viele Ausgänge. Die Brandschutztüren hielten selbst die große Graumee fern, sodass wir das Gebäude leicht verteidigen konnten.

Doch die Tage verliefen ruhig und die Graumee ließ sich nicht blicken.

»Sie interessieren sich nicht für die Obdachlosen«, vermutete Motorendonner.

»Es sei denn, sie erfahren, dass ihr im Schutz der Bibliothek lesen gelernt habt und jetzt die Macht in der Stadt übernehmen wollt«, meinte Petit.

»Stimmt. Aber vielleicht finden sie das ja gar nicht heraus«, sagte Motorendonner hoffnungsvoll.

»Beim Bibliotheksaufstand wurden viele Obdachlose gefangen genommen. Vielleicht verrät es einer von ihnen«, tippte ich.

»Die Normoforscher hören nicht, was die Obdachlosen sagen. Sie prüfen mit Geräten ihre Körperfunktionen und bringen sie ins Manus-Zentrum, wo ihnen Arbeit zugeteilt wird. Bald erinnern sich die Obdachlosen nicht mehr an das, was sie gelernt haben. Einige werden wieder auf die Straße gehen und betteln, wenn sie den Weg hierher nicht finden«, sagte Schlüssel.

•

Jeden Tag arbeiteten Motorendonner, Schlüssel und Metallsäge mit Petit an der Reparatur seines Flugzeugs. Sie waren ihm eine große Hilfe. Ich streifte durch die Straßen, blieb an der Ecke der ausgebrannten Bibliothek stehen, beobachtete den stillen Innenhof der nahe gelegenen Biosphäre und versuchte, einen Hinweis darauf zu erhaschen, was mit Thule geschehen war.

Aber es gab keine Spur von ihr. Ich fragte die Obdachlosen, die ich auf der Straße traf, ob sie jemanden wie sie gesehen hätten. Aber niemand hatte ein Mädchen bemerkt, auf das die Beschreibung passte.

Der Gedanke daran, dass ich sie womöglich eines Tages dabei beobachten könnte, wie sie in die Biosphäre ging und sich nicht einmal umdrehte, wenn ich ihren Namen rief, machte mir Angst. Ich fühlte eine lähmende Verzweiflung. Eine ähnliche, wie Marmelade sie wohl oft fühlen musste, eine, bei der man keinen anderen Ausweg mehr sieht als aufzugeben. Und ich war ziemlich kurz davor, genau das zu tun.

•

Bevor ich zum Ende des zweiten Teils meiner Erzählung komme, in dem die Geschichte eine völlig neue Richtung einschlägt, verrate ich dir, mein Freund und Leser, dass wir noch einen gewaltigen Rückschlag erleben sollten. Ein Besuch, der nie hätte stattfinden dürfen, sollte mich in meiner Geschichte mit Volldampf voranbringen, bis es kein Zurück mehr gab. Das Buch hatte versucht, mich zu warnen, aber ich hatte nicht darauf gehört. Die Geschichten sollten mir noch durch Mark und Bein gehen. Es fällt dir vielleicht schwer, das zu glauben, aber ich war mir sicher, dass ich mein Leben verlieren würde. Zum Glück kam es nicht so weit, aber meine Hand habe ich trotzdem verloren.

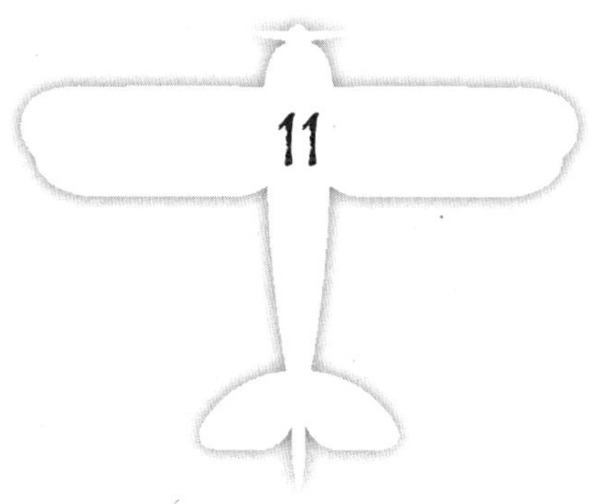

Wanda, Wanda und Wanda

Jeden Morgen war Samuel in einem noch schlechteren Zustand, wenn er in die Halle des Kraftwerks kam. Ich weiß nicht, was ihn all die Jahre über am Laufen gehalten hatte, aber jetzt war es verschwunden.

»Meine Muskeln bauen ab und mein Gehirn wird spröde, Oboi. Ich finde für nichts mehr eine Lösung. Ich kann nicht mehr gut sehen. Ich kann nicht mehr klar denken. Ich habe Angst, Oboi. Wenn du und die Obdachlosen erwischt werdet, kann man nichts mehr tun.«

»Was würde dann passieren?«

»Alle wären kurze Zeit später im Netzwerk, bis ans Ende aller Tage. Alle Menschen wären Teil dieser Fabrik und niemand würde mehr Widerstand leisten.«

»Aber es existieren doch sicher noch mehr von euch Alten, nicht nur du? Die Frau, die mir das Buch gegeben hat, und es muss doch auch andere geben! Sag mir ihre Namen, bevor du sie vergisst, dann mache ich mich auf die Suche nach ihnen«, forderte ich.

Samuel zuckte mit den Schultern.

»Na gut. Vor langer Zeit hatten wir, meine Frau Lenora und ich, eine gute Freundin. Sie hieß Gaira. Sie lebt immer noch in ihrem Haus, mitten im Wald, habe ich gehört.«

»Warum hast du mir nicht früher von ihr erzählt?«

»Wir haben uns damals gestritten, aber vielleicht ist es jetzt langsam an der Zeit, diesen 200 Jahre alten Streit zu vergessen.«

»Lass uns hingehen und nachsehen!«

Plötzlich war ich ganz aufgeregt. Mir wurde klar, was für eine wichtige Rolle die Alten in dem Ganzen spielten. Sie waren die einzigen, die begriffen, was auf dieser Welt passiert war.

»Vielleicht weiß Gaira, wie wir Thule retten können! Vielleicht weiß sie etwas über die jetzige Wanda. Kannst du mir endlich alles über Wanda erzählen, was du weißt, Samuel?«

•

Samuel schloss die Augen. Er seufzte so tief und lange, wie ich noch nie in meinem Leben jemand seufzen gehört hatte. Er füllte seine Lungen bis zum Äußersten mit Luft, sodass er sich zu seiner vollen Größe aufrichtete. Seine Wangen röteten sich, seine Falten schienen sich zu glätten, und für einen Augenblick sah er aus wie ein schlafender junger Krieger. Dann ließ er die Luft langsam aus seinen Lungen strömen, was mir wie eine Ewigkeit vorkam. Alles, was soeben mit ihm passiert war, spielte sich nun rückwärts ab, und als er endlich sein gesamtes Lungenvolumen geleert hatte, sah er wieder aus wie sein friedliches, runzliges Selbst.

»Alles begann mit Wanda und mit ihr endet schließlich auch alles auf die eine oder andere Art. Ohne sie wäre all das Schreckliche wohl nie passiert. Und ich habe das alles in Gang gesetzt!«

Meine Augen weiteten sich vor Schreck.

»Du?!«

Samuel fuhr fort: »Vor langer, langer Zeit gründete ich mit meinen Freunden eine Gemeinschaft. Gaira, Lenora, ich und ein paar andere. Wir nannten sie Wanda. Es war eine Gruppe, die dieselben Dinge mochte. Zuerst war es ein Lesekreis. Wir lasen Bücher und sprachen darüber. Uns gefielen besonders Geschichten über den Norden. Wir interessierten uns für Studien über den Zustand der nordischen Natur und die Eisschmelze. Einige von uns fingen an, eigene Geschichten zu schreiben.«

»Lenora!«, rief ich.

Samuel nickte.

»Wir machten Kunst und schrieben Theaterstücke. Wir organisierten Naturklubs für Kinder. Wir bauten winzige Biosphären. Aber die Eismassen schmolzen weiter und wir bei Wanda überlegten fieberhaft, wie wir das verhindern konnten.«

Samuel zog einen Mandarinenkern aus seiner Jackentasche und betrachtete ihn genau. Dann reichte er ihn mir und sagte: »Stell dir nur vor, jetzt ruht dieser Samen. Sein Leben steht still und liegt im Inneren dieser harten Schale. Und wenn ich ihn in die Erde stecke, erwacht das Leben darin und das Wachstum beginnt, als hätte es den Stillstand nie gegeben. Ist das nicht erstaunlich?«

Ich nickte.

Es war wirklich erstaunlich. Gleichzeitig dachte ich an das Buch, dessen Gewicht auch in diesem Moment auf meinem Rücken lastete, und die vielen anderen. Sie waren wie dieser Samen. Wenn sie im Regal standen, ruhten sie, das Leben war in ihnen verborgen. Aber in dem Moment, in dem jemand ein Buch in die Hand nahm und den Buchdeckel öffnete, erwachte es zum Leben, und die Geschichte fing an, sich zu entfalten.

Unermüdlich offenbarten die Erzählungen ihre Welt, ein ums andere Mal, jedes Mal vor anderen Menschen. Mit einem Schlag verstand ich das Wunder. Das Wunder von Geschichten.

•

Samuel riss mich aus meinen Gedanken und lenkte meine Aufmerksamkeit wieder auf Wanda.

»Wir luden Forscherinnen und Forscher ein, damit sie uns berichteten, welche Erfindungen sie gemacht hatten, um das Funktionieren von Natur und Mensch zu verbessern. Im Nachhinein hat genau das alles verändert. Viele Diktatoren der Vergangenheit hatten am Anfang gute Absichten. Auch Wanda war zunächst eine wunderbare Gemeinschaft, aber mit der Zeit wurde sie immer gefährlicher.«

Als Samuel an dieser Stelle angelangt war, verdunkelte sich der Himmel, ein halb geöffnetes Fenster wurde aufgerissen und der Wind blies herein. Ich fror und schob meine Hände unter die Achseln, um sie zu wärmen. Samuel hatte die seltsame Fähigkeit, auch die Natur eine Rolle in seinen Geschichten spielen zu lassen.

»Zu unserer Gemeinschaft gesellten sich Leute, die sich nicht mehr für Geschichten und Kunst interessierten. Zwar wollten auch sie das Schmelzen des Eises verlangsamen, aber noch mehr ihr eigenes Altern. Sie wollten wissen, wie man die Menschen noch leistungsfähiger und besser machen könnte. Wie sie sich selbst besser machen könnten. Lenora und ich waren entsetzt. Meine Frau schrieb das Buch ›Die Vögel erzählten es mir‹, in dem sie ihre Angst vor Wanda verarbeitete. Wanda veröffentlichte das Buch, aber kurz darauf wurden wir aus der Gemeinschaft ausgeschlossen und gerieten mit Gaira in Streit. Und dann ging es richtig los.«

»Was ging los?«, fragte ich.

Ein eisiger Wind heulte durch die Ecken des Kraftwerks und übertönte immer wieder Samuels Stimme.

»Alles, was ich dir schon erzählt habe. Wie es passiert ist? Das weiß ich genau genommen immer noch nicht. Was ich weiß, ist, dass die weltbesten Forscher, Denker und Historiker bei Wanda angestellt wurden. Dann kam eine Epidemie. Und danach das Manus. Das habe ich dir ja schon erzählt.«

Ich nickte düster.

»Ich weiß nicht, wer alles zu Wanda gehört oder ob jemand die Gemeinschaft leitet. Ich weiß nicht, wie man mit ihr Kontakt aufnehmen oder wie man sie stürzen könnte.«

Wieder schloss Samuel die Augen. Er hatte seine Erzählung beendet.

Jetzt verstand ich, warum er nicht von Wanda hatte erzählen wollen. Mühsam stand er auf und humpelte zum Maschinenraum, wo seine Matratze lag.

»Ich schlafe jetzt und morgen besuchen wir Gaira. Du und Petit dürft mitkommen, es ist ein beschwerlicher Weg für mich.«

•

Ich hatte mir in der hintersten Ecke der großen Eingangshalle aus alten Kleidern, Handtüchern und irgendwelchen Lumpen ein Bett gemacht. Es war kein gutes, aber zugegebenermaßen waren meine Erinnerungen an gute Betten auch sehr dürftig oder eigentlich nicht vorhanden. Aber vielleicht hatte ich ja wirklich irgendwann vor langer Zeit einmal – sollte es das gelbe Haus zumindest in irgendeiner Form wirklich geben – in einem richtigen Bett geschlafen. Und wie schon in den letzten Tagen holte ich auch jetzt wieder das O-Buch hervor. Auf einer Seite stand in großen Buchstaben:

Geh nicht in dieses Haus!

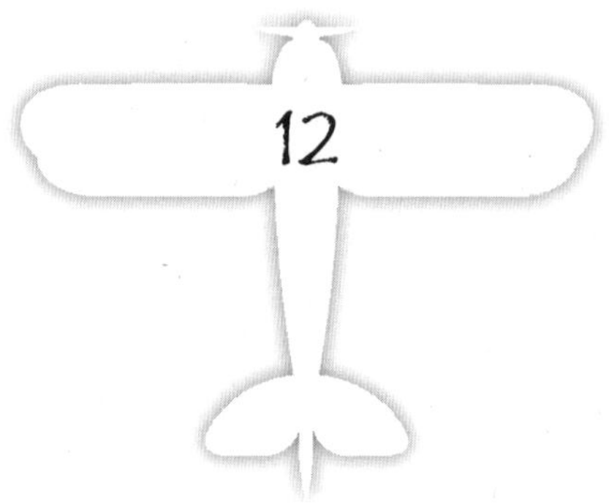

12

Gairas Einladung

Es war ein nebliger Morgen und die Luft war feucht und schwer. Samuel hatte Mühe beim Gehen. In kurzen Abständen wollte er Pausen machen und setzte sich wahllos irgendwo hin, um sich auszuruhen, oder stützte sich auf Zaunpfosten oder großen Felsblöcken ab. Auch dass über uns ein schwarzer Rabe flog, entging mir nicht.

»Das ist doch nicht etwa ein Aasgeier?«, flüsterte Petit und spähte ängstlich zu dem Vogel hinauf, der über uns seine Kreise zog.

Ein Schmunzeln huschte über Samuels Gesicht.

•

Als wir den Waldrand erreichten, lichtete sich der Nebel langsam. Ein alter Feldweg schlängelte sich zwischen großen Felsen und einem alten Wasserturm hindurch. Mit jedem Schritt wurde der Weg schmaler und moosiger. Die Landschaft wurde immer waldiger und aus einem Bach stieg Nebeldunst auf. Der Wald war schön und hell, hier und da gab es baumlose, grasbewachsene Lichtungen und von den Gipfeln der Felsen aus hatte man einen Blick auf die Meeresbucht. Doch geradezu klammheimlich führte uns der Pfad in einen immer trostloseren und dunkleren Teil, in dem die Bäume immer dichter beieinanderstanden und die Wipfel immer weiter in die Höhe ragten. Über uns schlossen sich die Äste und verdeckten die Sonne. Die trockenen, krummen unteren Zweige zerrten an unseren Ärmeln, als wollten sie uns in Stücke reißen. Endlich tauchte hinter den Bäumen eine alte morsche Hütte auf. Ihre Farbe war längst abgeblättert, das Dach und einige Teile des Hauses waren mit Moos bewachsen.

»Heiliger Strohsack! Was für eine Hexe ist diese Freundin?«, knurrte ich.

»*Mon Dieu,* Giftpilze!«, erschrak Petit und deutete schockiert auf die Stufen vor dem Haus, auf denen ein Korb voller Fliegenpilze stand, wie um die verhexte Atmosphäre noch zu unterstreichen.

•

Still und heimlich mischte sich immer mehr Märchenhaftes in meinen Alltag. Es passierte immer öfter: kleine unwirkliche Momente, die mich kurz zusammenzucken ließen.

Die Hütte sah aus wie die in dem Märchen, das man uns in Tómos-Biblos vorgelesen hatte, als wir klein waren, und das Fanta sehr mochte. Es handelte von zwei Kindern, die von ihrem Vater im Wald ausgesetzt wurden und schließlich zu einem Hexenhaus aus Lebkuchen gelangten. Und da standen wir nun. Wie Hänsel und Gretel, vor uns das Hexenhaus, und wieder kam mir der Gedanke: Das konnte doch nicht wahr sein.

Würden wir gleich eingesperrt und gemästet werden? Würde man uns Suppe kochen und Giftpilze vorsetzen?

•

Gaira begrüßte Samuel herzlich. Sie sah überhaupt nicht aus wie eine furchterregende alte Frau, sondern eher wie die Chefin eines modernen Modehauses. Der Anblick war erstaunlich widersprüchlich. Eine kleine, seltsame Hütte mitten im Wald, in deren Tür eine große, auffällige und junge (!) Frau mit einer merkwürdigen Frisur in einem geometrischen Schwarz-Weiß-Kostüm stand. Wie konnte sie so jung aussehen, wenn sie doch so alt wie Samuel war?

Sie hatte etwas Strahlendes und gleichzeitig Abstoßendes an sich, etwas, das mir die Armhaare zu Berge stehen ließ.

»Haben wir diese *Madame* schon einmal irgendwo gesehen?«, fragte mein bester Freund kopfschüttelnd.

•

Petit und ich warteten draußen. Vor dem Haus erstreckte sich ein kleiner ungepflegter Garten, in dessen Mitte ein trüber Tümpel lag. Wir warfen Steine hinein. Aus dem Teich stieg ein fürchterlicher Gestank auf.

Kurze Zeit später kam Samuel wieder. Schnellen Schrittes gingen wir den Pfad zurück.

»Erzähl uns alles!«, sagte ich ungeduldig.

»Ich habe mit ihr über Wanda und die Befreiung der Normos gesprochen. Auch über Tómos-Biblos. Gaira hat gesagt, sie wisse über all das sehr gut Bescheid, und dass ihre Schwester im Norden irgendein wichtiges Projekt leite. Sie hat versprochen, dass ihre Schwester uns mehr über den Norden und Tómos-Biblos erzählen wird, wenn wir uns wiedersehen«, sagte Samuel hoffnungsvoll.

»Sie hat mich darum gebeten, beim nächsten Mal alle meine Freunde, die aus Tómos-Biblos geflohen sind, mitzubringen. Dann könnt ihr sie alles fragen, was ihr wissen wollt, und vielleicht erfahren wir, wie wir noch mehr Leute aus dem Gefängnis befreien können.«

Der Wald kam mir abweisend vor. Petit und ich liefen nachdenklich zum Ende des Pfades. Am Stadtrand blieben wir stehen und warteten auf Samuel, der langsam angewatschelt kam.

»Gaira hat gesagt, sie gibt ein Fest für uns, wenn ihre Schwester kommt.«

»In dieser Bruchbude?«, fragte Petit bestürzt.

Samuel musste lachen.

»Sie hat versprochen, dass sie im Speisesaal eine große Feier abhalten wird, und danach wird im Festsaal getanzt.«

»Ja, sicher, sie veranstalten bestimmt auch einen Turnwettkampf in der großen Turnhalle zwischen dem Tanzsaal und dem Speisesaal, kurz vor der Glastreppe, die in den Schlafsaal und in den Billardsalon führt«, scherzte Petit.

Wir lachten.

•

Im Kraftwerk glich ein Tag dem anderen. Da Thule fort war, fehlte all der Spaß, den wir in der Bibliothek gehabt hatten. Es gab keine Lesekreise mehr, keine Frühstücke, Mittagessen oder Abendessen, bei denen die Menschen zusammenkamen. Samuel kochte nicht mehr, also bereitete sich jeder hier und da etwas Kleines zwischen Tür und Angel zu. Die Bibliothek war für wer weiß wie lange Samuels Zuhause gewesen. Hier jedoch schwanden seine Kräfte, und es kam mir vor, als würde er jeden Tag um zehn Jahre altern. Er ging immer langsamer, brauchte einen Gehstock und nickte an den unmöglichsten Orten ein.

»Können wir denn nichts tun, um Thule zu finden?«, fragte ich und lief von einem Fenster der Halle zum anderen, als könnte ich sie jeden Moment in einem der Büsche entdecken.

»Vielleicht weiß Gaira einen Weg«, erwiderte Samuel.

Alles ging unerträglich langsam voran. Ich wäre viel lieber quer durch die Stadt gerannt und hätte Thule gesucht, als mich hinter den Mauern des Kraftwerks zu verstecken.

»Sich in der Stadt blicken zu lassen, ist in dieser Situation alles andere als weise. Das Einzige, was du damit erreichen kannst, ist, geschnappt zu werden«, sagte Samuel ernst.

•

Er zog weiterhin nachts los, um Schattenbilder zu malen und zu versuchen, einen Weg in das abgeriegelte Gefühlsregister der Normos zu finden, dorthin, wo alle Wünsche und Träume ihren Ursprung hatten. Und das schien ihm jede Nacht besser zu gelingen. Wenn ich morgens durch die Stadt schlich, starrten jedes Mal mehr Leute die geheimnisvollen Schatten auf den Häuserwänden an. Aber auch die Zahl der Maler und Wachen, die durch die Straßen schwebten und seine Werke wieder zerstörten, wurde immer größer. Ab und zu, wenn auch selten, riss sich jedoch einer der Normos aus dem Griff der Wachen los.

•

Und dann kam eines Morgens Gairas Einladung im Kraftwerk an.

Lieber Samuel,

ich lade dich und deine Freunde am Donnerstag um 18 Uhr herzlich zum Abendessen ein.
Villa 5.

Herzliche Grüße
Deine Freundin Gaira

»Heißt diese Bruchbude wirklich Villa 5?«, fragte ich.

»Anscheinend«, antwortete Samuel mit einem Lächeln.

Zum ersten Mal seit Langem sah er wieder fröhlich aus.

•

Am Abend lag ich Trübsal blasend auf meinem Nachtlager auf dem schmutzigen Betonboden. Ich dachte an meine Schwestern. Inzwischen kamen sie mir nur noch wie eine ferne Erinnerung vor, wie eine Geschichte, die ich vor langer Zeit einmal gehört hatte. Ich fühlte mich wehmütig. Zum ersten Mal seit langer Zeit schickte ich ihnen in Gedanken einen Bericht. Ich versuchte, witzig zu sein, aber es gelang mir nicht und Tränen stiegen mir in die Augen.

»Hallo, Schwestern. Hoffentlich geht es euch in der Dunkelheit des Gefängnisses gut. Ich wohne in einer ganz ähnlichen Bruchbude und bin irgendwie auch ein Gefangener. Ich kann es euch nicht erklären, es ist alles zu kompliziert, aber in letzter Zeit bin ich niedergeschlagen. Alles ist den Bach runtergegangen. Meine beste Freundin Thule, die Halbtote, von der ich euch erzählt habe, wurde entführt und ist vielleicht für immer verschwunden. Petit ist zum Glück bei Kräften und repariert seine Maschine. Ja, die gibt es wirklich, ich habe sie gesehen. Wenn es hier überhaupt irgendwas wirklich gibt. Ich wünsche euch alles Gute und es wäre schön, euch irgendwann einmal wiederzusehen. Vergesst das gelbe Haus nicht. Träume halten warm, wenn die Welt kalt ist. Euer Bruder Oboi.«

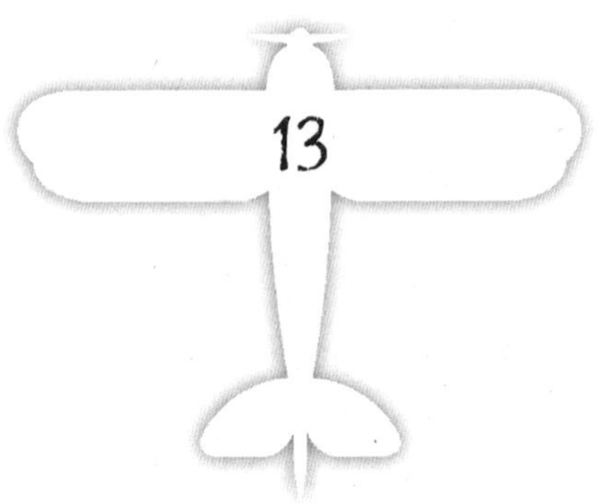

Es war einmal eine alte Ziege

Am Donnerstag machten Samuel und ich uns zu zweit auf den Weg. Petit wollte um keinen Preis mitkommen.

»*Merci,* aber bei diesem Tanzball passe ich«, sagte er und hob bedeutungsvoll die Brauen.

»Bei einem von uns funktioniert der Selbsterhaltungstrieb noch«, fügte er hinzu und versprach, dass er kommen und uns aus dem Froschtümpel fischen würde, wenn wir in zwei Tagen nicht zurück wären.

Samuel lachte gutmütig.

Der Weg war noch beschwerlicher als beim letzten Mal und er brauchte immer öfter eine Verschnaufpause. Irgendwann war ich mir sicher, dass wir unser Ziel niemals erreichen würden.

Doch als wir uns endlich der Hütte näherten, richtete sich der alte Mann, der sich eben noch mühsam vorwärts geschleppt hatte, plötzlich auf. Kurz darauf lief er schon in einem zügigen Tempo und schließlich hüpfte er geradezu den Pfad entlang.

Gaira öffnete uns mit einer großspurigen Geste die Tür. Wir drängten uns in den kleinen Vorraum und hängten unsere Jacken an den wackligen Kleiderständer. Die Tür fiel hinter uns ins Schloss, und in diesem Moment war es, als würde sich alles verändern. Ich kann immer noch nicht sagen, was genau sich veränderte, denn der Kleiderständer war immer noch der Kleiderständer und die Tür war die Tür. Aber rückblickend würde ich sagen, dass allerspätestens in diesem Moment die Geschichte wahr wurde oder die Wahrheit zur Geschichte. Lass es mich erzählen.

•

Vor uns lag ein großer Speisesaal mit einem Tisch für 50 Personen, gedeckt mit Kristall- und Silbergeschirr und modernen Blumenarrangements. Es gab Festbeleuchtung und über der Tafel hing ein dekorativer Vogelkäfig, in dem bunte Kanarienvögel zwitscherten. Goldgeflechte schlängelten sich über die Schmucktapeten, die Stühle mit den weißen Lederbezügen sahen aus, als kämen sie direkt aus einem Raumschiff, und auch sonst war die Atmosphäre … na ja, unwirklich. Beim Anblick der Speisen auf dem Tisch entfuhr mir ein lauter Seufzer. Wann hatte ich das letzte Mal etwas wirklich Leckeres gegessen, Brötchen nicht mitgezählt? Vielleicht noch nie.

•

In dem Moment öffnete sich die Doppeltür am anderen Ende des Speisesaals. Eine Frau kam herein, ganz offensichtlich Gairas Schwester. Ihr Stil war dem von Gaira verblüffend ähnlich, aber ein Haarschmuck verdeckte ihr Gesicht, sodass ich nicht sagen konnte, ob auch ihr Aussehen übereinstimmte. Leichtfüßig schritt sie auf uns zu.

»Nicht doch, Samuel! In der Einladung stand doch, du sollst all deine Freunde mitbringen. Hast du denn nur einen Freund?

Und dann auch noch so ein verdammtes Balg?«, schrie sie auf und Gaira lachte ein so eiskaltes Lachen, dass sich mir die Haare zu Berge stellten.

»Meine Damen, habt ihr denn nicht gemerkt, dass es in letzter Zeit schwierig ist, Freunde zu finden?«

•

Sie lachten wieder und Samuel nahm Gaira in die Arme und tanzte mit ihr. Von seinen Schultern schienen die Jahre abgefallen zu sein. Vor mir, in diesem Speisesaal, der wie aus einem Traum entsprungen wirkte, tanzten für einen Moment zwei sehr, sehr alte Menschen, die sehr, sehr jung aussahen.

Gaira lachte noch immer ihr eisiges Lachen. Ihre Schwester reichte uns Gläser mit einem sprudelnden Getränk.

»Trinken wir auf uns Alte«, sagte sie und wir hoben die Gläser zur Decke.

Gaira, ihre Schwester und Samuel lächelten sich freundlich an und wir probierten das Getränk.

Und da sah ich plötzlich das Gesicht der Schwester! Ich zuckte zusammen, als hätte ich einen Stromschlag bekommen.

Irgendetwas an ihrem Gesicht kam mir fürchterlich bekannt vor, aber ich kam nicht darauf, was es war. Ich hatte das Gefühl, nicht mehr klar denken zu können. Unbemerkt schüttete ich mein Getränk in die Blumenvase neben mir. Augenblicklich wurde mir klar, dass man in diesem Haus nichts essen oder trinken sollte. Vor meinem inneren Auge sah ich den Satz aus dem O-Buch:

Geh nicht in dieses Haus!

Hatte das Buch etwa dieses Haus gemeint? Hilfe!

•

Das Abendessen schien eine Ewigkeit zu dauern. Irgendwie hatte die Zeit auf seltsame Art und Weise angefangen, sich zu dehnen, sie schien nicht mehr im gleichen Tempo zu vergehen wie zuvor. Gairas Schwester stellte immer mehr Gerichte auf den Tisch, selbst Nachtisch gab es jetzt mindestens schon zum vierten Mal. Ich kippte den Inhalt meines Tellers unbemerkt in einen Blumentopf, versteckte das Essen in meiner Serviette und sogar in meinen Hosentaschen. Gaira und ihre Schwester ... Irgendwie schien es mir für einen Moment, als wären sie zu ein und derselben Person verschmolzen. Und diese Person kam mir irgendwie bekannt vor. Wenn mir nur einfallen würde, wo ich sie schon einmal gesehen hatte. Sogar ihren Namen kannte ich. Wenn ich mich doch nur daran erinnern könnte ...

Irgendetwas stimmte nicht mit diesem Haus! Es schien mir die Erinnerung zu rauben!

•

Samuel und Gaira waren ganz aufeinander konzentriert und unterhielten sich fast im Flüsterton. Wahrscheinlich sprachen sie über ihre Vergangenheit, denn sie wiederholten immer wieder »vor langer, langer Zeit« und »in alten Zeiten«. Sie redeten und redeten. Aber das Gezwitscher der Vögel im Käfig schwoll zu einem Geschrei an und übertönte ihre Worte, sodass es mir unmöglich war, ihrem Gespräch zu folgen. Ich stellte mich direkt hinter Samuel und spitzte die Ohren. Aber sofort wurde das, was sie sagten, unverständlich und ergab nicht den geringsten Sinn.

»Es war einmal eine alte Ziege, die hatte sieben kleine Geislein«, sagte Samuel.

Gaira unterbrach ihn energisch: »Es gab überhaupt keine Ziege, sondern am Rande eines großen Waldes lebte ein armer Holzfäller mit seiner Frau und seinen zwei Kindern.«

Dann lachte sie, als gäbe es kein Morgen.

Daraufhin entgegnete Samuel ... Nein, ich musste mich irren, aber mir war, als hörte ich ihn antworten: »Ich sage dir, was zu tun ist. Morgen früh bringen wir die Kinder tief in den Wald, dorthin, wo er am dichtesten ist, und dann lassen wir sie da zurück.«

Ich erschrak. Meinte Samuel mit den Kindern etwa Petit und mich? Aber als ich Gairas unsinnige Antwort hörte, schüttelte ich nur den Kopf. Das musste ein Traum sein oder so etwas!

»Nein, meine liebe Gemahlin«, antwortete Gaira und fuhr fort: »Brächtest du es übers Herz, kleine, unschuldige Kinder zurückzulassen, damit sie von Raubtieren zerrissen werden?«

Und als sie das gesagt hatte, brachen sie in Gelächter aus und Gaira klopfte sich aufs Knie, als wäre das das Lustigste, was sie je gehört hatte. Warum zum Geier faselten sie so ein Zeug? Ein kalter Schauer lief mir über den Rücken.

Da mich das Trio überhaupt nicht beachtete, schlich ich mich leise aus dem Saal. Ich wollte nach draußen, um frische Luft zu schnappen. Als ich vom Tisch aufstand, sah ich, dass das Blumengesteck, in das ich meinen Begrüßungstrunk geschüttet hatte, verwelkt war.

•

Doch sobald ich in die große Halle kam, durch die wir den Speisesaal betreten hatten, war ich verwirrt. Sie mündete gar nicht mehr in den Vorraum, stattdessen führte jetzt ein langer Flur geradeaus. Vielleicht hatte ich es mir falsch gemerkt, vielleicht waren wir durch einen anderen Raum hereingekommen, überlegte ich und öffnete die erste Tür.

•

Das Zimmer war hell und der Wind bewegte die Vorhänge vor einer offenen Tür. Die Vögel sangen und es war sommerlich frisch. Was für ein herrliches Wetter, dachte ich, und ein Lächeln breitete sich auf meinem Gesicht aus. Es tat gut, ein bisschen frische Luft zu schnappen. Für einen Moment schloss ich meine müden Augen und lauschte dem wunderschönen Plätschern des Baches. Ich fühlte mich so gut wie schon lange nicht mehr – sehr, sehr lange.

Ich öffnete die Augen und trat an die offene Tür. Dahinter lag ein schöner Garten, dessen grüne Hügel mich zu einem Spaziergang einluden. Die Stimmung war friedlich und ganz anders als im Speisesaal. Vielleicht war hier doch nicht alles so schrecklich, wie es anfangs schien. Es war ein netter Ort. Wenn Petit doch nur mitgekommen wäre!

Ich trat auf den Rasen und ging auf eine gerade Reihe von Obstbäumen zu. Dort wuchsen Birnen, Äpfel und Zitronen, und ich hatte großen Appetit auf die reifen Früchte. Über mir flogen die Vögel und die Sonne wärmte meine Haut. In Gairas Haus war es ziemlich kalt gewesen.

Ich war bei den Obstbäumen angekommen und streckte meinen Arm nach einer großen Birne aus, die einladend an einem der unteren Äste des Baumes hing. Doch plötzlich sah ich, dass sie ungenießbar war. Sie war rundum mit Schimmel überzogen, genau wie die anderen Früchte am Baum. Plötzlich wurde es dunkel um mich herum und es flogen keine Vögel mehr am Himmel. Als ich mich umsah, war alles im Garten tot! Als ob eine Krankheit alles Lebendige vernichtet hatte. Der Garten war von einem hohen Stahlzaun umgeben. Man konnte nicht darüberklettern, also musste ich zurück ins Haus, um von hier wegzukommen.

»Ach du grüne Neune!«, erschrak ich. »Bin ich jetzt in einem vertlixten Gruselroman gelandet? Marmelaaaade! Ich brauche dich! Du kennst doch diese verdammten Gruselgeschichten mit den toten Gärten, seltsamen Häusern, Waisenkindern und so weiter. Wie kommt man aus denen wieder raus?«

Ich redete mit mir selbst wie eine zerstreute Oma, aber das beruhigte mich. Außerdem tat es gut, Marmelades Namen laut auszusprechen. Ich hatte das Gefühl, als würden meine Gedanken etwas klarer werden, und ich begriff, dass ich schnell von hier weglaufen musste. Zum Glück war der Weg zum Haus noch derselbe. Ich rannte hinein und kurz darauf war ich wieder in dem Flur, durch den ich gekommen war.

Erleichtert erkannte ich vor mir die Tür zum Vorraum und griff nach der Klinke.

Doch sie führte gar nicht hinaus, sondern in einen halbdunklen Raum, an dessen Decke ein von Spinnweben überzogener Kronleuchter hing.

»Okay, vielleicht ist das hier eine Art Parcours, den ich bewältigen muss. Bestimmt ein Gruselabenteuer«, sagte ich laut zu mir selbst.

Als sich meine Augen an die Dunkelheit gewöhnt hatten, sah ich im hinteren Teil des Zimmers zwei große Regale voller Bücher.

»Oookay, es ist doch eher ein Bibliotheksabenteuer. Hier sind nur Bücher. Ganz normale Bücher«, versuchte ich mich zu beruhigen, aber die Angst in mir wurde immer größer.

Ich ging auf das Regal zu, während ich mir die ganze Zeit einredete, dass Bücher nur Bücher waren. Nichts weiter als Papier mit kleinen schwarzen Zeichen darauf. Buchstaben tun nichts, sie sind nicht gefährlich. Trotzdem zitterten meine Beine, als ich das Regal erreichte. In Gedanken verfluchte ich mich dafür, immer so laut herumgetönt zu haben, dass ich Geschichten hasste.

•

Das erste Regal war voller antiker griechischer Sagen. Auch auf dem Boden lagen kreuz und quer Bücher verstreut. Sie waren abgenutzt und auf vielen Einbänden stand der gleiche Titel: »Die Legende von Megaira«. Auch wenn alles andere in diesem seltsamen Haus nicht das war, wonach es aussah, waren die Bücher immer noch Bücher.

Ich ging zum anderen Regal. Als ich näherkam, stellte ich fest, dass es voller Werke war, die ich kannte. Buchrücken für Buchrücken ging ich sie durch. Dort standen sie, alle Bücher, die ich je gelesen hatte! Die, zu denen uns Aristo im Gefängnisunterricht in alter Literatur gezwungen hatte, und auch die, die wir in den Lesekreisen in der Bibliothek durchgenommen hatten.

Auf dem letzten Buch in der Reihe prangte statt eines Titels ein leuchtend goldenes O. Sein vertrautes Schimmern zog meine Finger magisch an, und obwohl ich versuchte, es mir zu verbieten (Nimm das Buch nicht, fass es nicht an, Oboi!), kam es, wie es kommen musste, und ich nahm es mit heftig zitternden Händen heraus.

Ich blätterte durch die Seiten, sie waren vollgeschrieben (Lies den Text nicht, Oboi, kein Wort!). Dann fiel mein Blick auf ein vertrautes Wort am Ende einer Seite. »Thule«, stand dort.

Wie festgenagelt verharrten meine Augen auf dem Namen, ich drückte meine Nase in das Buch und wagte kaum noch zu atmen, während ich versuchte, zu entziffern, was dort über Thule stand. Wusste das Buch etwas, das ich nicht wusste? Wusste es, wo Thule gerade war?

Doch der Text war kaum zu lesen. Die Buchstaben schienen sich leicht hin und her zu bewegen. Ich kniff die Augen zusammen und versuchte, die wabernden Zeilen zu entschlüsseln. In diesem Moment lösten sich die Buchstaben plötzlich von den Seiten! Wie ein Schwarm wütender Wespen prasselten sie mir ins Gesicht!

»Aah! Verdammt! Verflixt und zugenäht! Autsch! Himmel Herrgott noch mal!«, fluchte ich und schmiss das Buch auf den Boden. »In was für einem bescheuerten Märchen bin ich denn jetzt gelandet?! In einem verdammt geschmacklosen jedenfalls. Wie zum Kuckuck komme ich hier wieder raus?«

Mein Gesicht und meine Arme kribbelten und brannten. Ich rannte los. Jetzt war ich einfach nur wütend.

Die Tür am Ende des Ganges sah genauso aus wie die, durch die wir hereingekommen waren. Eine alte Holztür mit Fenster. Ich rannte darauf zu, so schnell mich meine Beine trugen, riss sie auf, und als ich sah, was dahinter lag, fiel ich auf die Knie.

•

Über einem Frühstückstisch hing sanftes, gelbes Morgenlicht. Der Tisch war gedeckt. Ein köstlicher Duft von Toastbrot, Orangen und frisch geschnittenem Schnittlauch stieg mir in die Nase. Auf dem Tisch standen vier Teller und Tassen mit Goldrand, vor dreien davon stand ein Hochstuhl. Ich seufzte. Ich hatte Hunger und das dringende Bedürfnis, den Raum zu betreten, denn natürlich wusste ich, welcher Tisch das war und welches Frühstück. Es war unser Frühstück, jenes, das wir nicht beendet hatten.

In den Tassen dampfte der Kakao, daneben stand die Flasche mit der Orangenlimonade und auf dem Teller lag frisch getoastetes Brot mit Marmelade. Durch das Fenster sah man eine schöne Wiese und dahinter fing der Wald an.

»Das gelbe Haus«, seufzte ich verzückt in mich hinein und konnte meine Beine nicht länger davon abhalten, hineinzugehen.

»Hier warst du also die ganze Zeit, gelbes Haus?«, fragte ich und verspürte eine große Erleichterung.

Ein Haus in einem Haus. Es war zum Lachen. Ein wohliges Gefühl durchströmte meinen ganzen Körper und entspannt ging ich auf den Tisch zu. Jede Bodendiele war meinen Füßen vertraut. Vor dem Fenster stand eine Truhenbank, über die jemand einen bunt gestreiften Flickenteppich geworfen hatte. Alles fühlte sich gut an, und ich wollte mich für eine Weile auf dem Sofa ausruhen. Aber erst etwas Kakao, dachte ich.

»Oboi, du hast doch wohl kein Fieber?«, fragte eine Stimme.

Es war die von Mama, dafür hätte ich meine Hand ins Feuer legen können.

Sofort veränderte sich das Ambiente und der Raum verzerrte sich. Die Wiesenblumen schmolzen, sie waren aus Plastik, die Stühle wurden immer höher und der Tisch immer breiter. Die Limonadenflasche fiel um und wirbelte einen Schwarm gelber Insekten auf. Die Orangenmarmelade fing an, sich im Glas zu bewegen, und rote Maden krochen heraus. Der Kakao in meiner Hand war schimmelig und auf seiner Oberfläche bildete sich ein Gesicht, nein, kein Gesicht, nur ein Mund. Dieser begann sich zu bewegen, und eine Stimme sagte:

»Ich bin es. Mama. So zeichne ich dich.«

•

Da ließ ich die Tasse fallen, rannte zur Tür und weiter in den Flur.

Ich hörte, wie sich Schritte näherten, sie klangen wie die von Mama, aber ich wusste, dass sie es nicht sein konnte. Das war keine solche Geschichte. Es war eine Fluchtgeschichte, eine, in der man in panischer Angst einen Korridor entlangrennt, der nicht zu enden scheint. Ich rannte und rannte, die Schritte kamen immer näher, und je weiter ich durch den

Gang lief, desto länger wurde er. Aber ich hatte keine Wahl. Im Vorbeikommen rüttelte ich an den Türen links und rechts, aber sie ließen sich nicht mehr öffnen. Ihre Klinken waren aus dehnbarem, glibberigem Material, das an meinen Händen kleben blieb. Ich rannte schneller und schneller, die Zeit verging, es kam mir vor, als wäre ich schon eine Stunde gelaufen, vielleicht zwei, ich wagte es nicht, mich umzudrehen, hetzte einfach weiter, wie auf einem Laufband. Meine Kräfte fingen an zu schwinden, und gerade als ich dachte, sie seien aufgebraucht und ich könnte keinen Meter mehr laufen, erreichte ich eine Tür.

Sie sah genauso aus wie die wackelige Holztür, durch die Samuel und ich hereingekommen waren, aber mir war klar, dass sie auch nur so tun könnte, als wäre sie diese Tür.

»Bitte, Tür. Sei die richtige. Ich werde nie wieder die Macht von Geschichten kleinreden, versprochen. In Erzählungen einzutauchen ist ... wirklich aufregend.«

Ich griff nach der Klinke und trat hinaus in die Sonne. Da hörte ich ein vertrautes Bellen.

»Oboi!«, ertönte gleich darauf ein atemloser Schrei.

»Petit!«, rief ich, als ich sah, wie er mit seinem Fuchs in vollem Tempo über den Pfad auf mich zu gerannt kam.

»Was ist passiert?«, fragte er bestürzt.

»Schreckliche Dinge!«, antwortete ich und war mir immer noch nicht ganz sicher, ob die beiden wirklich vor mir standen oder sich gleich in etwas anderes verwandeln würden. Zur Sicherheit kniff ich Petit kräftig in die Wange.

»Au!«, schrie er auf und schubste mich.

Er war weder zähflüssig noch dehnbar. Er verwandelte sich nicht, sondern stand trotzig vor mir, packte mich dann ebenfalls an der Wange und zwickte kräftig hinein.

»Autsch«, schimpfte ich und ballte die Faust vor seinem Gesicht, musste aber sofort vor Glück lachen.

Er war es! Es war der echte Petit! So echt, wie er es für mich immer schon gewesen war. Ich fiel ihm um den Hals.

»Oboi! Was ist passiert? Ihr seid jetzt seit drei Tagen hier!«, beschwerte er sich mit fassungslosem Gesichtsausdruck, und ich spürte, wie meine Beine zu zittern begannen. Offenbar wurde ich blass, denn Petit nahm meinen Arm, damit ich nicht in den Teich torkelte.

»Seit unserem Aufbruch sind drei Tage vergangen?«

Er nickte ernst und versuchte, an meinem Blick abzulesen, was geschehen war. Ich schüttelte den Kopf.

»Weißt du, diese Gaira ist überhaupt kein guter Mensch. Mir fällt nur einfach nicht ein …«

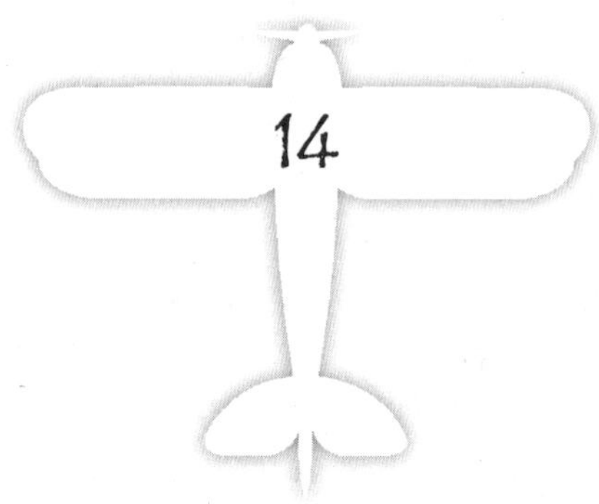

Für dich Mega, für mich Gaira

Die Haustür ging auf. Gaira und Samuel kamen heraus. Oder war es Gairas Schwester? Plötzlich war ich mir sicher, dass es nur eine von ihnen gab.

»Samuel, eins noch: Du musst aufhören, Schattenbilder zu malen. Und lass die Finger von den Büchern. Die Welt ist nicht mehr so wie vor …«

»… Wanda«, ergänzte er.

Gaira erschauderte. Sie hob ihren Haarschmuck an und da sahen wir ihr zur Grimasse verzogenes Gesicht, ihre hervorquellenden Augen und in diesem Moment wurde uns klar, wer sie war! Voller Entsetzen sah ich zu Petit. Seine Augen waren weit aufgerissen und sein Mund vor Schreck verzerrt. Noch nie hatte ich ihn so verängstigt gesehen.

Vor uns stand der Mensch, den wir auf der ganzen Welt am meisten hassten und gleichzeitig fürchteten: die Gefängnisdirektorin Mega!

»Verstecken!«, flüsterte ich. Wie wilde Tiere preschten wir los und flohen ins Dickicht. Kurz darauf schloss auch Prinz mit eingeklemmtem Schwanz und laut heulend zu uns auf. Auch er hatte instinktiv Angst und wollte sich verstecken.

Lange kämpften wir uns durchs Gehölz, bis wir uns endlich wieder auf den Waldpfad trauten. Wir rannten hintereinander her, immer weiter und weiter, der Wind heulte wie ein Riese hinter uns her, blies uns Luft aus seinen Wangen nach und schob uns an. In meinem Kopf kreiste unablässig der Gedanke, wie von allen Menschen auf der Welt ausgerechnet SIE Samuels liebste Freundin sein konnte. Und warum nannte er sie ganz anders als wir?

Petit wiederholte immer und immer wieder: »Du warst in ihrem Haus! Wieso hat sie dich wieder gehen lassen?«

»Na ja, es war nicht gerade einfach«, keuchte ich.

•

Wir waren völlig außer uns, und nachdem wir stundenlang durch die kurvenreichen Straßen der Stadt gestreift waren, kehrten wir schließlich zurück zum Kraftwerk. Vor dem Hauptgebäude brannte ein Lagerfeuer, aus dem kleine, fröhliche Funken knisternd in die Luft stiegen. Davor saßen dunkle Gestalten, die sich leise und mit tiefer Stimme unterhielten, sodass man unmöglich verstehen konnte, wer gerade sprach und worüber. Vorsichtig wie die Tiere des Waldes traten wir in den Lichtschein des Feuers.

»Da bist du ja, Oboi! Ich hatte Angst, dass dir etwas zugestoßen ist und habe eine kleine Gruppe von Obdachlosen in den Wald geschickt, um dich zu suchen.«

Misstrauisch starrte ich Samuel an.

»Bist du wieder der Alte oder faselst du immer noch das Zeug aus der Es-war-einmal-Abteilung?«, fragte ich etwas gereizt.

Samuel lachte.

»Der Vergessenstrunk war früher in Mode. In schweren Zeiten ließ er die Menschen für einen Moment ihre Sorgen vergessen. Er machte uns glücklich und brachte uns dazu, Geschichten zu erfinden.«

»Geschichten zu erfinden!«, schnaubte ich. »Das also war dieses Geschwätz? Ihr habt euch benommen wie ein wirres Märchenbuch! Und Samuel, in Gairas Haus gab es wirklich gruselige Räume!«

»Ja, Gaira ist eine Avantgardistin. Ich glaube gern, dass ihre Zimmer ungewöhnlich eingerichtet sind.«

»Das war keine Einrichtung, Samuel! Es war der Horror! Das hat sie für mich gemacht! Sogar das gelbe Haus war in einem der Zimmer!«

Samuel lächelte.

»Ich glaube, der Vergessenstrunk hat dir etwas den Kopf vernebelt.«

»Ich habe diese verdammte Plörre nicht getrunken! Aber du hast wohl komplett aus den Augen verloren, aus welchem Grund wir dort waren. Oder hast du herausgefunden, wer Wanda anführt, wie wir Thule retten können, und so weiter?«

Samuel lachte nur auf.

»Gaira hätte sich gern mit dir unterhalten. Sie hat sich dafür interessiert, wie du aus dem Gefängnis ausgebrochen bist.«

Mir blieb fast das Herz stehen.

»Das glaube ich gern! Deine liebe Freundin hat in der Tat eine Schwäche für Tómos-Biblos!«

Samuel schaute mich überrascht an.

»Habt ihr viel über das Gefängnis geredet?«, fragte ich außer mir vor Wut und konnte nicht verhindern, dass meine Augen Zornesfunken versprühten.

Samuel antwortete mit ruhiger Stimme: »Ich habe ihr erzählt, dass noch mehr Leute ausgebrochen sind und dass ich glaube, bald beginnt die Zeit der …«

»Der was?«, schrie ich.

Die Obdachlosen legten alle ihren Finger an die Lippen und warfen Blicke über ihre Schultern.

»Die Zeit der Befreiung, Oboi.«

Ich schluckte. Zum ersten Mal hatte ich das Gefühl, dass Samuel, der weiseste Mensch der Welt, gar nicht so weise war.

»Weißt du, Samuel, deine Freundin Gaira ist die Allerschrecklichste. Sie ist die Gefängnisdirektorin Mega!«, sagte ich so deutlich, wie ich nur konnte.

»Gaira … nein … ihre Schwester …«, versuchte Samuel sichtlich verwirrt seine Gedanken zu sortieren.

»Gaira und Mega sind ein und dieselbe Person! Deine Freundin hat keine Schwester!«

Einen Moment lang schien er erschüttert zu sein, so als wäre ihm die Situation absolut unbegreiflich. An so etwas war er nicht gewöhnt.

Wenn man so alt wie Samuel ist, hat man so ziemlich alles erlebt und alle Wahrheiten gehört. In seinem Alter konnte einen so gut wie nichts mehr aus der Fassung bringen, denn alles war einem schon mindestens einmal passiert.

Doch jetzt blickte Samuel wie ein kleines Kind in die Flammen, ganz als würde er darin nach einer Bestätigung für meine Behauptung suchen.

»Für dich Mega, für mich Gaira … Megaira!«, sagte Samuel gedankenverloren und wurde plötzlich weiß wie ein Laken.

Dann stand er auf und meinte, er müsse sich hinlegen.

Er ging gebeugt und jeder seiner Atemzüge klang wie der letzte Seufzer auf Erden.

»Megaira?«, wiederholte ich und sah Petit an, der den Kopf schüttelte und genauso wenig zu verstehen schien wie ich.

•

Die letzten Überbleibsel der Sonne verschwanden wie ein Vogelschwarm hinter den Blechhütten, und träge ging ein dicker, gelber Mond auf. In seinem Schein stapfte ich zum Strand in der Nähe des Kraftwerks, starrte auf das nachtschwarze Wasser und holte schließlich das abgewetzte, schwarze Buch aus meinem Rucksack, auf dessen Einband der Buchstabe O wie ein Feuerring glühte.

»Also gut, verflixtes Buch aller Bücher. Zeig mir, was du draufhast. Bei den Ringen der Macht, den Wunderlampen, Zauberstäben, Tränken, Steinen, Baumstümpfen, Knochen und was auch immer es sonst noch für verdammte magische Gegenstände gibt, schreib mir jetzt eine Antwort auf deine Seiten, damit ich weiß, was das alles zu bedeuten hat«, sprach ich und öffnete es.

Und ratlos sprachst du: »Bei den Ringen der Macht, den Wunderlampen, Zauberstäben, Tränken, Steinen, Baumstümpfen, Knochen und anderen magischen Gegenständen, schreib mir jetzt eine Antwort auf deine Seiten, damit ich weiß, was das alles zu bedeuten hat.«

So viel kann ich dir sagen: Jetzt, da du deine Geschichte selbst in die Hand genommen hast, kann ich dir nicht viel helfen. Kehre trotzdem nie wieder in dieses Haus zurück. Du warst in großer Gefahr und keine Macht hätte dich dort retten können, wenn du auch nur einen Augenblick länger geblieben wärst. Ich hatte dich ja vorher gewarnt. Hättest du mir nur gehorcht!

Das Buch sprach mit mir! Oder besser gesagt, es schwafelte. Es war wie Aristo, der es satthatte, immer dieselbe Leier über nicht gemachte Hausaufgaben zu wiederholen, oder wie der Gefängnisreiniger, der es leid war, sich über Zwiebackbrösel auf dem Boden aufzuregen. Nein! Ich wollte auf keinen Fall Vorwürfe hören. Ich wollte kein besserwisserisches Buch!

Ohne weiter darüber nachzudenken, schleuderte ich es gegen die grüne Mülltonne vor mir, sodass es verkehrt herum auf dem Boden landete. Aber ehe ich mich versah, drehte es sich entschlossen um, knallte richtig herum zurück auf den Boden und sprang mir von dort aus direkt gegen die Stirn.

»Au! Verflixtes Buch, verdammt!«

Es lag jetzt wieder auf dem Boden. Ich starrte es mit erhobenen Fäusten an, bereit zum Kampf, aber es machte keine Anstalten mehr, mich anzufallen. Nachdem ich es eine Weile angestiert hatte, beruhigte ich mich wieder, hob es versöhnlich auf und steckte es in meinen Rucksack.

•

Wer war Megaira? Würde sie mich bald holen? War sie Teil meiner Erzählung oder stand sie schlicht und einfach *über* den

Geschichten, bereit, sie alle zu vernichten? Würde sie jetzt alles zerstören?

•

Am Morgen traute ich meinen Augen kaum, als Samuel in die Kraftwerkshalle kam. Seit dem Brand der Bibliothek hatte ich mir die ganze Zeit Sorgen um ihn gemacht. Ich hatte Angst, ihn immer müder und kraftloser werden zu sehen, aber an jenem Morgen war seine Erschöpfung wie weggeblasen! Er kam mit einem Buch in der Hand zu mir und war wieder ganz bei Kräften, genau wie früher.

»Hör zu, Oboi. Ich habe die ganze Nacht gelesen. Jetzt habe ich eine Theorie. Schau dir mal das hier an«, sagte er und zeigte mir ein altes, dunkles Buch. Es hieß: »Die Legende von Megaira«.

»Megaira gehört zu den mythischen Gestalten griechischer Sagen und man könnte sie auch Missgunst nennen.«

»Missgunst«, wiederholte ich und versuchte in meinem Gedächtnis danach zu kramen, was das Wort genau bedeutete, aber ehe ich darauf kam, antwortete Samuel: »Das ist dasselbe wie Neid. Megaira verbreitet Eifersucht und Neid. Sie ist aus Blutstropfen entstanden, als Uranos von ihrem Vater mit einer Sichel kastriert wurde ...«

»Okay ... mit einer Sichel kastriert? Und deine Theorie ist?«

»Ich denke, dass meine Freundin Gaira sich selbst, ihren Körper und ihre Fähigkeiten damals zu Wandas Zeiten – von denen ich dir ja erzählt habe – massiv ausgebaut hat. Sie war neidisch und machthungrig, und ihr Verlangen nach mehr wuchs immer weiter, bis es schließlich geradezu mythische Ausmaße annahm, wenn du mir diesen Ausdruck erlaubst. Sie hat es sogar geschafft, sich in zwei verschiedene Personen aufzuspalten. So wurde sie zu Megaira, deren Macht über die

Menschen immer größer geworden ist, und zur Mutter Wanda aus meiner Erzählung, auf deren unendlichem Schoß die ganze Menschheit Platz hatte. Aber sie wollte immer noch mehr.«

»Wie kann jemand noch mehr wollen als die ganze Menschheit?«, fragte ich.

»Megaira strebte danach, unsterblich zu werden.«

»Wow! Mega-Gaira! Aber unsterblich ... also ... ist sie dann Wahrheit oder Fiktion?«, hakte ich vorsichtig nach.

»Eine gute Frage. Unsterbliche existieren nämlich nicht, aber solange Geschichten gelesen werden, gibt es deren Figuren. Und Megaira hatte dafür eine brillante Lösung. Sie hat ihre eigene Geschichte gelesen, dadurch ihre Kräfte verstärkt und konnte so ewig existieren, während sie die anderen unsterblichen Erzählungen und ihre Figuren ins Gefängnis sperrte, damit sie dort zugrunde gehen.«

»Tómos-Biblos!«

»Ganz genau. Die Antwort auf die Frage, ob Megaira Fiktion oder Wahrheit ist, lautet also: beides. Genau wie du, Oboi.«

Beim Gedanken daran, dass ich mit diesem schrecklichen Monster etwas gemeinsam hatte, verspürte ich Abscheu, gleichzeitig fühlte es sich aber auch gut an. Zum ersten Mal hatte Samuel gesagt, dass ich nicht nur Fiktion, sondern auch real war. Gab es mich also doch? Es gab mich vielleicht doch!

Der Gedanke verlieh mir einen völlig neuen Schwung.

»Um Megaira loszuwerden, müssen wir also alle Geschichten über sie vernichten«, sagte Samuel.

»Aber das ist unmöglich! Sie liest sie ja selbst, ihre Bibliothek ist voll davon!«

»Oboi, der Krieg hat begonnen. Megaira weiß alles, was wir versucht haben, geheim zu halten. Sie wird die Sache nicht auf sich beruhen lassen.«

»Ich muss zurück nach Tómos-Biblos. Die Zeit drängt. Wenn Petit nur schon seine Maschine repariert hätte. Was, wenn es nie dazu kommen wird?«

Meine Gedanken lasteten so schwer auf mir, dass ich fürchtete, sie würden mich erdrücken.

»Wie soll ich das nur schaffen?«, fragte ich leise.

Ich wusste, dass darauf niemand eine Antwort hatte, aber Samuel legte mir aufmunternd die Hand auf die Schulter.

•

Am Abend schickte ich meinen Schwestern in Gedanken wieder einen Bericht ins Gefängnis: »Hallo Schwestern. Ihr fehlt mir beide schrecklich. Ich denke an kaum etwas anderes als an euch und wie ich euch da rausholen kann. Hoffentlich könnt ihr noch auf mich warten. Gebt nicht auf. Euer Bruder Oboi.«

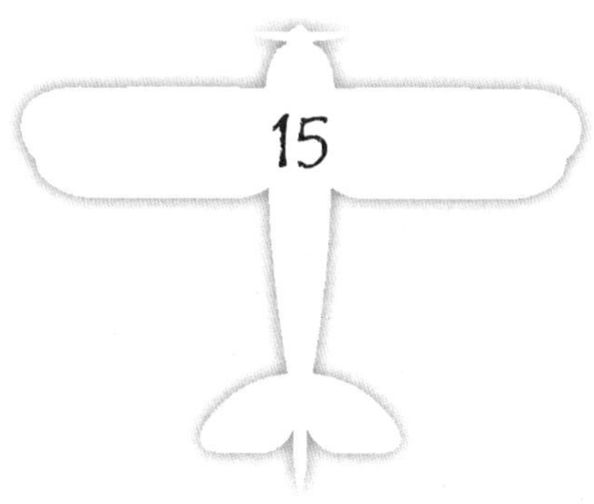

Das Rätsel

Obwohl eine große Veränderung in der Luft lag, blieb im Kraftwerk weiterhin alles beim Alten. Ich wollte nicht daran denken, was in letzter Zeit alles geschehen war, und auch nicht zu sehr an das, was noch kommen würde. Die düstere Welt der Geschichte schien mich immer weiter in ihre schrecklichen Tiefen zu ziehen. Jede Erzählung hat ein Ende, also musste meine Geschichte doch auch irgendwann vorbei sein. Das war meine Hoffnung.

Welches Ende erhoffte ich mir also für meine Geschichte? Oder wo hoffte ich aufzuwachen und zu begreifen, dass das Geschehene nichts weiter als ein Märchen war? Am liebsten wäre es mir in der alten Bibliothek oder neben Thule in ihrem Dachbodenzimmer, und wenn ich aus dem Fenster schaute, würde ich auf der Straße ganz normale Menschen herumlaufen sehen, von denen kein einziger auf seine leuchtende Handfläche starrte. Ich dachte auch an das gelbe Haus, an meine Schwestern Fanta und Marmelade, den Duft von Schnittlauch und an Mamas Worte, aber jetzt waren sie mit etwas Schrecklichem und Beängstigendem verbunden. Megaira hatte die Erinnerung verdorben. Der Frühstückstraum würde nie wieder schön sein, solange sie existierte.

Immer öfter musste ich an Mamas Worte denken: *Ich bin es. Mama. Hier höre ich auf und dann beginnst du. So schreibe ich dich. Hier ist dein Mund oder ein O oder ein Mond oder eine Sonne, ganz wie du möchtest …*

Und sie endeten mit: *Am Ende steht ein Punkt. Der Punkt ist ein kleines o.*

Ich dachte über die Worte nach. O oder ein Mond. Warum hat Mama das immer wieder gesagt? Was hatte der Buchstabe o zu bedeuten oder sollte es einen Kreis darstellen? Was war damit gemeint?

Ich schlug das Buch auf und war nicht überrascht, als auf der letzten beschriebenen Seite ein Rätsel stand.

Rätsel

Alles Lebendige beginnt damit. Folgt man seinem Kreislauf, endet der Weg nie. Es ist der Schutz, der alles umgibt. Es ist der Ring, der alles zusammenhält. Ohne es könnten wir nicht atmen. Obwohl sein Kreislauf unendlich ist, kann es, wenn es klein genug ist, alles beenden. Auch diese Geschichte endet mit ihm. Was ist es?

DRITTER TEIL

O oder ein Mond oder eine Sonne

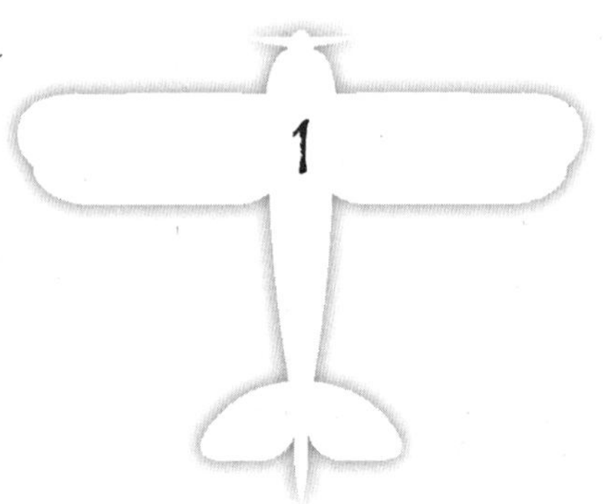

Manus S

Die Nacht war wieder einmal stürmisch. Die dünnen Bäume, die direkt neben der Maschinenhalle standen, schlugen gegen die Blechwände. Der kleine Mischwald erhob sich zu seinem nächtlichen Aufstand. Es war ein entsetzlicher Lärm.

Als ich so auf dem dunklen, kalten Hallenboden lag, hörte ich über das Knarren der Äste hinweg einen dumpfen Schlag und mit einem Mal war ich hellwach. Was war das? Der Wind?

Auch Petit und Prinz schliefen hier im Cockpit des Flugzeugs, aber ganz offensichtlich war der Fuchs kein guter Wachhund.

•

Ich hatte keine Gelegenheit, weiter darüber nachzudenken, denn mit einem Knall flog die Tür sperrangelweit auf. Im Türrahmen erschien Thule, im Mondlicht, unbändig wie der Sturm selbst! Da stand sie, mit einem wilden Ausdruck im Gesicht und in zerrissenen Klamotten, als wäre sie durch einen Dschungel gejagt worden. Der Regen hatte ihr die weißen

Haare wie dünne Rinnsale an die Wangen geklebt, sodass ihre Haut wie gebrochenes Porzellan aussah.

»Thule!«, wollte ich schreien, aber meine Stimme versagte und es kam nur ein Flüstern heraus.

Thules Augen hatten sich noch nicht an die Dunkelheit in der Halle gewöhnt, aber als sie meine Stimme hörte, entspannten sich ihre verkrampften Schultern.

»Wo warst du? Mach die Tür zu! Komm her!«

Ihr Gesicht war übersät mit Wunden und blauen Flecken, auf ihrem Arm prangte eine dicke, blutrote Narbe, und bei jeder Gelegenheit warf sie einen Blick über ihre Schulter. Um ihren Knöchel war ein braunes Band gebunden, an dem ein rotes Licht blinkte.

»Oboi, ich habe zehn Minuten. Sie verfolgen meinen Standort. Ich habe so sehr um mich geschlagen und gebissen, dass ich mir einen letzten Wunsch erkämpfen konnte.«

»Einen letzten Wunsch?«

»Ich habe versprochen, mich beim Einsetzen des Manus nicht zu wehren, wenn ich nur das Grab meines Großvaters besuchen darf.«

»Deines Großvaters? Du hast nie von ihm erzählt ...«

»Natürlich nicht, Dummkopf. Ich habe ihn auch noch nie gesehen.«

»Aber ...?«

Sie schnaubte ungeduldig.

»Ich habe gesagt, ich würde zum Grab meines geliebten Großvaters gehen, und bin stattdessen hierhergekommen.«

»Ach so, der Großvater also«, murmelte ich und mein schlaftrunkenes Gehirn fing langsam an zu begreifen, worum es ging.

»Fantastisch, Thule. Und was machen wir jetzt?«

»Schau«, sagte sie und hielt mir ihre Hand vors Gesicht.

Sofort begann das Manus weiß zu schimmern, und verschiedenfarbige Punkte leuchteten wie Sterne auf einer Karte auf.

»Zeig!«

Begeistert nahm ich ihre Hand und erst da wurde es mir klar. Sie war im Netzwerk! Oder ... doch nicht?

»Das ist ein Manus S.«

»S?«

»Die kleine Größe.«

»Ist das das neueste Modell?«

»Nein! Das ist ein altes Modell! Nur wichtige Normos bekommen die neuesten Modelle. Aus mir wird so eine elende Null, die Blumen gießt. Ich werde nichts erforschen und messen, keine neuen Arten entwickeln und nicht die Arbeit von anderen überwachen. Ich werde nur eine Gießerin sein. Und für so jemanden reicht ein altes Modell.«

»Aber ... heißt du immer noch Thule?«

»Natürlich nicht!«

Sie wirkte enttäuscht und schien mir ihren neuen Namen nicht sagen zu wollen.

»Wie dann? Wasserschlauch?«

»Tropfen.«

Ich versuchte, mir ein mitfühlendes Lächeln abzuringen, aber in manchen Situationen ist das so gut wie unmöglich.

»Aber sie wissen alles über dich! Sie regulieren deine Gefühle ... und sehen, wo du bist!«

»Beruhige dich. Ich habe das Manus heute erst bekommen. Morgen wird es programmiert. Das Einsetzen ist nicht ganz unkompliziert. Es muss perfekt passen, und die Chirurgen haben es bisher nicht geschafft, dass mein Daumen richtig ›sitzt‹.

Sie waren ziemlich erstaunt, dass mein Blut so langsam fließt.« Thule lachte nervös und warf einen Blick über ihre Schulter.

»Jetzt steht es also fest. Ich bin nicht ganz tot. Mein Blut fließt. Aber das Manus funktioniert noch nicht. Deshalb bin ich hier. Wenn morgen mein Daumen gerichtet ist, wird es aktiviert und dann werde ich zur Idiotin.«

»Nicht zur Idiotin, sondern ...«

»Zur Normo«, sagten wir gleichzeitig.

•

Ich konnte meinen Blick nicht von ihrem Manus abwenden. Es war vielleicht das Schönste, was ich je gesehen hatte. Auch die abgeschalteten Mani der Obdachlosen waren faszinierend. Es sah aus, als hätten sie alte lederne Landkarten in ihren Handflächen. Schwarze Linien verbanden die Punkte miteinander, sodass jeder sein eigenes personalisiertes Manus hatte. Aber Thules Gerät leuchtete in den Farben des Nachthimmels und die Punkte schimmerten weiß, bläulich oder gelb durch ihre Haut, wie aus weiter Ferne. Die Linien, die sie verbanden, verliefen kreuz und quer von Punkt zu Punkt und bildeten so interessante Muster. Als wäre das Weltall in ihrer Handfläche eingeschlossen. Es schien zu betteln: »Drück mich, drück mich!« Für einen Moment war ich neidisch auf Thule. Sie hatte eine Schatzkarte in ihrer Hand und ich nicht.

»Was sagt es dir denn?«

»Jetzt noch nichts. Bald vielleicht irgendetwas Dummes über Süßkartoffeln. Oboi, ich habe jetzt keine Zeit, dir dieses Idiotendingsbums zu erklären. Morgen werde ich ans Netz angeschlossen und vergesse dich, Samuel, Petit und das alles hier sofort. Ich werde in die Biosphäre gehen und Pflanzen züchten.«

»Sehe ich dich dann nie wieder?«, fragte ich und schluckte, weil ich sofort einen Kloß im Hals hatte.

»Doch«, antwortete sie.

»Wo? Wann?«, wollte ich verwundert wissen.

»In der Biosphäre. Morgen. Du wirst kommen und mich befreien!«

»Was, ich? Wie?«, fragte ich zögerlich.

»Ich bin im Biosphärenzentrum neben dem größten Windkraftwerk in der Biosphäre Regenwald.«

»Ach ja, die ehemalige Schule neben der einstigen Kirche, ganz in der Nähe der Bibliothek.«

»Genau. Du musst morgen um 10:00 Uhr da sein. Komm direkt in die Biosphäre Regenwald. Ich habe sie ausspioniert, pünktlich um 10:10 Uhr machen die Lehrer Pause und die Schüler kümmern sich für ungefähr eine halbe Stunde unbeaufsichtigt um die Biosphäre. Da schleichst du dich rein und zerrst mich raus. Wahrscheinlich werde ich schreien und mich mit aller Kraft wehren, aber du musst es trotzdem tun.«

»Also ... Wie bekomme ich ein schreiendes Mädchen mit Manus, das sich mit aller Kraft wehrt, aus der Biosphäre, ohne Aufmerksamkeit zu erregen?«

»Weiß ich auch nicht. Lass dir was einfallen.«

»Ich nehme Petit mit.«

»Nein!«

»Verdammt noch mal!«

»Aber sag ihm, wohin du gehst, denn wenn du erwischt wirst, weiß sonst niemand, wo wir sind und wie man uns retten kann. Dann werden wir bis ans Ende unserer Tage Kiefernsetzlinge gießen.«

»Mensch, Thule!«

»Ich muss jetzt los. Bis morgen, Kumpel. 10:00 Uhr.«

Und dann war sie wieder weg.

•

Früh am nächsten Morgen saß ich mit Petit und Samuel beim Frühstück an einem Ecktisch im Schuppen. Es war nass und kalt. Die Morgensonne riss den Wolkenschleier gerade so weit auf, dass das Licht des neuen Tages spärlich durch die kleinen Fenster drang.

Eigentlich hatten wir gar keine Tische, sondern nur Kisten, alte Kabeltrommeln und anderes Gerümpel, das wir auf dem Kraftwerksgelände gefunden hatten. Trotzdem war dieser Ort jetzt mein Zuhause und das musste ich nun verlassen, um mich auf ein Abenteuer zu begeben, von dem ich vielleicht nicht zurückkehren würde.

»Wenn ich am Nachmittag nicht wieder da bin, bin ich gescheitert«, flüsterte ich.

»Und dann komme ich, der Held, und rette die beiden schreienden Kinder aus der Schule«, antwortete Petit mit einem milden Lächeln, so als wäre diese Aufgabe genau das Richtige für ihn.

•

Es fiel mir schwer, mir vorzustellen, dass ich morgen vielleicht auch einer von ihnen sein würde, einer von den Gefühllosen, den Geschichtenlosen. Wenn es schief ging, würde ich mich weder an meinen Namen erinnern noch daran, woher ich ihn hatte. Bald vielleicht auch nicht mehr an meine Schwestern, an Tómos-Biblos, Samuel, meine Freunde oder das O-Buch.

•

Samuels Gesicht war durch die Furchen, die die Sorgen und die Jahre hinterlassen hatten, noch dunkler geworden.

Es fällt mir schwer, dir zu beschreiben, wie ein so alter Mensch aussieht, vor allem, wenn er in seinem Leben alles verloren hat. Bei Samuels Anblick hätte selbst ein gefühlloser Roboter Schmerz und Trauer empfunden, da bin ich mir sicher.

Der Rabe, an den wir uns inzwischen gewöhnt hatten, saß auf einem Baum in der Nähe. Ich erkannte ihn durch das kleine Fenster des Schuppens. Nach diesem Morgen habe ich Samuel nicht mehr oft gesehen und ich weiß nicht, ob der Rabe etwas damit zu tun hatte oder nicht.

»Was ist im Moment deine größte Sorge, Samuel?«, fragte ich ihn.

Er antwortete: »Ich weiß, dass die Obdachlosen den Aufstand nicht alleine gewinnen können. Und jetzt, da wir auch nicht mehr auf die Alten hoffen können, weiß ich nicht mehr, was passieren müsste, damit eine Veränderung möglich wird. Die Normos wachen nicht auf, obwohl ich versucht habe, sie mit meinen Bildern zu wecken. Wo bekommen wir eine starke Truppe her, die den Obdachlosen bei der Rebellion hilft? Wir haben alles probiert. Und ich mache mir auch Sorgen um dich und darum, was aus deiner Geschichte wird.«

Ich holte das O-Buch aus meinem Rucksack und reichte es ihm.

»Kümmere du dich darum, solange ich weg bin.«

Mit ernster Miene blätterte Samuel durch die Seiten, bis plötzlich eine Textstelle seine Aufmerksamkeit erregte und sein Blick sich schärfte. Auch sein Körper schien sich aufzurichten. Er las die folgenden Worte laut vor:

Du und er, ihr wart entmutigt von euren Niederlagen und fühltet euch müde. Aber ihr konntet natürlich nicht wissen, dass eine starke Truppe bereits auf dem Weg zu euch war und schon bald eure Stadt erreichen würde, um euch zu dienen.

Er warf mir einen ernsten Blick zu und ein kleines Lächeln umspielte seine Mundwinkel, als er sagte: »Das ist vielleicht das beste Buch aller Zeiten.«

Auch ich lächelte, zog die Augenbrauen hoch und meinte: »Tja, jeder hat seinen eigenen Geschmack, was Bücher angeht.«

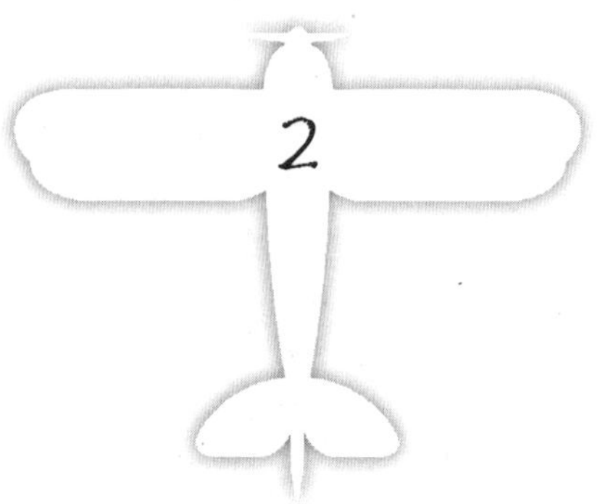

Die Biosphären

Als ich beim höchsten Windkraftwerk ankam, drehten sich die Rotoren des Rades über mir auf Hochtouren. Der große, graue Granitturm stand auf der Spitze eines Hügels und ragte mehrere Dutzend Meter in die Höhe. Dieses Windrad produzierte einen Großteil der Energie für die Stadt. Früher war das Gebäude einmal eine Kirche gewesen. Ringsum befanden sich alle Bauten, die einmal wichtig gewesen waren. Die Schule, die Feuerwehr und die Bibliothek. Jetzt war die Bibliothek abgebrannt und anstelle der Feuerwache gab es nun die Überwachungszentrale, in der die Alarme über alles Verdächtige eingingen. Von dort aus sausten die Wachen los, um die Mängel schnell zu beheben, so wie früher Feuerwehrautos losgeeilt waren, um Brände zu löschen. Im Pausenhof der alten gelben Schule standen jetzt die Biosphären. In einer davon war Thule.

Mein Herz klopfte vor Angst wie verrückt.

•

Die großen, gläsernen Gewächshäuser füllten den ehemaligen Schulhof aus. Die Pflanzenlampen gaben einen orange-bläulichen Schimmer ab. Ich schlüpfte durch das Tor hinein und schlich mich zu den von Bäumen eingerahmten Gewächshäusern. Das erste schien die Biosphäre Tundra zu sein. Die Fenster waren stellenweise vereist. Entlang der einen Wand wuchsen zahlreiche Nadelbäume, auf der anderen Seite war die Vegetation spärlicher und ziemlich niedrig. Zwischen den Baumstämmen lag Schnee. Ich hielt mich hinter ihnen und den jungen Baumsetzlingen versteckt und spähte hinein. Kinder und Jugendliche liefen durch schmale Gänge und arbeiteten in einer Reihe stehend an Frühbeeten. Hier und da flogen kleine Vögel herum und über die Mooshügel hüpften ein paar winzige Wesen mit weißem Fell. Hätte ich nicht gewusst, was das hier für ein Ort war, hätte ich es vielleicht malerisch gefunden.

Die jüngeren Kinder kümmerten sich um die kleinen Setzlinge, die älteren beschnitten, von der Decke des Gewächshauses hängend, die Zweige der Kiefern, damit Sonnenlicht hereinkam. Die Kinder untersuchten die Äste genau, nahmen Maß und besprühten die Pflanzen mit Sprühflaschen. Sie gossen sie mit der Gießkanne, steckten Samen in die Erde und pikierten überschüssige Pflanzen. Sie sammelten Beeren und schaufelten Erde auf die Wurzeln. Ab und zu ging die Sprinkleranlage an, sodass an manchen Stellen Wasser herabregnete. Danach sprang langsam die Windmaschine an und blies einen mäßigen Wind in die Biosphäre. Doch die Kinder ließen sich durch diese Wetterschwankungen nicht bei ihrer konzentrierten Arbeit stören. Als sich das Wetter kurz darauf wieder beruhigt hatte, fingen die Vögel wieder an zu singen und die Heizlampen brachten etwas Wärme in die Kälte.

Die Kinder machten einen ruhigen Eindruck und schienen in jeder Hinsicht zufrieden mit dem zu sein, was sie gerade taten. Ich beobachtete sie dabei, wie sie in Reih und Glied ihre Arbeit verrichteten, und ging eines nach dem anderen durch, aber von Thule war weit und breit keine Spur.

Also schlich ich mich heimlich weiter zum nächsten, noch größeren Gewächshaus.

•

Es war die Biosphäre Wüste.

Dort wurden Kakteen gezüchtet, die alle aus den gleichen runden Fladen bestanden, aus denen wieder neue Fladen sprossen, große und kleine. Die Wolfsmilchgewächse und Affenbrotbäume erstreckten sich bis zur Decke, während die Akazien nicht so hoch waren. Im Sand hatten sich Dünen gebildet.

In diesem Gewächshaus arbeiteten die Kinder mit dicken Lederhandschuhen, untersuchten die Kakteen mit der Lupe, schnitten Stücke von ihnen ab und steckten sie in den Sand. Die Wärmelampen leuchteten feuerrot und den Kindern war sichtlich heiß.

Weit und breit waren keine Erwachsenen zu sehen, Thule hatte recht gehabt. Es war jetzt zehn nach zehn, ich hatte also noch eine halbe Stunde Zeit, um das letzte Gewächshaus zu überprüfen, Thule zu finden und sie zu kidnappen!

•

Die letzte Biosphäre war der Regenwald. Große Mangroven wuchsen in Becken, in die Wasserfälle von der Decke herabstürzten, und bunte Vögel flogen mit schrillen Rufen von einem Ast zum anderen. Die Bäume reichten bis zur hohen Decke hinauf und ihre lianenartigen Luftwurzeln hingen an ihnen herunter wie dicke Seile. Durch die Feuchtigkeit waren die Fenster beschlagen, sodass ich nicht richtig hineinsehen konnte. Ich erkannte Gestalten, die sich bewegten, konnte aber nicht sagen, ob Thule sich unter ihnen befand.

Es blieb mir nichts anderes übrig, als das tropische Gewächshaus zu betreten. Die Feuchtigkeit und die Wärme durchdrangen meinen ganzen Körper. Die Blätter der Pflanzen glänzten grün, und die Wassertropfen auf ihnen funkelten wie kleine Diamanten. Unter dem Laub wuselten glänzende Käfer herum und die dicken Raupen, die über die Rinde der Bäume krochen, mussten keine Angst haben, dass ihnen die Nahrung ausging, bevor sie sich in bunte Schmetterlinge verwandelten.

Gelassen kümmerten sich die Kinder um die Pflanzen, zogen sie heran, damit sie möglichst viel reinen Sauerstoff für die Atmosphäre produzierten. Ich fragte mich, ob es trotz allem bequemer wäre, ein ahnungsloses Kind in einer Biosphäre zu sein, anstatt ich, Oboi, der ungeheure Schwierigkeiten zu überwinden hatte, ohne zu wissen, wohin das alles führen würde. Samuel hatte gesagt, die Biosphären würden eigentlich gar nicht mehr gebraucht werden, da die Erde sich schon wieder erholt hätte, aber dass Wanda gar nicht daran dachte, das System zu stoppen. Die Kinder schienen mit ihrer Situation vollkommen zufrieden zu sein, manche lächelten sogar. Aber Delfine sahen schließlich auch immer so aus, als würden sie lächeln, egal, wie sehr sie gequält wurden.

•

Im Schutz der Bäume ging ich weiter, das Rauschen des Wassers und die lebhaften Rufe der Vögel übertönten meine Schritte. Offenbar konnte ich mich im Gewächshaus relativ frei bewegen. Das Giebelfenster am Ende war von großen Schlingpflanzen bedeckt, die gerade von einigen Kindern beschnitten wurden. Als ich näherkam, entdeckte ich Thule! Sie hatte eine Astschere in der Hand, drehte sich zu mir um und sah mich an, aber nichts in ihrem Blick oder ihrem Gesicht deutete darauf hin, dass sie mich erkannt hätte. Ich winkte wie ein Scheibenwischer, aber sie reagierte überhaupt nicht auf meine Begeisterung, sondern schnitt weiter an den dicken Ranken herum. In regelmäßigen Abständen fielen krachend riesige Stücke von diesen herab, die die übrigen Kinder in kleine Teile zerhackten und mit Schubkarren in einen anderen Teil der Biosphäre brachten, wo sich offenbar eine Art Büro und ein großer Kompostierraum befanden.

Als die anderen Kinder im hinteren Raum verschwunden waren, sah Thule mich wieder an. Schnell ging ich zu ihr hinüber, vielleicht würde sie ja mitkommen, wenn ich sie nur darum bat. Aber sie senkte den Blick und ein leerer Ausdruck machte sich auf ihrem Gesicht breit. Bevor ich etwas tun konnte, kamen die Kinder schon zurück und setzten ihre Arbeit an den Lianen fort. Ich versteckte mich hinter einem Gebüsch.

•

Wie sollte ich Thule jemals aus der Biosphäre bekommen? Nichts deutete darauf hin, dass sie fliehen wollte. Was würden die anderen Kinder machen, wenn ich zu ihr gehen und sie wegzerren würde? Würde Thule Widerstand leisten? Ich hatte es geschafft, sie zu tragen, als sie gefroren war, aber wenn sie sich wehrte, hatte ich keine Chance. Wenn ich sie nur erschrecken könnte, damit sie zu Eis erstarrte, aber das war jetzt unmöglich, da ihre Gefühle auf ein Minimum reduziert waren. Wie sollte ich sie also unbemerkt davonschleifen? Und die Schubkarren? Möglicherweise könnte ich sie damit zum Haupteingang der Biosphäre transportieren, wenn ich rannte? Aber was, wenn genau in diesem Moment die Lehrer zurückkommen würden?

Und genau in diesem Moment kamen die Lehrer zurück.

Das war's.

•

Ich kauerte hinter dem Gebüsch, dicht an der Glaswand des Gewächshauses. Von draußen hätte mich sogar ein fast Blinder gesehen, aber die Schüler und Lehrer, die in der Biosphäre herumwuselten, nahmen keine Notiz von mir. Die Lehrer schritten zu den Schülern hinüber, überprüften die Qualität ihrer Arbeit, schauten, wie jeder mit seiner Aufgabe zurechtkam, und gaben Anweisungen, wenn diese benötigt wurden. Um zwölf Uhr stellten sich die Kinder ohne jeglichen Glockenschlag oder Pfiff hintereinander auf. Die Lehrer führten die Schlangen an, die sich nun in Bewegung setzten und Richtung Schulhaus gingen. Ich schnappte mir eine grüne Arbeitsjacke vom Haken, wie sie auch die anderen trugen. Sie war mir etwas zu klein. Schnell schloss ich mich der Gruppe an. Niemand beachtete mich.

Die Lehrer führten uns in die Schule, und als sie die dicken Glastüren öffneten, verbreitete sich ein köstlicher Duft von Gemüsecremesuppe im Flur. Wir waren in der Kantine angekommen.

Ich tat es den anderen gleich, nahm mir einen Teller und ein Glas Wasser und setzte mich auf eine Bank an einem langen Tisch. Für einen kurzen Moment fühlte ich mich genau wie in Tomos-Biblos. Vielleicht waren am Ende alle Anstalten gleich. Man überlebte, wenn man das tat, was einem befohlen wurde.

Thule saß mir gegenüber. Ich starrte sie an. Nichts an ihrem Verhalten deutete darauf hin, dass sie mich erkannte, geschweige denn überhaupt bemerkte. Mit einem großen Löffel schaufelte sie sich Suppe in den Mund und ich machte es ihr im selben Takt nach. Die anderen taten es genauso. Niemand am Tisch sagte etwas.

Als wir unsere Teller und Gläser geleert hatten, stand die ganze Bank auf. Wir brachten unser Geschirr zum Büfett, von wo aus es über ein Fließband in der Küche verschwand. An der Tür zur Kantine übernahm wieder eine Lehrerin die Führung unserer Schlange und ging mit uns die Treppe hinauf. Ein Gefühl der Angst überkam mich, jetzt war ich einer von ihnen. Wenn ich erwischt wurde, würde mich das gleiche Schicksal ereilen wie sie.

Ich durfte nicht geschnappt werden. Ich würde Thule retten. Punkt.

•

Wir betraten einen Klassenraum, der wie ein Amphitheater aufragte. Die Schüler setzten sich in Reih und Glied an ihre Pulte. Es kam genauso, wie ich befürchtet hatte. Es gab keinen einzigen freien Platz.

Langsam glitt ich weiter den Gang entlang zur hinteren Wand des Klassenzimmers und überlegte dabei fieberhaft, was ich tun sollte. Ich konnte mich neben niemanden setzen, und zusätzliche Stühle schien es nicht zu geben. Stehen bleiben konnte ich aber auch nicht, denn dann würde die Lehrerin mich bemerken. Was sollte ich bloß tun, was sollte ich bloß tun? Mein Herz schlug so heftig, als wollte es mir aus der Brust springen.

An der Rückwand des Raumes standen große Schränke, deren eine Tür nur angelehnt war. Ich ging darauf zu und stieg hinein, setzte mich neben die Blumentöpfe darin und zog die Tür hinter mir bis auf einen Spaltbreit zu. So konnte ich die Hälfte des Klassenzimmers und die Lehrerin sehen, die jetzt vor den Schülern stand. Sie tippte auf ihrem Manus herum und ich stellte fest, dass die Schüler dasselbe taten. Offenbar wurde eine Art Lehrbuchprogramm gestartet und das Wissen sickerte mühelos in die Schüler hinein. Niemand schien etwas dagegen zu haben, dass ich im Schrank saß.

•

Die Unterrichtsstunden erwiesen sich als ziemlich langweilig, zumindest von meiner Position aus. Die Kinder bekamen das nötige Wissen über ihr Manus, die Lehrer brauchten keine Vorträge zu halten oder für Ordnung zu sorgen, denn alles war mucksmäuschenstill. Pausen gab es keine, die Schüler kamen auch ohne aus.

Der einzige Moment, in dem die Lehrerin um ihre Aufmerksamkeit bat, war, als sie sagte: »Die Sonne scheint. Gehen wir zum Strand und füllen unsere Vitamin-D-Speicher auf. Dabei könnt ihr gleich Unterwasserrad fahren und zwei Stunden Strom sammeln.«

Aha! Jetzt wurde mir klar, was sich bei meiner Ankunft in der Stadt vor einem Jahr am Strand abgespielt hatte. Die Leute hatten dort also nicht etwa einen freien Tag verbracht, sondern ihre Vitamin-D-Speicher aufgefüllt.

Die Schüler erhoben sich wortlos und stellten sich in einer Reihe auf.

Schweigend gingen sie wieder hintereinander her und ich schloss mich ihnen eilig an. Solange ich mich exakt so wie die anderen verhielt, in der Schlange blieb, mich wie sie bewegte und ihnen alles nachmachte, beachtete mich niemand.

•

Als wir im Schulhof ankamen, geschah etwas Unerwartetes. Ein mir wohlbekanntes rotes Fellknäuel schoss von der Treppe aus auf uns zu und in jeder anderen Situation hätte ich mich gefreut. Prinz war sichtlich aufgeregt, als er mich erkannte.

Jetzt hielt er in vollem Tempo auf mich zu. Unauffällig versuchte ich, ihn zu verscheuchen.

»Um Himmels willen, Prinz, verschwinde!«, zischte ich zwischen den Zähnen hervor und wedelte mit den Händen in der Luft herum, um dem Fuchs zu signalisieren, dass er weggehen sollte, verschwinden, abhauen. Aber nichts konnte Prinz' Begeisterung bremsen, im Gegenteil. Ich schaute weg, damit er mich für jemand anderen hielt. Er durfte nicht zu mir kommen, er durfte nicht zu mir kommen! Aber natürlich tat er genau das. Der Lehrer, der vor der Biosphäre Wüste stand, bemerkte es sofort. Plötzlich fing er an zu rufen: »Falsche Gattung, falsche Gattung!«

Er preschte los, rannte so schnell wie eine Maschine und war im Nullkommanichts bei Prinz, der wiederum gerade kurz davor war, mich zu erreichen. Zuerst versuchte der Lehrer, den Fuchs mit fuchtelnden Armen zu verscheuchen, aber dann griff er zum Spaten. Die Schüler gingen im Gänsemarsch weiter, als wäre nichts geschehen. Prinz sprang fröhlich auf mich zu. Und gerade als ich damit rechnete, dass seine Pfoten mich berührten, stieß er ein klägliches Winseln aus. Der Spaten hatte ihn getroffen.

»Nicht hinsehen, nicht hinsehen«, sagte ich mir vor und versuchte, der Schlange weiter zu folgen, aber als ich ein zweites, lauteres Wimmern hörte, konnte ich nicht weitergehen. Ich blieb stehen und sah, wie Prinz kämpfte. Weitere Lehrer kamen angerannt.

Waghalsig griff er sie an, nahm Anlauf und sprang hoch in die Luft. Er hatte es auf ihre Kehle abgesehen, die Schwachstelle des menschlichen Körpers. Schließlich war Prinz ein Raubtier. Die Lehrer begannen zu schreien und immer mehr Leute rannten herbei.

•

Am liebsten wäre ich losgesprintet, hätte mir den Fuchs geschnappt und ihn so weit von hier fortgebracht, wie ich ihn nur hätte tragen können.

Prinz heulte, oder besser gesagt, hörte sich sein Jammern an wie das Weinen eines neugeborenen Babys. Es ist fast unmöglich, einem solchen Laut zu widerstehen.

Die Lehrer hatten etwas, das aussah wie ein Fischernetz, in die Finger bekommen und jagten Prinz damit, der im Zickzack herumrannte und schließlich durch die halb offene Tür in die Biosphäre schlüpfte. Dort gab es für ihn kein Entkommen mehr. Und wenig später hatte sich auch schon das Netz um ihn gelegt. Sein Heulen war unregelmäßig geworden, es verlangte von mir, etwas zu tun. Es forderte mich auf, ihn zu retten. Die Glastür der Biosphäre fiel zu, und das Heulen wurde gedämpft.

Ich konnte nicht mehr an das große Ganze denken, daran, warum ich in der Schlange stand oder wen ich hatte retten wollen. Die Lage hatte sich völlig verändert. Prinz' Leiden war jetzt wichtiger als alles andere. Thules Rettungsaktion war zweitrangig.

Vorsichtig näherte ich mich der Tür zur Biosphäre. Ich hatte keinen Plan, was ich tun sollte, aber auch keine andere Wahl. Ich musste Prinz helfen.

•

Ein Lehrer hob gerade ein Holzbrett in die Höhe, wahrscheinlich in der Absicht, Prinz den letzten Schlag zu verpassen. In diesem Moment sprang ich durch die Glastür auf ihn zu und spürte, wie das Brett meinen Hinterkopf traf. Glas splitterte und Scherben schnitten mir in die Haut. Ich landete auf dem Boden und spürte den schnellen Atem des kleinen Prinzen neben mir. Er schleckte mir die Wange ab. Ich hörte einen

Schrei, mir wurde schwindelig und obwohl ich nur mit Mühe etwas erkennen konnte, riss ich Prinz das Netz herunter. Inzwischen herrschte ein Höllenlärm. Ich hob den Fuchs hoch und schob ihn durch die kaputte Tür hinaus. Einen Augenblick lang schaute er mich an.

»Geh!«, schrie ich, und als würde er endlich verstehen, was ich sagte, hinkte er zum Tor.

Die Lehrer waren nun verwirrt, sie taumelten hin und her, schauten auf ihr Manus, warteten auf Anweisungen für die sich laufend verändernde Situation. Kurz darauf packten mich zwei von ihnen und hielten mich fest.

Ich verlor das Bewusstsein.

•

Ich wachte auf. Ich war von Maschinen umgeben, und die Menschen trugen Schutzanzüge und Gesichtsmasken. Meine Hand war an einem großen Apparat befestigt, der irgendwelche elektrischen Impulse aussandte, die sich brennend ihren Weg durch meine Nervenbahnen suchten.

Mir wurde ein Manus eingesetzt. Ich strengte mich an, damit ich mich selbst nicht vergaß und sagte mir vor: »Ich bin es. Oboi. Ich bin es. Oboi«, auch wenn mir klar war, dass es sinnlos war.

Gleich würde ich nicht mehr Oboi sein.

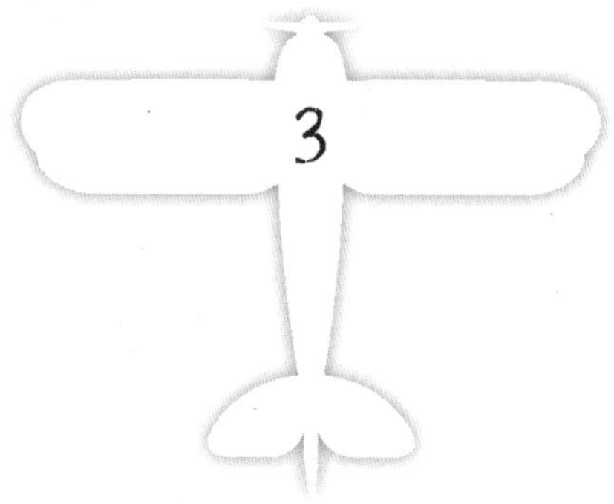

Ich, Mond

Ich heiße Mond. Meine Biosphäre ist die Tundra, die arktische Tundra. Ich bin für ihren Nachtbetrieb zuständig. Zu meinem Aufgabenbereich gehören auch Stecklinge von Fjäll-Arten, ich pflanze Alpenhornkraut, Tundrawiesen Hahnenfuß und Alpen-Rispengras. Ich bin auch für einige Vogelarten wie Uferschwalben, Schwäne und Möwen verantwortlich. Hier gibt es sechs Blaukehlchen und eine Schnee-Eule. Heute prüfe ich den Insektenbestand. Es scheint ausreichend viele Stechmücken zu geben, aber das Gewässer ist trüb. Das Haarige Läusekraut und die Bläuliche Moosheide winseln vor Durst. Die Flechte wispert vor Trockenheit.

Ich diktiere einen Bericht: »Ein paar Hundert Stechmücken und andere fliegende Insekten gesichtet. Das Gewässer ist trüb. Die Bodenvegetation ist durstig.«

»Präzisiere trüb«, sagt das Manus per Sprachnachricht und teilt mir mit: »Lufttemperatur +6 Grad Celsius, Luftfeuchtigkeit 42 Prozent, Wassertemperatur +7. Zu warm.

Trocken. Temperatur wird um 2 Grad gesenkt. 10 Minuten Beregnung.«

Ich gebe dem Manus die Details durch: »Trüb bedeutet, dass das Wasser nicht klar, sondern grünlich und dickflüssig ist. Es gibt starkes Algenwachstum.« Sofort erhalte ich die Antwort: »Ermittle den Grund.«

•

Es fängt an zu tröpfeln. Die Fichtenzweige schützen mich vor dem Platzregen, der auf den Nieselregen folgt. Mit einem Stock rühre ich im Wasser herum und sehe im Strudel einen weißen Hals, der auf und ab schwappt. Irgendein Tier ist ertrunken. Erst stemme ich den schweren Körper mit einem Stock hoch, aber dann befinde ich diesen für zu zerbrechlich und hole einen großen Kescher. Doch auch der erweist sich als zu klein, sodass ich schließlich gezwungen bin, in das eiskalte Wasser zu steigen. Ich greife nach dem toten Körper des Schwans. Im Wasser ist er leicht. Als ich ihn an Land ziehe, ist er jedoch schwer und tropfnass. Ich informiere das Manus genauer über den Zustand des Wassers: »Toter Schwan im Gewässer. Aus Wasser entfernt.«

»Einheit kommt in vier Minuten zur Abholung«, lautet die Antwort.

Das Licht wird heller, es ist Vormittag, die sommerliche Tundra leuchtet.

Die Einheit erscheint, holt die Leiche des toten Schwans ab und setzt einen neuen in den Teich.

Als sie weg ist, packt mich jemand und zerrt an mir.

Ich stemme mich dagegen, versuche mich aus dem Griff zu lösen und die Situation zu analysieren, aber etwas hält mein Manus fest umklammert. Ich kann den Ankömmling nicht sehen, er ist hinter mir, aber der Stimme nach ist er ein junger Mann oder Junge.

»Oboi«, flüstert er.

Ich weiß nicht, was das Wort bedeutet. Als ich mich umdrehe, sehe ich ein Mädchen mit weißem Gesicht, das zusammengesunken neben ihm sitzt, eine Hand in ihrem Schoß.

Ich versuche, mit dem Manus einen Notruf abzusetzen, aber der Junge hält mich so fest, dass ich es nicht erreiche. Kurz darauf sind viele Menschen um mich herum, und gerade als ich die Notfalltaste drücken will, spüre ich etwas Merkwürdiges an meinem Handgelenk. Als ich auf meine Hand schaue, ist sie nicht mehr da.

Jemand hat sie abgetrennt. Blut.

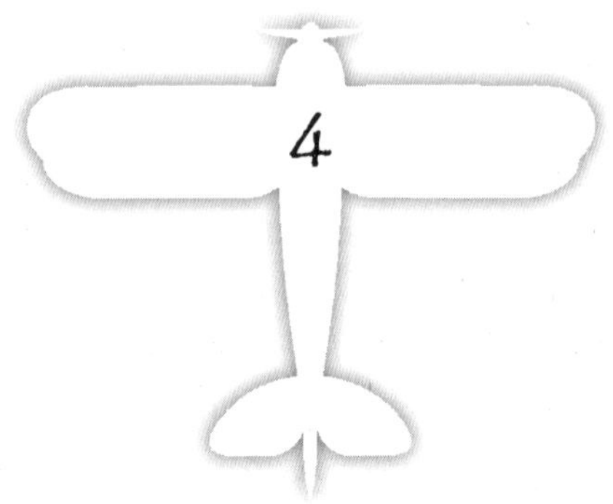

Die Rettungsaktion

Man hatte mir aus zahlreichen Decken und Kissen ein notdürftiges Bett auf dem Boden vorbereitet. Darüber befand sich ein Fenster, das den Himmel auf ein kleines Quadrat begrenzte. Er war silbergrau. Der Ort kam mir irgendwie bekannt vor, aber es fühlte sich an, als ob vor all den Erinnerungen ein Schleier hing, als würden die Dinge, die mir früher passiert waren, irgendwo in der Ferne schweben, so weit weg, dass ich kein klares Bild von ihnen bekommen konnte. Sonst war niemand im Raum. Als ich genauer hinsah, merkte ich, dass es sich um einen Schuppen mit Metalldach handelte ... Gute Erlebnisse hingen damit zusammen ... da war ich mir sicher ... Eine fliegende Maschine, ein Hund ... nein, ein Fuchs!

Ich lag regungslos da, Bilder von Biosphären, Klassenzimmern, Kindern und dem tapfer kämpfenden Prinz zogen langsam vor meinem inneren Auge vorbei und schließlich blitzte ein kalter, stiller, gläserner Raum auf, in dem ich arbeitete, weil ich eine Aufgabe zu erfüllen hatte.

•

Schließlich kam jemand herein und trat an mein Bett. Ein begeistertes Gesicht erschien über mir.

»Endlich bist du aufgewacht! *Oui!* Oboi ist wieder da!«

In meinem Kopf tobte ein heftiger Sturm und alle möglichen Gedanken wirbelten durcheinander. Thules Rettungsaktion, die offensichtlich schiefgegangen war. Ich erinnerte mich an diesen Ort, an das Kraftwerk, jetzt auch an Bergstadt, an die Bibliothek, die zerstört worden war, an Tómos-Biblos.

Aber wer da neben mir stand, das wollte mir nicht einfallen.

»Thule ist schon seit zwei Tagen wach. Du warst in einem so schlechten Zustand, dass du eine etwas längere Ruhepause gebraucht hast«, sagte er, und da erkannte ich die Stimme und das Gesicht.

»Petit!«, brach es aus mir heraus. Meine Stimme war heiser und das Sprechen fiel mir so schwer, als hätte ich es schon lange nicht mehr getan.

»Entschuldigung, Oboi«, meinte er, und auf seinem Gesicht breitete sich ein trauriges Lächeln aus, während er mit dem Kopf auf meinen linken Arm deutete.

Er steckte in einem riesigen, weißen Verband.

»Was ist passiert?«, fragte ich erstaunt, und als ich meinen Arm hob, fuhr eine heftige Schmerzwelle durch meinen ganzen Körper.

»Weißt du das nicht mehr?«, fragte Petit verwundert. »Wir mussten dir die Hand abschneiden. Schnipp schnapp.«

Ich starrte abwechselnd auf ihn und dann wieder auf meinen Arm mit dem dicken Verband, und mir platzte fast der Kopf vor lauter Gedanken. Alles war wirr und durcheinander. Mir die Hand abschneiden? Schnipp schnapp? Sie hatten mir die Hand abgetrennt? Ich hatte keine Hand mehr?

•

Petit erzählte ausführlich, wie die Rettungsaktion abgelaufen war. Es fiel mir schwer, ihm zu folgen, denn jedes Mal, wenn er eine neue Sache oder einen neuen Namen erwähnte, brauchte mein Gehirn eine Weile, um die Information aus einer der verstaubten Ecken hervorzukramen.

»Eigentlich wollten wir dich und Thule nachts holen, aber aus irgendeinem Grund wartete vor der Schultür eine hundertköpfige Graumee auf uns.«

»Die Graumee?«

»Sie hatten Waffen und wir hörten, wie sie über ein Raubtier sprachen. Zum Glück hielten sie nur nachts Wache. Also änderten wir unseren Plan und beschlossen, euch tagsüber zu holen, wenn die Lehrer Pause hatten.«

»Was ist passiert?«

»Thules Befreiung verlief ganz gut, aber du warst total verwirrt, *tous confus*, Oboi!«

Ich versuchte, mich an diesen Moment zu erinnern, aber all die Erinnerungen an die Biosphäre lagen hinter einem dichten Nebel. Ich erinnerte mich dunkel an die Tundra und an etwas Weißes, das unter der Oberfläche des künstlichen Teichs getrieben hatte.

»Was habe ich getan?«

»Du hast dich gewehrt. Ich wusste nicht, dass du ein so starker Kämpfer bist, Oboi. Wo hast du das gelernt?«, fragte er, und es hörte sich nicht an wie Spott.

»Von Marmelade natürlich.«

»Aber natürlich! Marmelade ist hart im Nehmen!«

•

Beim Gedanken an meine Schwester überrollte mich die Sehnsucht. Ich erinnerte mich auch an Fanta und daran, warum ich überhaupt hier war. Ich war auf der Suche nach dem Zuhause von uns dreien, und jetzt lag ich ohne Hand auf einer Pritsche in irgendeiner verfluchten Flugzeughalle.

Petit fuhr fort: »Wir sahen, wie die Lehrer in Richtung Gewächshaus marschierten. Schlüssel übernahm die Führung.«

»Ach, er war auch da?«

»Ja, und Metallsäge. Schlüssel befahl mir, dich festzuhalten, wir hatten nur noch wenige Sekunden … und dann hat Metallsäge …« Petit deutete auf meinen Arm, als könnte er nicht aussprechen, was dann geschehen war.

»Was hat Metallsäge?«

»Deine Hand …«

»Meine Hand abgesägt?«, schrie ich entsetzt und versuchte, meinen in Verband gepackten Arm von mir wegzuschieben, als würde das etwas ändern.

Mein Atem ging schneller.

Wieder hob ich meinen Arm leicht an und spürte einen Schmerz, wie ich ihn noch nie zuvor empfunden hatte.

•

Ich dachte einen Moment lang darüber nach, wie das Leben ohne Hand sein würde. Zum Glück war ich kein Pianist, kein Bildkünstler, kein Schriftsteller oder Schneider. Ich war nur ein Junge, der durch die Gegend zuckelte und nach seinem Zuhause suchte. Ich war erleichtert, denn Häuser suchen konnte man auch ohne Hand.

»Jetzt mal im Ernst, Petit, hat Metallsäge sie wirklich abgesägt?«

Er nickte.

»Oh Mann«, stieß ich hervor und holte tief Luft.

»Deine Hand li-liegt noch in der … Tundra«, stammelte Petit.

Vor meinem inneren Auge sah ich die Bodenvegetation in der Biosphäre, dort auf den Flechten lag also meine Hand. Da würde sich die Schnee-Eule aber wundern.

Wir prusteten los.

»Petit, du errätst nie, wie ich hieß!«

»Flechte?«

»Mond.«

Wir lachten wieder. Wir lachten, obwohl ich wegen meiner abgeschnittenen Hand eigentlich unter Schock hätte stehen müssen. Aber die Erleichterung überwog, denn jetzt war ich hier bei Thule, bei meinen Freunden, in Sicherheit und am Leben.

»Wo ist Thule? Du hast gesagt, sie ist schon vor zwei Tagen aufgewacht.«

»*Oui.* Sie ist früher wach geworden, aber ihre Bilder sind heftiger. Sie muss sie noch durchgehen.«

»Was für Bilder?«

»Ihre Erinnerungsbilder. Das Manus beschränkt die Gefühle, damit die Normos sich auf das Wesentliche konzentrieren können, also ihre Arbeit. Aber nachdem das Manus entfernt wurde, muss man alle Bilder durchgehen.«

»Und macht Thule das?«

»Ihr Gehirn verarbeitet das Ganze gerade.«

»Ist ihr etwas Schlimmes passiert?«

»Nicht unbedingt. Aber trotzdem fühlt sie jetzt alles. Angst, Erwartung, Anspannung, Sehnsucht, Trauer. Das wird angeblich eine Woche dauern, oder zwei.«

»Habt ihr Thule auch die Hand abgetrennt?«

»Nein, aber es war fast unmöglich, die Verbindung zum Manus zu unterbrechen. Wir haben alle Flohmarkthändler, die falsche Mani verkaufen, um Hilfe gebeten. Schließlich haben sie es geschafft, die Verbindung zu kappen. Aber Thule hat kleine Nervenschäden in der Hand.«

•

Da fiel mir der Fuchs wieder ein.

»Was ist mit Prinz passiert?«

Petit sah mich verwundert an.

»Das weiß ich nicht. Er kam eines Tages in einem schlechten Zustand und mit einem lahmen Bein hier an. Jetzt geht es ihm schon wieder ganz gut. Warum fragst du?«

Erleichtert stieß ich den Atem aus.

»Bring ihn zu mir!«

Petit warf mir einen noch überraschteren Blick zu.

»Aber Oboi, ich dachte, du magst Prinz nicht ...«

»Er hat versucht, mich zu retten. Zwar hat er mich verraten und den ganzen Plan untergraben, aber er hat tapfer gekämpft. Wenn jemand so für mich kämpft wie Prinz, bin ich ihm bis ans Ende meines Lebens treu.«

»Selbst wenn er Flöhe hat?«

»Auch dann.«

Petit stieß einen so lauten Pfiff aus, dass mir die Ohren wehtaten, und kurz darauf kam Prinz zur Schuppentür hereingehumpelt.

Er lief direkt zu mir und schleckte mir übers Gesicht.

»Danke, Prinz. Du bist der tapferste Köter, der mir je begegnet ist!«

•

Später, als Petit wieder an seinem Flugzeug arbeitete, blitzte eine Erinnerung in mir auf. Ich sah den toten Schwanenkörper unter der Wasseroberfläche des Teiches treiben und spürte, wie er sich gegen meinen Körper drückte. Entsetzen, Schock, Trauer, Hass, Wut, die Gefühle erschütterten mich wie ein

Gewittersturm. Schweißperlen traten mir auf die Stirn, und ich begriff, was Thule gerade durchleben musste. Prinz hob die Schnauze und sah mich verständnisvoll an. Auch er hatte viel durchgemacht, konnte seine Gedanken aber nicht mit anderen teilen, sondern verarbeitete sie tapfer allein, während er still auf dem Boden lag.

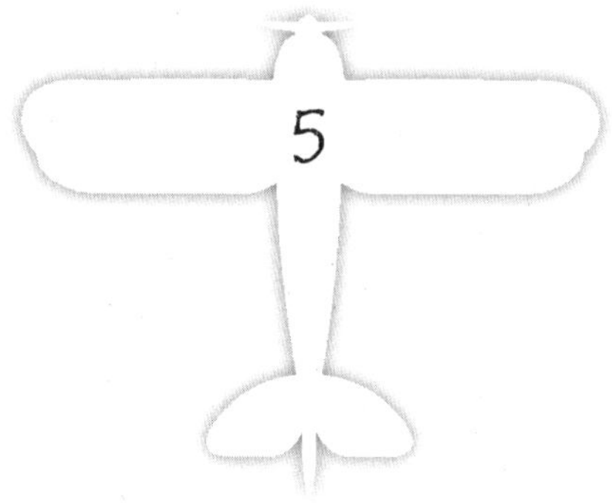

Das gelbe Haus schreibt

Mein nächster Morgen war ein glücklicher. Nach den jüngsten Erlebnissen erschien mir das Kraftwerk wie ein Paradies. Prinz hatte die ganze Nacht neben mir geschlafen. Er bewachte mich.

»Du musst nicht auf mich aufpassen, du bist frei und kannst gehen, wohin du willst«, säuselte ich ihm zu.

Er sah mir in die Augen, rührte sich aber nicht von der Stelle. Ich hatte ihn wohl gezähmt.

•

Die Tür ging auf und die anderen kamen herein. Samuel und Petit vorneweg, gefolgt von einer mittlerweile sehr lauten Gruppe Obdachloser. Alle freuten sich und kamen zu mir, um mich zu begrüßen und meine Hand zu bestaunen, oder besser gesagt, die Bandage, die sich jetzt an deren Stelle befand.

»Werkelt ihr immer noch am Flugzeug herum?«, fragte ich.

»Komm nach dem Frühstück vorbei und schau es dir an«, schlug Petit mit stolzer Stimme vor.

•

Wieder und wieder baten mich die Obdachlosen, ihnen zu erzählen, wie es in der Biosphäre gewesen war und wie mir alles, was ich tun sollte, als Benachrichtigung auf das Manus geschickt worden war. Sie wollten hören, wie ich den Körper des Schwans herausgehoben hatte, und wieder und wieder sollte ich berichten, wie Metallsäge mir die Hand abgesägt hatte. Sie begutachteten meinen verbundenen Arm, schüttelten den Kopf und wollten wieder zur Geschichte zurückkehren, als könnten sie nicht genug davon bekommen. Als ich an der Stelle ankam, an die ich mich selbst nicht erinnern, die ich mir aber gut vorstellen konnte, nämlich als Metallsäge seine Säge erhob, schrien sie entsetzt auf und schüttelten sich vor Lachen. Sie hatten tatsächlich verstanden, dass Geschichten zur Unterhaltung da waren. Schließlich schickte Samuel alle nach draußen. Vor dem Mittagessen sollte ich mich ausruhen und danach würde ich vorsichtig aufstehen dürfen.

»Jetzt musst du erst einmal wieder gesund werden, Oboi!«, sagte er sanft und fuhr fort: »Stell dir nur vor! Ich habe das Geschehen auf den Seiten deines Buches wie gelähmt vor Schreck mitverfolgt. Es war, als würde ich den fürchterlichsten Schauerroman lesen, der je auf Erden geschrieben wurde. Zum Glück ist es jetzt vorbei«, sagte er erleichtert und gab mir mein Buch zurück.

•

Als ich es in die Hand nahm, prangte neben dem goldenen O auf dem Einband jetzt ein kleineres o.

»Ein großes O und ein kleines o. Was hat das zu bedeuten?«, fragte ich.

Samuel antwortete nur mit einem Lächeln.

Vor nicht allzu langer Zeit war ich bereit dazu gewesen, das Buch in den Graben zu schleudern. Da hatte ich gehofft, ich würde es nie wiedersehen, hätte es bereitwillig in die Flammen geworfen und wer weiß, was noch. Jetzt war ich glücklich darüber, es in meinen Händen halten zu dürfen … also in meiner Hand. Gleichzeitig freute ich mich darüber, dass die Worte, die sich selbst dort hineinschrieben, meine Worte waren, meine Geschichte.

Das Buch war jetzt schon gut über die Hälfte mit Text gefüllt. Ich zuckte zusammen, denn auf der letzten beschriebenen Seite standen die Worte, die mir so vertraut waren. Dic Worte, die ich schon als kleines Kind gelernt hatte. Die Wortc, die Marmelade, Fanta und ich jeden Abend im Gefängnis Tómos-Biblos wiederholt hatten. Hier in der Stadt hatte ich aufgehört, sie aufzusagen, aber mir klang lebhaft im Ohr, wie meine Schwestern sie gleichzeitig vortrugen, während ich sie von der Seite meines Buches ablas.

Ich bin es. Mama. Hier höre
ich auf und dann beginnst du.
So schreibe ich dich.
Hier ist dein Mund, er ist ein Kreis,
oder ein O oder ein Mond oder
eine Sonne, ganz wie du möchtest.
Wenn du willst, ist dies
nur ein Märchen.
Draußen ist es grün, dort ist Sommer,
hinter den Gräsern die Bäume,

der Wald, die ganze Welt.
Alles ist bereit für dich,
erwartet deine Zehen, die sich in
den taunassen Rasen drücken,
erwartet deine Hände, die
begeistert durch die Luft tasten,
erwartet deine Augen, die alles, alles
sehen. Wie Geschichten haben auch du
und ich einen Anfang und ein Ende.
Am Ende steht ein Punkt.
Der Punkt ist ein kleines o.

Verfasst von Gelbes Haus

Die Sehnsucht überkam mich. Du kannst dir gar nicht vorstellen, wie sehr ich Fanta und Marmelade bei diesen Worten vermisste! Es kam mir vor, als wäre ich ohne sie nicht komplett, als wäre ich nicht mehr stark oder mutig, als wäre ich längst nicht mehr der, der ich bei meinem Aufbruch gewesen war.

Die Erinnerungen an Mama begannen zu verblassen. Ich betrachtete die Worte auf den Buchseiten, strich mit den Fingern darüber. Sie waren jetzt alles, was mir von ihnen und der Vergangenheit, die wir vielleicht einmal gehabt hatten, noch blieb.

»Ich bin es. Mama. Hier höre ich auf und dann beginnst du. So schreibe ich dich …«, murmelte ich still in Gedanken. Warum hatten sich diese Worte nun sogar auf die Seiten des Buches geschrieben? Warum waren sie gerade jetzt wichtig?

Ich überlegte. Und überlegte. Und überlegte.

»O oder ein Mond …«

Ich ließ meinen Blick über den Buchdeckel gleiten und strich über die beiden runden O.

»Hier höre ich auf … und dann beginnst du … So schreibe ich dich …«

Ich hatte es immer für ein Gedicht gehalten oder sogar für ein Lied, aber vielleicht war es tatsächlich mehr als das.

•

Mir fiel das Rätsel im Buch wieder ein, ich schlug es auf. Die Lösung war ganz offensichtlich der Buchstabe O. Aber was bedeuteten die Kreise auf dem Buchdeckel? Stellten sie einen Mond und eine Sonne dar, oder mich … meinen … Mund? Oder waren es doch Buchstaben?

»Verfasst von Gelbes Haus«, wiederholte ich leise.

Das war unser Zuhause. Schrieb das gelbe Haus uns in die Geschichte? Aber seit wann konnten Häuser schreiben? Oder war Gelbes Haus am Ende … Mama?

»Mama«, flüsterte ich dem Buch leise zu.

Ich weiß nicht, wann ich das Wort zuletzt laut ausgesprochen hatte. In ihm steckten so viel Gefühl, Sehnsucht, Trauer, Hoffnungslosigkeit, Trost und Liebe, dass mir Tränen in die Augen stiegen.

»Mama, hast du dieses Buch geschrieben?«, fragte ich. »Hast du ein Märchen über uns geschrieben?«

Es war keine Antwort zu hören oder zu sehen.

Dennoch deutete alles darauf hin! Uns gab es nur auf dem Papier und am Ende, am Ende unserer Geschichte stand ein Punkt, ein winzig kleines o.

»Ist das alles, Mama?!«, schrie ich und pfefferte das Buch in die Ecke.

Schon wieder. Die Tränen auf meinen Wangen waren nicht aus Papier. Oder doch?

Ich hob das Buch auf und drückte es an meine Brust.

»Mama, bist du da?«, fragte ich, öffnete es noch einmal an der Stelle mit dem letzten Text, und da schrieben sich plötzlich diese Worte auf das Papier:

Oboi, ich war die ganze Zeit über bei dir.
Hab keine Angst.

Mama! Hatte ich also wirklich eine Mutter? Vielleicht war sie nur Text auf Papier, aber das war immerhin etwas. Mama!

•

Am Nachmittag ging ich in die Flugzeughalle. Die Obdachlosen hatten ihr Werkzeug zusammengepackt und waren gegangen. Außer Petit war niemand mehr dort. Er polierte seine Maschine, bis sie wie neu glänzte. Als er mich bemerkte, warf er den Lappen auf den Boden und rannte auf mich zu, um mich zu umarmen. Vor Begeisterung hüpfte er wie ein Fünfjähriger.

»Oboi, sie ist repariert. Sie ist jetzt fertig. Wir können übermorgen losfliegen!«

»Fertig? Ist sie wirklich wieder einsatzbereit?«

»Sie ist völlig in Ordnung. Man kann damit fliegen, Oboi!«

Ich konnte meinen Augen und Ohren nicht trauen. Ich hatte die Maschine die ganze Zeit über für reine Fantasie gehalten, und auch wenn ich sie mit eigenen Augen gesehen hatte, hatte ich trotzdem nicht daran geglaubt, dass ich den Tag noch erleben würde, an dem sie sich in die Luft erhob. Es erschien mir schlicht und einfach unmöglich!

»Bist du dir sicher, Petit?«

»*Mon cher ami,* mein lieber Freund, ich bin mir ganz sicher. Übermorgen fliegen wir!«

»Übermorgen«, wiederholte ich, und spürte, wie sich mein Magen vor Freude und Anspannung zusammenzog.

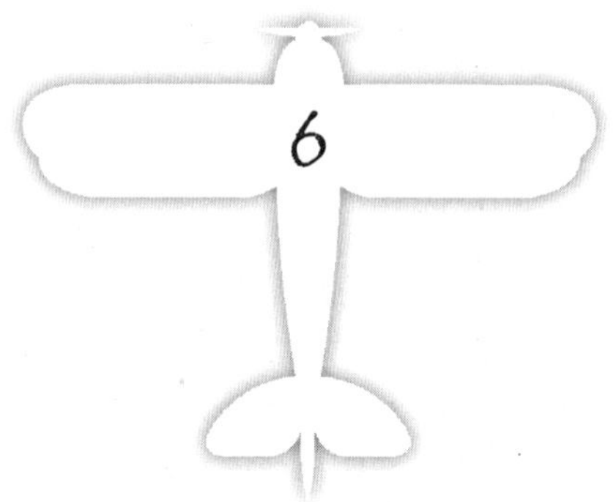

Stockwerk fünf kommt in die Stadt

Der nächste Morgen war so heiß und feucht, dass es von den Blättern der Bäume tropfte, obwohl es seit Ewigkeiten nicht geregnet hatte. Es fühlte sich an, als wären wir in einer Glaskuppel, in der kein Wind die Luft verwirbeln oder bewegen konnte. An diesem nassen Morgen unterhielten sich die Obdachlosen aufgeregt über irgendetwas. Ich versuchte, mit einer Hand zu frühstücken. Unbeholfen nahm ich meinen Tee und mein Brötchen und setzte mich an den Tisch neben ihnen. Als die Obdachlosen mich bemerkten, verstummten sie vollständig.

Thule kam herbei und ihr silbernes Haar stand ihr zu Berge wie eine Eisskulptur. Endlich war auch sie aufgewacht.

»Hey, Thule! Freut mich zu sehen, dass du wieder die Alte bist.«

Sie lächelte ein verlegenes Lächeln.

»Hör mal. Die Obdachlosen hecken irgendetwas aus. Etwas ist passiert, aber ich konnte nicht herausfinden, was«, flüsterte ich.

Thule wirkte selbstzufrieden.

»Ich weiß es schon!«

»Wie kannst du immer alles wissen? Du hast tagelang quasi im Koma gelegen.«

»Am Strand sind irgendwelche Neuen angekommen! Ganz seltsame Gestalten. Klein und haarig.« Thule lachte und schnitt eine Grimasse. »Angeblich stecken Messer an ihren Gürteln, und sie tragen Pelze. Ich habe schon wieder vergessen, was die Obdachlosen alles über sie erzählt haben. Jedenfalls sind in der Nacht viele Hundert Leute aus dem Norden angekommen. Wir müssen sie sehen, ehe ihr losfliegt und bevor sie eingesperrt werden.«

Mein Körper kribbelte vor Aufregung. Das O-Buch hatte gesagt, dass irgendeine Truppe auf dem Weg hierher sei. Vielleicht konnten sie uns beim Aufstand von Nutzen sein. Aber dass sie aus dem Norden kamen …

»Lass uns gehen, Thule! Wo sind sie?« Ich schnappte mir mein Brötchen vom Teller und rannte bereits zur Tür.

Keine Sekunde später waren wir schon unterwegs.

»Wer könnten sie sein?«, fragte Thule.

»Ich weiß es nicht, aber im Norden gibt es nichts anderes als Tómos-Biblos. Wenn jemand von dort kommt, dann bestimmt aus Tómos! Schauen wir nach, ob Fanta und Marmelade dabei sind! Schnell, schnell! Wir müssen vor der Graumee da sein. Wenn die Ankömmlinge aus dem Gefängnis sind, müssen wir sie hierherbringen.«

»Ich habe gehört, sie sind klein und haarig. Sind deine Schwestern klein und haarig?«, fragte Thule keuchend, während sie versuchte, mit mir Schritt zu halten.

Ich warf ihr einen grimmigen Blick zu und machte mir nicht die Mühe zu antworten.

Nach einer Weile erreichten wir den Rand eines kleinen Waldes, in dessen Mitte sich ein Hügel erhob und hinter dem eine schützende Bucht lag. Dort hatte man die Ankömmlinge gesehen.

»Rennen ist eine hirnlose Erfindung«, schimpfte Thule.

»Vielleicht, wenn man halb tot ist, aber für Lebende ist es eine ganz praktische Fortbewegungsart.«

•

Bald hatten wir den Strand erreicht, der von Wildrosen überwuchert war. Es war unmöglich, sie unbemerkt zu durchqueren, zumindest nicht leise.

»Verflixt und zugenäht!«

Thule lachte und grunzte im Anschluss. Es verlieh ihrer sonst so kühlen Persönlichkeit das gewisse Etwas.

»Oboi, du bist bestimmt aus einem Kinderbuch, weil du nicht mal ordentlich fluchen kannst.«

Und da sahen wir sie!

•

Eine riesige Menschenmenge, etliche Dutzend, vielleicht sogar einige Hundert Leute, saßen am Strand um ein glimmendes Lagerfeuer. Sie waren tatsächlich klein, stämmig und ... na ja ... irgendwie behaart und ... ein bisschen wild. Was waren das bloß für Typen? Wir warfen uns verdutzte Blicke zu, so etwas hatten wir noch nie gesehen. Sie waren nicht wirklich ... na ja, von dieser Welt. Ein Teil von ihnen schlief schon, andere saßen nur da.

»Sind sie aus Tómos-Biblos?«, fragte Thule.

»Ich weiß es nicht. Vielleicht. Ich habe sie noch nie gesehen. In Tómos-Biblos ist immer nur ein Stockwerk auf einmal unterwegs oder beim Essen. Ich weiß nicht, wer in den anderen Etagen wohnt.«

Plötzlich entdeckte ich ein mir wohlbekanntes Gesicht!

»Aristo!«

Einer der kleinen Kerle drehte sich ruckartig um und sah in unsere Richtung. Thule zog mich nach unten.

»Bist du dir sicher? Ist das nicht gefährlich? Das sind ganz schön viele von diesen Fellwesen.«

»Aristo! Haaallo! Aristooooo!«, brüllte ich und riss mich aus Thules Griff.

Doch Aristo rührte sich nicht.

•

Vor Erleichterung hatte ich einen Frosch im Hals. Ich wischte mir die Tränen ab, während ich glücklich über den Sand auf ihn zu rannte. Da wurden die kleinen Leute, die wach geblieben waren, hellhörig. Flink standen sie auf, nahmen ihre Stöcke und hielten sie ins Lagerfeuer. Sofort begannen diese zu brennen, und die Kerle blickten mich mit zusammengekniffenen Augen ungläubig an. Dann kamen sie mit ihren brennenden Stöcken auf mich zu.

Wie angewurzelt blieb ich stehen und hob die Arme, um zu signalisieren, dass ich unbewaffnet war und in Frieden kam.

»Aristo!«, rief ich. »Aristo, kannst du deinen Kumpels sagen, dass sie mich nicht anzünden sollen?«

Da schreckte Aristo, der inmitten der Menge gedöst hatte, hoch. Leichtfüßig sprang er auf und sein Mund verzog sich zu einem Lächeln. Er drängte die anderen zur Seite und lief mit offenen Armen auf mich zu.

»Oboi! Oboi! Du lebst, Oboi! Wie schön, dich zu sehen! Was ist das hier für ein Ort?«

»Das ist eine Stadt.«

»So so.« Aristo lachte. »Ein Jahr ist vergangen, und das ist alles, was du herausgefunden hast! Oboi, hast du etwa auch hier nur gefaulenzt?! Was ist mit deinem Arm passiert?«

»Lange Geschichte, Aristo. Später erzähle ich dir alles, aber wer sind diese Typen?«

Doch statt auf eine Antwort zu warten, redete ich weiter: »Ihr seid alle in Gefahr! Ihr müsst sofort mitkommen. Man weiß schon über eure Ankunft Bescheid. Nicht mehr lange, und sie sperren euch ein. Wirklich wahr!«

»Moment, Moment!« Aristo hob den Finger.

Er forderte immer eine Begründung.

»Zu sagen, das Seiende sei und das Nichtseiende sei nicht, ist wahr.«

Thule hatte zu mir aufgeschlossen, und jetzt bemerkte ich ihren erstaunten Gesichtsausdruck. Sie starrte Aristo an und wiederholte leise seine Worte.

»Zu sagen, das Seiende sei und das Nichtseiende sei nicht ... also ..., wie wenn man eine Katze Katze nennt! Total beknackt! Das hier ist also dein genialer Lehrer, Oboi?«

Aristo bog sich vor Lachen und entgegnete: »Es gibt kein großes Genie ohne einen Schuss Verrücktheit! Aber jetzt erklär mir mal, was das hier für ein Ort ist und warum wir in Gefahr sind.«

»Es ist unmöglich, schnell zu erklären, was für ein Ort das hier ist, aber zumindest kann ich dir sagen, dass er überhaupt nicht so ist wie die, von denen du erzählt hast.«

»Ich habe hier aber ganz normale Menschen gesehen ...«

»Die sind nicht normal. Oder doch, aber sie wurden programmiert. Sie schützen diesen Planeten, das ist ihre einzige Aufgabe. Und ihr seid für sie eine große Bedrohung.«

»Wir?«

»Glaub mir einfach. Trommel deine Bande zusammen, dann gehen wir. Es sind ein paar Kilometer. Also, was für verdammte Leute sind das jetzt?«

»Das sind keine verdammten Leute«, sagte Aristo und bedeutete der Menge mit einer Geste aufzustehen. »Darf ich vorstellen, Stockwerk fünf: Hobbits, Zwerge, Elben und so weiter.«

Thules Kinnlade klappte ungelogen zehn Zentimeter nach unten.

»Ich glaube, ich spinne! Wenn jetzt Sauron hinter einem Baum hervorkommt, dann gehe ich hin und bitte ihn um ein Autogramm, egal was passiert!«

»Kein Sauron«, beschwichtigte Aristo. »Hier sind nur die Guten.«

»Na toll«, sagte Thule und konnte den Blick nicht von den Kerlen abwenden, die nur halb so groß wie Menschen waren.

»Ist das da drüben Frodo? Wo ist Bilbo?«, wollte sie wissen und deutete in besagte Richtung.

•

Aristo hatte seine Meute versammelt und wir machten uns auf den Weg zum Kraftwerk. Wir wanderten an der Wasserlinie entlang, im Schutz der Büsche. Das dunkle Wasser war noch warm von der Sommerhitze.

Unterwegs begann Aristo zu erzählen.

»Mega ließ uns wieder im Speisesaal essen, weil es zu umständlich war, das Essen in die Zellen zu bringen. Am dritten Morgen, als Etage fünf gerade mit dem Frühstück an der Reihe war, ging die große Tür einfach auf. Bis heute weiß keiner, warum. Aber kurze Zeit später rannten alle dorthin. Die Wachen versuchten, sie zuzudrücken, aber automatische Türen lassen sich nicht einfach so von Hand schließen. Stühle und Tische fielen um, schreiend und brüllend stürmten wir alle los. Ein Teil wurde von der Menge überrannt, aber wir hatten keinen anderen Gedanken im Kopf als: Raus hier!

Kaum hatten wir die Tür erreicht, begann sie sich wieder zu schließen. Hinter mir hörte ich Schreie und Gebrüll, ein paar blieben stecken, andere rannten wieder zurück ins Innere. Es war schrecklich, aber ich lief einfach der Gruppe hinterher zum Strand. Ein Schiff hatte gerade angelegt und die Wachen trugen Kisten heraus. Als sie uns bemerkten, fielen sie ihnen aus den Händen und purzelten auf den Boden. Aber wir waren zu viele, sie konnten nur tatenlos zusehen, wie wir das Schiff eroberten, die Bugklappe schlossen und nach einigen Fehlversuchen ablegten. Der Weg durch den Nordwald bis zum See verlief ganz gut, das hier ist schließlich eine zähe Truppe, und einige von ihnen sind das Wandern gewohnt. Für die meisten Probleme sorgte der Schluchtsee. Ein paar sind auf der anderen Seite zurückgeblieben, weil sie schlichtweg nicht schwimmen konnten, geschweige denn tauchen. Aber da sind wir nun, die Mutigsten der Mutigen«, verkündete Aristo feierlich und deutete stolz mit dem Arm auf seine Leute.

Dann krakeelte er wie eine aufgeregte Lachmöwe.

»Ich kann es kaum erwarten, dass du mir von den Attraktionen dieser tollen, modernen Stadt berichtest«, sagte er.

•

Am Ufer entlangzugehen war sicher, da sonst niemand im Wasser unterwegs war. Und kurze Zeit später erreichten wir den Strand vor dem Kraftwerk.

»Wie kommen Marmelade und Fanta zurecht?«

Ich hatte die Hoffnung gehegt, dass meine Schwestern auch mit dabei waren.

Aristo schüttelte den Kopf.

»Nicht gut, nicht gut. Wenn sie doch nur zur selben Zeit beim Frühstück gewesen wären. Aber die Leute aus Stockwerk 177 essen nie mit uns zusammen.«

»Ich habe gehört, dass Fanta die Verantwortung für den Feuerschlund bekommen hat«, sagte ich.

Aristo nickte.

»Wie zum Teufel schafft sie es, Holz zu hacken? Was für ein idiotischer, hirntoter Irrer teilt Fanta für den Feuerschlund ein?«

»Mega ist zwar eine Irre, aber ich glaube nicht, dass sie hirntot ist, bedauerlicherweise. Natürlich schafft die kleine Fanta es nicht, Holz zu hacken.«

»Und wie beheizt sie dann das Gefängnis?«

»Frag nicht. Ich weiß es nicht. Sie ist das zäheste Mädchen, das ich je getroffen habe.«

Ich spürte einen Stich im Herzen. Fanta. Das zäheste Mädchen. Das war sie wirklich.

»Aristo, wusstest du die ganze Zeit, dass wir Figuren aus Büchern sind?«

»Na, ich würde mich selbst nicht als Figur bezeichnen, aber sei du ruhig eine Figur, wenn es dir gefällt. Ich bin eine Persönlichkeit. Und genau darum habe ich dir mein Buch ›Poetik‹ mit auf den Weg gegeben. Ich dachte, meine Kenntnisse könnten erneut von Nutzen sein.« Aristo lachte glucksend.

»War das dein Buch?«, fragte ich und schlug mir verärgert die Hand vor die Stirn, als mir wieder einfiel, was ich bei meiner Ankunft damit gemacht hatte.

»Als ich hier ankam, habe ich es zwei Jungen gegeben, die nicht lesen können. Wenn ich es doch nur kapiert hätte, aber damals wusste ich noch nicht ...«

»Das macht nichts, Oboi.«

»Und Marmelade, wie geht es dem Griesgram?«

»Sie wartet auf deine Rückkehr. Sie tut nichts anderes, als zu malen. Je schwermutiger sie wird, desto schöner werden die Gefängniswände.«

•

Und da wusste ich, was meine Aufgabe war. Ich sah sie klar vor mir, genau wie es das O-Buch gesagt hatte: Ich musste zurück und meine Schwestern holen, der Rest der Welt war mir egal.

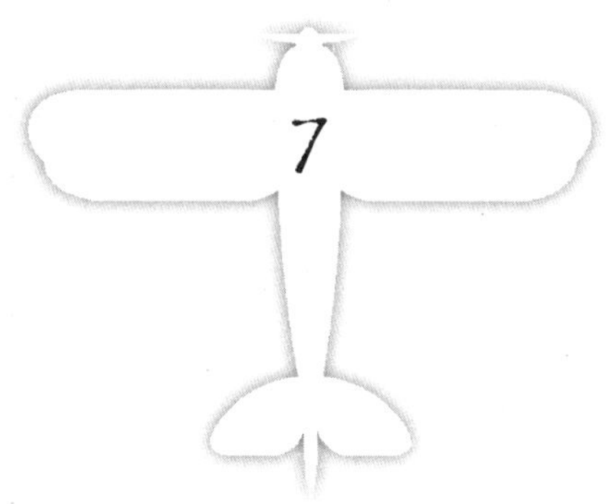

Ein Punkt hinter Samuels Geschichte

Die Laternenpfähle piepten, die Straßenbahnhaltestellen riefen ihre Namen aus. Die nächtlichen Imbisse und Cafés forderten die Arbeiter der Nachtschicht lautstark auf einzutreten, und ein Wetterpfosten ermahnte die Leute, ihren Regenschutz zu aktivieren. In dieser Nacht prallten heiße und kalte Luft aufeinander. Über dem Kraftwerk wütete ein gewaltiges Gewitter. Stunde um Stunde dröhnte und grollte es und rückte kein Stück von Bergstadt ab. Es war, als würde der Sturm sagen: »Es ist wieder August und ich bin gekommen, um dich wach zu halten. Nicht schlafen! Jetzt ist nicht die Zeit für Schlaf. Hab keine Angst! Jetzt ist nicht die Zeit für Angst. Es ist August und du musst etwas tun, um alle verschlossenen Türen und Tore aufzusprengen.«

Wir saßen in der Eingangshalle des Kraftwerks und wärmten uns am Lagerfeuer – Petit, Aristo, die Obdachlosen, die Neuankömmlinge und ich. Es wurde sich lebhaft unterhalten, und alle schienen sich füreinander zu interessieren.

Thule war hinter mir aufgetaucht und ich warf ihr einen Blick zu.

»Thule, hast du schon gehört, dass Petit seine Maschine repariert hat?«

Sie nickte.

»Wir fliegen morgen los. Kommst du auch mit?«, fragte ich.

Thule schüttelte den Kopf.

»Rette du deine Schwestern, ich kümmere mich um Samuel«, sagte sie lächelnd.

Dann wurde sie wieder ernst. Mit traurigem Gesicht meinte sie: »Ihm bleibt nicht mehr viel Zeit.«

•

Samuel lag auf einem Lager aus Paletten, auf dem sich erschreckende viele Decken türmten. Wenn er hustete, wackelte der Deckenstapel. Samuels großer Koffer war sorgfältig gepackt. Daneben standen ein paar Schösslinge, an denen mit Schnüren ein Tragegriff befestigt war. In einer Proviantbox befanden sich fertig gestückelte Mandarinen und ein paar trockene Brötchen. Alles im Raum schien zu rufen: Er geht weg!

Plötzlich überkam mich ein eisiges Gefühl der Einsamkeit. Mir wurde klar, dass ich dabei war, jemand außerordentlich Wichtiges zu verlieren, jemanden, ohne den es schwer sein würde zu existieren. Ohne den es schwer sein würde, weiterzumachen. Tränen, so groß wie Regentropfen, stiegen mir in die Augen und flossen über mein Gesicht. Ich versuchte, die Tränenflut einzudämmen, aber vergeblich.

Samuel blickte mich mit klaren, aber müden Augen an und sagte: »Sei nicht traurig, wenn meine Geschichte endet, Oboi. Deine geht weiter und ich durfte ein Teil davon sein.«

»Kannst du wenigstens dieses eine Mal nicht von der Geschichte reden? Oder glaubst du wirklich, du hast ein paar

Hundert Jahre auf dieser Welt gelebt, nur um eine Nebenfigur in meiner Erzählung zu sein?«

»In deiner bin ich eine Nebenfigur, aber ich habe auch meine eigene Geschichte, so wie alle«, antwortete er. »Auch wenn ich an deiner Seite gegangen bin, gibt es mich nicht nur um deinetwillen. Am Ende wirst du das verstehen.«

»Ich will nicht, dass du stirbst«, sagte ich.

All die Sehnsucht und all der Schmerz stiegen mir jetzt gleichzeitig in die Kehle. Ich schluckte.

»Oboi, auch wenn ich jetzt sterbe, höre ich nicht auf zu sein. So wie deine Worte, die durch die Luft fliegen, auch nicht aufhören zu sein, wenn du deinen Mund schließt. Sie werden immer deine Worte sein. Sie hallen in der Luft wider, erklingen in den Ohren anderer, werden weitergetragen, um von anderen wiederholt zu werden. Selbst wenn du meine Asche in die Erde hinabsenkst, werde ich nicht dortbleiben. Ich bin wie der Mond oder die Sonne, ganz wie du möchtest, ich werde auferstehen, umhergehen oder Polka tanzen. So tun es die Toten seit jeher, sie begleiten ihre Liebsten. Ich werde weiterhin meine Aufgaben erfüllen, an deinen Morgen und an deinen Abenden. Ich werde in deinen Träumen sein, auf der anderen Seite der Wirklichkeit.«

»Du wirst weiterhin deine Aufgaben erfüllen? Was sind das denn für welche?«, fragte ich.

Er zuckte mit den Schultern und begann müde zu husten.

Dann schloss er die Augen. Meine Kehle war vor Trauer so zugeschnürt, dass ich nicht mehr sprechen konnte. Ich hielt meinen Blick auf sein friedliches Gesicht gerichtet.

Samuel öffnete die Augen wieder und meinte: »Eine winterharte ... Mandarinensorte.«

Er lächelte ein wenig, und auch ich versuchte es.

Dann sog er ein letztes Mal die Luft dieser Welt in seine Lungen, stieß sie wieder aus und starb.

•

Ich fiel neben ihm auf die Knie und fing hemmungslos an zu weinen. Ich hatte gewusst, dass Samuels Ende nahte, schon lange hatte ich es geahnt. Dieses Wissen hatte sich um meine Brust gelegt wie ein eiserner Ring, den ich nicht loswerden konnte. Durch das Weinen begann die erdrückende Trauer endlich leichter zu werden, zu fließen. Sie bewegte sich in mir, nahm mir nicht mehr die Luft zum Atmen. Die Trauer konnte ich aushalten, aber ohne zu atmen, hätte ich nicht überleben können. Ich betrachtete Samuels entspanntes Gesicht. Er sah glücklich aus.

•

In seinen Händen lag ein dickes Buch mit dunklem Umschlag, das jetzt zu Boden fiel. Ich hob es auf. »Die Legende von Megaira« stand auf dem Einband. Ich öffnete es. Mit Bleistift hatte Samuel auf die erste Seite geschrieben:

> Lieber Oboi!
>
> Hoffentlich findest du auf deinem Weg einen glühend heißen Ort für diese Geschichte. Dir ist sicherlich klar, dass auch für alle anderen ein solcher gefunden werden muss. Denk daran, dass du das beste Kind aller Zeiten bist.
>
> Samuel

Ich steckte Megairas Buch in meinen Rucksack, jetzt musste es mit dem O-Buch klarkommen.

•

In der nächsten Nacht taten Petit und ich etwas so Furchterregendes, dass ich nicht daran zurückdenken will. Ich werde es nur ganz kurz abhandeln, denn schon beim bloßen Gedanken daran wird mir schlecht.

Wir gingen zurück in den Wald, aus dem wir damals in Panik geflohen waren, bis hin zu Megairas Haus. Wir fürchteten uns wie nie zuvor. Im Dunkel der Nacht bespritzten wir die Wände des alten Hauses mit Flugzeugöl, und ohne dass uns jemand aufhielt oder sah, zündeten wir ein Streichholz an und steckten die Bruchbude in Brand. Im Nullkommanichts ging sie in gigantischen Flammen auf, und obwohl das Haus klein war, loderte das Feuer viele Stunden lang hoch über den Bäumen des Waldes. Noch am Morgen unseres Abflugs sahen wir es nach dem Aufwachen über dem Wald züngeln. Als wir in die Flammen starrten, erkannten wir darin grauenhafte Bilder, wie Albträume, so schrecklich, dass ich sie niemals vergessen werde.

»Haben wir Megaira umgebracht?«, fragte Petit.

»Wohl kaum«, antwortete ich. »Wenn das irgendwann passiert, wird es uns nicht entgehen, glaube ich. Aber immerhin wurden viele der Bücher über sie zerstört.«

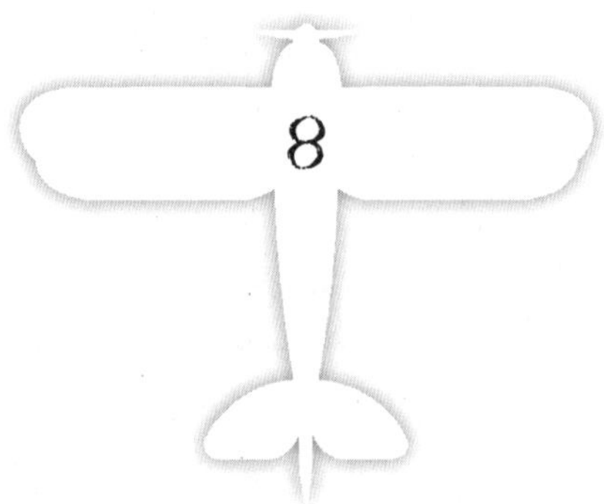

Ich entscheide

Ich saß mit dem O-Buch unter dem Arm auf der Treppe vor dem Kraftwerk. Es war windig. Wie immer vor einem Sturm, schossen die Krähen mit ausgefransten Flügeln durch die Luft, schlugen hier und da übermütige Haken, krächzten und forderten ihre Freunde zum Mitmachen auf. Der Wind zerrte an den Bäumen und stieß die Fenster auf, die man vergessen hatte zu schließen. Eine kräftige Böe blies den Müll durch die Luft, als hätte der größte Entrümpelungstag aller Zeiten begonnen. Ich warf einen Blick auf den Buchdeckel und schnappte nach Luft. Jetzt stand dort klar und deutlich mein Name: »Oboi«. Ein Glücksgefühl durchströmte mich, als mir der letzte Text darin wieder einfiel. Was mochte es wohl bedeuten, wenn die Autorin meiner Geschichte tatsächlich meine Mutter war? Ich wusste es nicht. Ich schlug das Buch auf.

Auf der letzten beschriebenen Seite waren diese Worte erschienen:

Oboi. Du kannst nicht zurück ins Gefängnis. Das wird dein Ende sein.

In diesem Augenblick startete Schlüssel den Propeller, und Petit fing wie wild an zu gestikulieren und zu rufen. Es war Zeit für den Abflug. Der wahnsinnige Lärm des Motors dröhnte mir in den Ohren.

»Huhuuu, auf geht's, Angsthase!«, rief Petit, und mein Mund verzog sich zu einem breiten, freudigen Lachen.

Warum behauptete das Buch jetzt plötzlich, dass ich nicht zurück ins Gefängnis konnte? Ich musste zurück dorthin, das war ganz klar. Das Buch musste sich irren!

Kurze Zeit später rollte die Maschine über den riesigen Asphaltplatz des Kraftwerks. Ich befestigte meinen ledernen Sicherheitsgurt, im selben Moment hob das Flugzeug ab und drehte sich mit der Nase eilig Richtung Himmel. Ich hatte ein so flaues Gefühl in der Magengegend, dass ich nicht wusste, was als Nächstes passieren würde, ob ich mich übergeben, in Ohnmacht fallen oder anfangen würde zu lachen.

Ich blickte auf das Buch und meinen Namen auf dem Umschlag. Dann flüsterte ich ihm zu: »Auf dem Einband steht mein Name. Ich entscheide, was als Nächstes passiert.«

Und so warf ich es in meinen Rucksack und sah zu, wie der Boden sich unter uns nach und nach entfernte.

VIERTER TEIL

Das gelbe Haus entzündet ein Licht

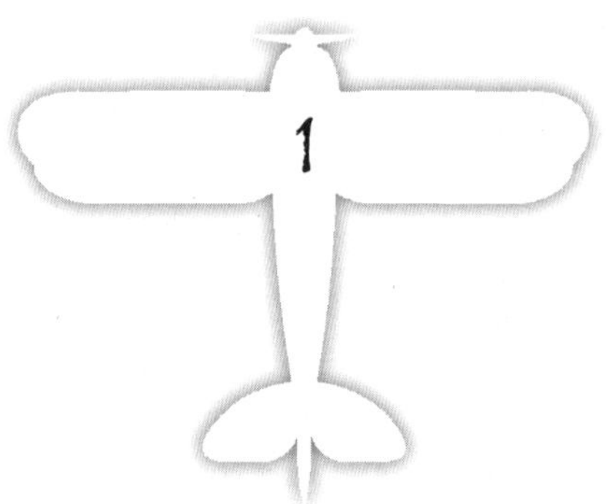

Gelbes Haus: Die Erzählerin

Jetzt wirst du überrascht sein, lieber Leser, entschuldige. Fall aber trotzdem nicht gleich vom Stuhl! Ich hatte nicht vor, mich auf diese Art in die Geschichte einzumischen, aber jetzt, da ich Obois Worte gehört habe, muss ich meinen Plan ändern.

Wie du weißt, hat jedes Buch eine Hauptfigur, in diesem Fall Oboi, und hinter ihm steht natürlich die ganze Zeit der Erzähler. Dieser hält sich gern im Hintergrund, er muss nicht selbst gegen den Drachen kämpfen oder das Mysterium lösen. Ihm reicht es, wenn er das Ganze entwerfen darf. Der Held des Buches kämpft und siegt, aber wer erschafft den Kampf? Wer erschafft den Helden? Der Erzähler natürlich! Und das klappt nicht, wenn die Hauptfigur anfängt, die Geschichte selbst in die gewünschte Richtung zu lenken. So geht das natürlich nicht, das ist Geschichtengesetz. Aber ich will dich jetzt nicht noch tiefer in die Regeln und Gesetze von Geschichten einführen.

Nun wird dir wahrscheinlich klar sein, dass ich die Erzählerin dieser Geschichte bin.

Vielleicht dachtest du, Oboi erzählt seine eigene Geschichte? Nun ja, solche Schwindler sind wir Geschichtenerzähler. Wir lassen dich allerhand Dinge glauben.

•

Wie ich heiße, willst du jetzt wissen?

Mein Name ist Gelbes Haus. Freut mich. Ich bin hier und da kurz als Nebenfigur aufgetaucht, während Oboi versucht hat, in dieser unglaublich verworrenen Geschichte seinen Weg zu finden.

Ich, Gelbes Haus, bin eine der letzten Alten. Ich bin Tunnelgräberin, spreche die Sprache der Vögel, bin die Wächterin des Schluchtsees und Schriftstellerin. Natürlich bin ich ein Mensch und kein Haus, und ja, ich habe auch einen richtigen Namen. Warum ich mich dann Gelbes Haus nenne?

Das ist etwas kompliziert.

•

Das echte gelbe Haus befindet sich außerhalb dieser Geschichte. Also das Haus, das so aussieht, wie Häuser eben aussehen, mit Dach, Fußboden, Wänden, Türen, Fenstern und gelb gestrichenen Außenwänden. In dieser Erzählung ist es schon fast 100 Mal erwähnt worden. Trotzdem befindet es sich nicht in der Welt dieser Geschichte.

Du weißt ja, dass nicht alle Märchen sich in deiner Welt abspielen. Du erinnerst dich sicher an Alice, auch sie wurde hier schon viele Male erwähnt. Sie fällt von der normalen Welt aus in einen Kaninchenbau und landet in einem ziemlich merkwürdigen Wunderland. Vielleicht kennst du auch Narnia, die Zauberwelt, in die man durch die Rückwand eines ganz gewöhnlichen Kleiderschranks gelangt, und Bastian, der im Buch »Die unendliche Geschichte« in ein Abenteuer verwickelt wird.

Das gelbe Haus liegt in einer anderen Welt und ganz unter uns gesagt: Von Berihelland aus führt kein Weg zu ihm. Kein Kaninchenbau, kein Kleiderschrank, nicht einmal, wenn man durch den Schluchtsee taucht, kommt man dorthin. Behalten wir dieses Wissen aber vorerst noch für uns. Ich will Oboi nicht entmutigen, denn das gelbe Haus ist das, was ihn antreibt, es ist das, wonach er sucht, und es ist wichtig, dass er glaubt, es finden zu können.

•

Für den Erzähler besteht immer die große Gefahr, zu tief in seine Geschichte einzutauchen und nicht mehr herauszukommen. Er wird zum Gefangenen seiner eigenen Erzählung. Ich bin schon sehr lange in dieser Geschichte. Ich muss fort von hier. Oboi ist in Gefahr, diese Geschichte ist in Gefahr, Berihelland, das Gefängnis, eine so große Gruppe von Menschen läuft Gefahr, vergessen zu werden und zu verschwinden, dass ich gar nicht daran zu denken wage.

•

Ich beginne meine eigene Erzählung an dem Tag Mitte August, als der Aufstand von Berihelland bereits angefangen hatte. Die Vögel erzählten mir, was in der Bibliothek geschehen war. Sie berichteten mir auch, dass die Obdachlosen eine Niederlage erlitten hatten.

Glücklicherweise hatte ich in einem meiner Verstecke genau das richtige Buch, eines, in dem viele gute und widerstandsfähige Figuren vorkommen. Nun war es an der Zeit, es zu lesen und das Buchvolk daraus zu befreien, damit sie den Obdachlosen zu Hilfe kamen. So einfach war sie also, die Befreiung des Stockwerks fünf, Buchstabe für Buchstabe.

Doch Aristo und Stockwerk fünf kamen quälend langsam voran. Ich führte sie mithilfe von Nachrichten, die ich ihnen mit Spatzen übermittelte, durch den Nordwald zum

Schluchtsee, und von dort weiter zum Strand von Berihelland. Danach sagte ich ihnen, worum es ging, und sie versprachen, den Obdachlosen beim Aufstand zu helfen.

•

Ich wohne schon so lange im Wald, dass ich gelernt habe, die Sprache der Vögel zu sprechen. Na ja, vielleicht ist das übertrieben, natürlich kann ich sie nicht sprechen, aber ich verstehe zumindest einige Arten. Die großen Vögel verstehe ich nicht und sie sprechen auch kaum, außer in Notfällen und während des Vogelzuges, aber man kann trotzdem viel aus ihrem Verhalten herauslesen.

Die Sprache der Spatzen ist am leichtesten zu verstehen. Sie ist schön. Sie verwenden kurze Sätze und reden gern um den heißen Brei herum. Ihr Erzählen ist wie eine Spirale, die sie gemeinsam sprechen, indem sie gegenseitig ihre Geschichten ergänzen. Am Ende wird alles vollkommen klar, selbst für mich, auch wenn ich nicht jedes einzelne Wort verstehe.

•

Im August vor einem Jahr war ich hier in meinem Wald und sammelte hinter meiner alten Rostlaube Blaubeeren. Die heiße Luft flimmerte und die Wespen waren gerade auf der Suche nach der letzten Ration Fleisch, bevor sie sterben würden, als in aller Eile ein Spatz angeflogen kam. Er flatterte einen Moment vor meinem Gesicht herum, bevor mir klar wurde, dass er eine Nachricht überbrachte.

Er sagte: »Der Junge ist jetzt unterwegs. In drei Tagen kommt er an.«

»Wo?«, fragte ich, aber vergeblich.

Der Spatz verstand mich nicht, geschweige denn wusste er es. Er war nur der Überbringer der Nachricht.

»In drei Tagen«, sagte ich laut.

Schnell schrieb ich das Wort FLOHMARKT auf einen kleinen Zettel, wies den Vogel an, ihn dem Jungen zu geben, Oboi, und so flog er mit dem Zettel im Schnabel zum Strand von Berihelland, um dort zu warten. Ich klebte mir ein falsches Manus an die Hand, holte das Buch, die Marmeladen und die Tontöpfe aus meinen Verstecken, rannte durch den Wald zum Flohmarkt und stellte einen Stand auf.

So wiederholte ich es drei Tage lang, bis Oboi schließlich ankam. Du kannst dir nicht vorstellen, wie es sich anfühlte, ihn leibhaftig vor mir zu sehen. Und real. So stark und schön. Ich wollte ihn an mich drücken und nie wieder loslassen, aber das ging nicht. Ich konnte ihm nur das Buch geben und hoffen, dass alles so kommen würde, wie es sollte.

•

Und jetzt, ein Jahr nach seiner Ankunft, hatte ich wieder den Spatz vor mir. Er flatterte vor meinem Gesicht herum, und als ich genau hinhörte, konnte ich die Worte »Der Junge kehrt zurück« ausmachen.

»Was?«, fragte ich, wie beim letzten Mal, aber der Spatz wiederholte nur seine Nachricht und flog davon.

Ich dachte nach. Wenn der Junge beim letzten Mal hierher unterwegs gewesen war, nach Berihelland, dann kehrte er jetzt dorthin zurück, wo er hergekommen war. Ins Gefängnis!

Nein! So hatte ich das nicht vorgesehen. Das würde niemals gut gehen! Oboi! Komm zurück! Du kannst nicht zurück ins Gefängnis! Das wird dein Ende sein!

Schnell holte ich das Buch hervor und schrieb mit großen Buchstaben hinein:

Oboi! Du kannst nicht zurück ins Gefängnis! Das wird dein Ende sein!

•

Magst du lieber glückliche oder unglückliche Enden? Magst du offene Enden, bei denen man nicht genau sagen kann, was von beidem sie sind? Ich muss gestehen, dass ich keine Ahnung habe, wie diese Geschichte ausgehen wird. Normalerweise weiß es die Erzählerin, aber diese Geschichte ist eben ganz anders, als Geschichten es normalerweise sind. Ich hoffe das Beste, aber ich muss zugeben, dass ich Angst habe.

Jetzt muss ich auch dich warnen, lieber Leser. Vielleicht ist dir mittlerweile klar, dass eine Welt ohne Geschichten ein gefährlicher Ort ist, aber was ist mit einer Welt, in der die Geschichten anfangen, ihre Autoren zu kontrollieren? In der sie anfangen, ihre Leser zu kontrollieren? Hilfe!

•

Ich hatte es so geplant, dass alle, die lesen konnten, nach und nach Geschichten lesen sollten, sodass ein Gefangener nach dem anderen freikäme. Ich würde sie durch den Schluchtsee nach Berihelland führen. Wenn genug Leute zusammengekommen wären, würden sie sich zu einer Gruppe vereinen, die schließlich so stark wäre, dass sie die Macht hätte, Wanda und deren Anführerin Megaira zu zerstören.

Doch nun hatte Oboi begonnen, eigene Schritte zu gehen. Zuerst waren es eher zufällige (Megairas Haus), dann entschlossenere (das Eindringen in die Biosphäre) und schließlich geradezu waghalsige (die Zerstörung von Megairas Haus). Und jetzt hatte er sich auch noch auf den Weg nach Tomos-Biblos gemacht!

Wie konnte ich ihm helfen, allein gegen Megaira zu bestehen?

Das würde niemals gelingen!

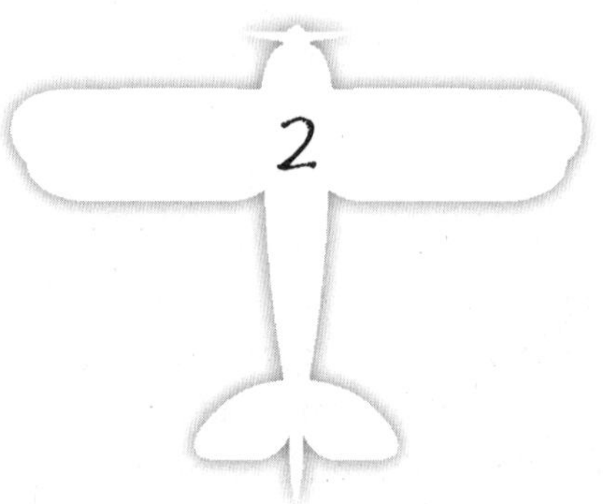

Gelbes Haus: Mein Sohn Oboi

Ich schrieb meine Geschichte in der alten Rostlaube. In diesem mintgrünen Auto mit der runden Schnauze hatten Samuel und ich Abenteuerreisen zu Meeresstränden, Provinzen und Städten unternommen. Jetzt stand es mitten im Wald herum. Eine Tür fehlte, das Lenkrad war verbogen, und durch den Boden wuchs Gestrüpp.

Durch das Schreiben konnte ich, wenn schon nicht meine Kinder, dann zumindest mich selbst aus den Tiefen der Trauer retten. So dachte ich zuerst.

Ich schrieb meine drei Kinder mitten in die finsterste Schwärze hinein, damit sie verstanden, was Licht ist. Ich schrieb sie in ein Gefängnis, damit sie verstanden, was Freiheit ist. Und für meinen Sohn Oboi erdachte ich mir eine Reise nach Bergstadt, damit er verstand, wie die Welt wäre, wenn wir Geschichten in Vergessenheit gerieten ließen. Ich schrieb ihm eine große und schwierige Aufgabe, damit er seine Illusionen aufgeben, aber dennoch seinen Mut einsetzen konnte. Ich schickte ihm Samuel zu Hilfe, ihn, der bereits im Grab lag.

•

Vor Hunderten von Jahren gab mir Wanda zu verstehen, dass die Welt keine Geschichten mehr brauchte. Das traf mich wie ein Messer ins Herz, denn ich bin Schriftstellerin und nichts sonst. Du wärst genauso erschrocken, wenn du zu hören bekämst, dass Kinder in Zukunft nicht mehr benötigt werden. (Keine Angst, Kinder werden immer gebraucht, das war nur ein Beispiel.)

Ich schrieb im Geheimen. Obwohl mir meine Kinder weggenommen wurden, obwohl Samuel an der Lungenkrankheit starb, obwohl man mich im Krankenhaus einsperrte. Trotz dieser Ereignisse kehrte ich immer wieder in den Wald zurück und schrieb. Ich hielt mich versteckt. War am Leben. Schrieb. Denn gerade jetzt brauchte es Menschen mit Kraft, Ausdauer und dem Licht der Fantasie.

Schließlich, nachdem ich Hunderte von Jahren geschrieben hatte, bekam Wanda Wind davon, dass ich es immer noch tat. Und so kam die Graumee regelmäßig bei meinem Haus vorbei. Aber es kümmerte mich nicht, denn die Spatzen warnten mich jedes Mal vor ihrem Besuch.

•

Vielleicht willst du eine Erklärung dafür, wie ich ein Buch schreiben konnte, das sich im Rucksack meines Sohnes Oboi befand. Wie du schon bemerkt hast, laufen die Dinge in dieser Geschichte nicht so wie in deiner Welt. Hier kann ein Buch durchaus zwei Bücher gleichzeitig sein, eines, in das ich schreibe, und eines, das Oboi liest. Es können sogar drei Bucher sein. Das dritte wird in diesem Moment vielleicht von genau dir gelesen, und doch sind sie alle ein und dasselbe. Es lohnt sich also nicht, sich an dieser Stelle an kleinen Einzelheiten aufzuhalten, die dir unlogisch vorkommen. Am Ende wirst du es verstehen, auch wenn es dir im Moment etwas verworren erscheint.

•

Nun saß Oboi mit seinem Freund Petit im Flugzeug und ich wusste nicht mehr, wie ich die Kontrolle über seine Geschichte wiedererlangen könnte. Sollte ich einfach auf meinen Sohn vertrauen? Ich war krank vor Sorge. Wie sollte er jemals eine so schwierige Aufgabe meistern? Das war längst kein Abenteuer mehr, dem er gewachsen war.

Obois erstes großes Problem war der Schluchtsee. Noch nie hatte ich jemanden in die entgegengesetzte Richtung hindurchgeführt und ich konnte nicht garantieren, dass es klappen würde, aber es gab keinen anderen Weg zum Gefängnis. Also schrieb ich kurz ins Buch:

Oboi. Jetzt, da ihr euch für die Rückkehr zum Gefängnis entschieden habt, müsst ihr eines wissen: Nach Tómos-Biblos gibt es nur einen Weg, und dieser führt durch den Schluchtsee.

•

Das zweite, noch größere Problem war Tómos-Biblos. Es war Wahnsinn, in ein Gefängnis einzubrechen! Man brach daraus aus und kehrte nicht dorthin zurück. Oder kennst du irgendeine Geschichte, in der ein Gefangener heimlich in sein eigenes Gefängnis einbricht?

Das dritte und schlimmste Problem war Megaira.

Sie war viel mehr als ein Mensch oder ein Dämon. Sie war riesig wie ein Berg, sie herrschte über Leben und Tod, über die ganze Welt. Sie war gleichzeitig Wahrheit und Legende, und das machte sie unbesiegbar. Wenn jemand sie im wahren Leben zerstören würde, würde sie in den Geschichten weiterleben. Schon viele hatten versucht, sie umzubringen, aber wenn sie dann durch das Weltall glitt, auf dem Weg zur Pforte des Totenreiches, setzte sie sich jedes Mal wieder neu zusammen, kehrte stärker zurück als zuvor, einfach, indem sie ihre eigene Geschichte las. Sie hatte unzählige Exemplare davon, aber bei dem Brand, den Oboi und Petit gelegt hatten, waren fast alle zerstört worden. Nur zwei Bücher waren übrig.

Eines davon hatte Oboi in seinem Rucksack und das andere trug Megaira bei sich.

•

Um Megaira loszuwerden, mussten also auch die letzten von ihr handelnden Bücher und schließlich auch die existierende Figur vernichtet werden. Unmöglich!

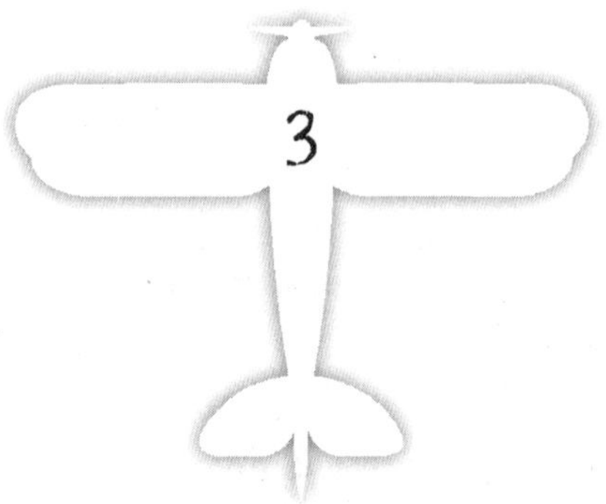

Oboi: Sicherheitsgurte anlegen!

Ich, Oboi, flog das erste Mal in einem Flugzeug. Der Lärm war ohrenbetäubend und jede kleine Richtungs- oder Höhenänderung machte sich in meinem Magen bemerkbar und ließ gleichzeitig ein Gefühl von Schrecken und wilder Ekstase durch meinen ganzen Körper strömen. Unter uns sausten öde Graslandschaften, Seen und Wälder, namenlose Dörfer und Städte vorbei, während Petits altes Flugzeug schwankend durch die Luft schnitt. Alte Nussbaumhaine wechselten sich mit Schmetterlingswiesen ab und die hier und da kreuzenden Asphaltstraßen zeugten davon, dass auch an diesen Orten einmal Menschen gelebt hatten. Jetzt hatte die Natur alles zurückerobert.

Petit warf mir ständig Blicke zu und lachte.

»Glaubst du mir jetzt, dass ich fliegen kann?«, rief er über den Motorendonner hinweg.

»Das muss ich wohl, aber wie gut du das kannst, weiß ich noch nicht.«

»Das wird sich herausstellen, wenn wir das Ufer der Insel V erreichen«, sagte er, und genau in dem Moment ließ er die Maschine so ruckartig nach rechts abdrehen, dass ich mir sicher war, meine letzten Sekunden hätten geschlagen.

Aber mein Leben endete nicht mit diesem Manöver. Petit konnte wirklich fliegen!

»Petit, bist du dir sicher, dass man mit dem Flugzeug auf die Insel kommt? Also, ich meine ... Wir hätten ja eigentlich den Weg durch den Schluchtsee nehmen müssen, wie damals nach Bergstadt, und Samuel hatte die Vermutung, dass der ganze Ort sowieso ... na ja ... fiktiv ist.«

»Du meinst, dass das Gefängnis nur ein reines Märchen ist?«, fragte Petit lachend.

Ich holte das Buch aus meinem Rucksack. Zu meiner Verblüffung war dort noch ein zweites, das ich komplett vergessen hatte! Zwei schwarze Umschläge. Auf dem einen stand »Die Legende von Megaira« und auf dem anderen »Oboi«. Ich hütete mich davor, Megairas Buch zu öffnen, denn immer, wenn es jemand las, wurde sie ein wenig stärker. Warum hatte ich es nicht in die Flammen geworfen?, fragte ich mich verärgert.

Auf der letzten beschriebenen Seite meines eigenen Buches stand:

Oboi. Jetzt, da ihr euch für die Rückkehr zum Gefängnis entschieden habt, müsst ihr eines wissen: Nach Tomos-Biblos gibt es nur einen Weg, und dieser führt durch den Schluchtsee.

Der Text stand mitten auf der Seite. Ich musste Petit dazu kriegen, mir zu glauben.

»Ich finde, wir sollten den Weg durch den Schluchtsee nehmen.«

Mein Freund schien keine Sekunde daran zu zweifeln, dass wir auf der von ihm gewählten Route ans Ziel kämen.

»Die Insel V gehört zu einer Inselgruppe, die im Arktischen Ozean liegt. Schau, hier ist eine Karte. Diese namenlose, V-förmige Insel ist unser geliebtes Gefängnis, Tómos-Biblos. Wir können nicht in irgendeinen See stürzen, das wäre unser Ende.«

Verwundert betrachtete ich die Karte, die Petit mir gereicht hatte, und die Inselgruppe inmitten des Eismeeres, deren kleinste Insel V-förmig war. Das sah nicht aus wie ein Märchen. Wie um alles in der Welt war ich bei meiner Flucht über das Wasser gekommen?

»Ist das Meer gefroren?«, fragte ich. »Bei meiner Abreise war es das nicht. Ich habe mit einem Schiff am Strand angelegt und bin zu Fuß weiter durch den Wald. Das ist doch unmöglich! Jetzt sieht es aus, als wäre es ein wochenlanger Fußmarsch über das Meer. Ich kann nicht übers Wasser gehen, Petit, auch wenn ich eine Märchenfigur bin.«

Wir brachen beide in Gelächter aus, fassten uns aber schnell wieder.

»Als ich durch den Schluchtsee getaucht bin, dachte ich erst, ich würde sterben, aber dann erreichte ich im letzten Moment die Oberfläche und kam direkt am Rand von Bergstadt heraus. Ist der Schluchtsee also eine Art Teleporter?«, fragte ich.

Der Gedanke ließ uns beide erneut losprusten. So unfassbar das alles auch war, das Wort Teleporter klang einfach zu sehr wie aus dem Reich der Fiktion.

Dann jedoch hingen wir einen Moment lang unseren Gedanken nach, und schließlich sagte Petit: »Wie auch immer, darüber gelangt man jedenfalls auf clevere Art vom Norden in den Süden. Er wurde ganz offenbar erschaffen, als es den Medizinmännern, Erfindern und anderen Leuten, die Magie gegenüber positiv eingestellt waren, in dieser Welt noch prächtig ging. Es war schlau, ein solches Portal in den See hineinzubauen, denn dort war es all die Jahre über gut versteckt. Fast alle anderen Reiseerfindungen wurden schon vor langer Zeit zerstört.«

»Ich bin der Meinung, wir sollten auch jetzt den Weg durch den Schluchtsee nehmen! Die Reise über das Meer dauert unendlich lange. Reicht uns dafür überhaupt der Treibstoff?«, versuchte ich es.

»Natürlich reicht der«, sagte Petit unbesorgt. »Du weißt, was passiert, wenn das Flugzeug in den See stürzt, Oboi.«

Dann ließ er die Maschine mit einem Ruck wieder höher steigen, mein ganzer Körper erstarrte, und einen Augenblick lang stockte mir der Atem. Von oben betrachtet, war die Welt grün. Überall erstreckte sich Wald, Wald und nochmals Wald.

Fieberhaft überlegte ich, wie ich Petit umstimmen konnte. Ich entschied mich, ihm vorzulesen, was im Buch über den Schluchtsee stand. Aber als ich eine leere Doppelseite aufschlug, sah ich, wie dort Text zum Vorschein kam:

Sicherheitsgurte anlegen, Oboi! Ich übernehme die Kontrolle. Lass ihn nicht die Maschine steuern! Habe Mut! Nutze deine Macht und vertrau mir, mein Sohn. Gleich wird es heftig!

Auf einmal setzte das Flugzeug zu einem wilden Sturzflug an. Petit fing an zu schreien, sein Gesicht war voller Panik. Schnell richtete er die Nase der Maschine mit dem Steuerknüppel wieder auf. Ich holte tief Luft und hielt seine Arme fest. Mit dem Sicherheitsgurt war das schwierig und mit nur einer Hand noch schwieriger. Zum Glück war ich aber ein erfahrener Kämpfer, stark und mutig. Petit dagegen war schmächtig und hatte noch nie mit jemandem gekämpft. Jetzt starrte er mich entsetzt an und mit angsterfülltem Blick versuchte er, sich aus meinem Griff loszureißen.

»Tut mir leid, Petit.«

Verständnislos und schockiert sah er mich an. Hektisch versuchte er sich zu befreien, aber ich gab keinen Zentimeter nach.

»Vertrau mir, Petit. Das Buch hat mir befohlen, das zu tun.«

Er schaute mich an, als wäre ich verrückt. So hatte ich ihn noch nie erlebt. Mit aller Kraft versuchte er, sich zu wehren. Aber vergebens. Er schlug mit den Händen und trat mit den Füßen nach mir, aber mein Griff blieb fest, egal was er tat.

»Du bringst uns um, Oboi! Meine Maschine lässt sich nicht von irgendeinem Buch steuern! Das Buch ist dein Hirngespinst, genau wie der kleine Prinz meines ist! Es gibt sie beide nicht! Es gibt nur die Realität, in der wir in den Tod stürzen!«

•

Vielleicht hatte er recht. Es konnte wirklich sein, dass er richtig lag und es nichts anderes gab als diese Realität. Die Baumwipfel unter uns kamen immer näher und in ihrer Mitte lag ein kleiner glitzernder See, der immer größer und größer wurde.

Petits Gesicht war weiß und er versuchte, seine Arme aus meinem Griff zu winden.

Ich wusste, dass gleich der Moment des Aufpralls auf dem Wasser gekommen war. Es konnte auch unser Ende sein. Alles deutete darauf hin. Was tat ich da bloß? Meinen Freund und mich selbst umbringen?

»Petit, du bist mein bester Freund!«, rief ich.

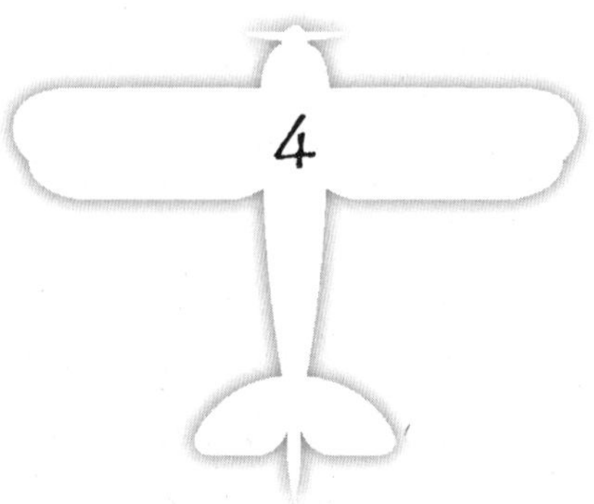

Oboi: Am Grunde des Schluchtsees

Um uns herum herrschte Stille. Nur die Geräusche des Wassers waren zu hören. Durch die Ritzen der Türen und Fenster drang es in die Maschine ein. Petit versuchte, die Türen zu öffnen, aber es gelang ihm nicht.

»Der Schluchtsee«, sagte er matt.

Wir sanken langsam auf den Grund hinab. Den Grund ....

»Das Buch und du, ihr wolltet also den Weg durch den Schluchtsee nehmen?«, sagte er, und in seiner Stimme lagen Hass, Trauer und Panik gleichermaßen.

»Das ist unser Weg nach Tómos.«

Ich wollte selbstsicher klingen, aber meine Worte trieften vor Unsicherheit. Besorgt betrachtete ich das trübe Wasser, als die Maschine auf dem Boden aufkam. Das im Flugzeug reichte uns bereits bis über die Knie.

Gab es also doch keine andere Seite? Gab es doch keinen Weg nach Tómos-Biblos?

»Es gibt keinen Weg nach Tómos-Biblos«, flüsterte Petit unter Tränen.

Das Wasser stieg bedrohlich an. Ich griff nach dem Buch. Schlug es auf.

*Der Durchgang öffnet sich gleich, Oboi.
Sei zäh wie Fanta. In der schwarzen
Finsternis leuchtet das Licht der Fantasie
wie bei Marmelade. Reise kühn dem
Licht und den Farben entgegen.*

Meinte Gelbes Haus, das wir auf dem Weg in den Tod waren? War das mit dem Licht gemeint? Was meinte Marmelade immer, wenn sie von Licht sprach? War es dasselbe Licht oder was zum Kuckuck? Wohin ging unsere Reise?

Petit war ganz still. Er starrte nur vor sich hin, unfähig etwas zu tun oder zu sagen. Das Wasser reichte uns schon fast bis zum Hals.

Vertrau mir, Oboi, mein Sohn!

Plötzlich ertönte unter uns ein gewaltiges, ohrenbetäubendes, metallisches Rumsen. Mir war nicht klar, dass es auch beim Sterben so einen höllischen Lärm gibt! Ich hatte geglaubt, wenigstens dabei wäre es still.

Ein Licht kam zum Vorschein. Etwas öffnete sich.

Auf einmal verschwand der Grund des Sees unter uns, irgendeine Macht ergriff von der Maschine Besitz und zog sie mit einem Ruck dem Licht entgegen. Ja wirklich, unser Flugzeug, das nun als Tauchboot fungierte, schien an die Oberfläche zu steigen.

»Petit‼«, schrie ich.

Er sagte immer noch nichts, aber die Farbe kehrte langsam in sein blasses Gesicht zurück.

»Wir haben es geschafft, Petit!«, schrie ich und lachte und weinte. »Wir haben es geschafft!«

Der Propeller der Maschine sprang im Wasser von selbst an und die Nase richtete sich auf. Verdattert saßen wir da und sahen zu, wie sich das mit Wasser gefüllte Cockpit leerte, und auf einmal schoss die Maschine in den Himmel.

Petit machte ein ernstes Gesicht, offenbar versuchte er zu begreifen, was passiert war. Er griff wie gewohnt nach dem Steuerknüppel, betätigte Hebel und kontrollierte Messinstrumente, bis er irgendwann anfing zu lächeln. Nach und nach ging es in ein Lachen über, erst nur zaghaft, dann lauter und lauter, und kurze Zeit später bogen wir uns beide vor Lachen, als wären wir verrückt.

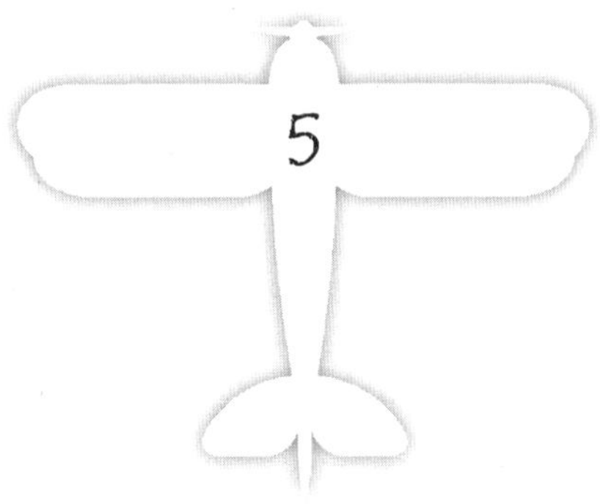

Oboi: Tómos-Biblos

Jetzt spannte ich nicht mehr alle Muskeln an, als Petit seine Maschine über die Wälder und zwischen den Bergen hindurchsteuerte. Ich dachte darüber nach, wie echt sich alles anfühlte, das Fliegen, der Wind, der nach dem Schnee des Nordens roch und durch die Ritzen zu uns ins Innere des Flugzeugs drang, unter uns die üppige Vegetation wie in der Biosphäre Tundra. Alles war so frisch. Und irgendwo vor uns lag das dunkle Tómos-Biblos.

Ich musste einfach daran glauben, dass meine Geschichte vielleicht Teil einer größeren war, vielleicht auch Teil von etwas Echtem.

Konnte ich mein Abenteuer selbst zum Abschluss bringen, sodass sich die Erzählung zu Ende schrieb und meine Schwestern und ich freikommen und zu normalen Menschen werden würden, wenn jemand sie las? So wie aus der Holzpuppe Pinocchio ein richtiger Junge geworden war, würden auch wir am Ende im gelben Haus unser richtiges Leben führen dürfen.

•

Es gab noch eine andere Möglichkeit. Was, wenn wir in Tómos-Biblos eindringen konnten, aber nicht mehr herauskämen?

»Hey, Kumpel, woran denkst du?«, rief Petit über den Motorenlärm hinweg. Genau in dem Moment sauste ein riesiger Spatzenschwarm an uns vorbei und seine Konzentration ließ für einen Augenblick nach. Sofort senkte sich die Nase der Maschine im Sturzflug, bis Petit sie wieder auf Kurs bringen konnte.

»Ich denke daran, dass die anderen freigekommen sind, als ihre Geschichten gelesen wurden, so wie du und Aristo und Etage fünf.«

»So seltsam!«

»Stell dir mal vor, wie es wäre, wenn ganz Tómos-Biblos befreit werden würde!«

»Das wäre toll«, rief Petit und fuhr fort: »Aber auch gefährlich. Denk nur an die schlimmsten Buchfiguren: Kriegsmonster, Kannibalen, Kettensägenmörder, Vampire, Werwölfe, Zombies ...«

Als er bei Zombies angekommen war, fingen wir beide an zu lachen, weil wir an Thule denken mussten.

»Samuel hat gesagt, dass das Chaos nur kurze Zeit anhalten und sich alles wieder beruhigen wird, wenn die Märchen wieder ihren Platz im Leben der Menschen und zwischen den Buchdeckeln finden. Dann sind Geschichten wieder Geschichten und die Wahrheit ist die Wahrheit.«

»Aber davor würde Chaos herrschen?«, fragte Petit.

»Das würden wir schon überstehen, Petit, wir sind doch in Tómos mit denen aufgewachsen.«

»Ja, aber Etage fünf ist immer unter sich geblieben und auch die *monstres du* Keller.

»Die Kellermonster! Jep!«

•

Und dann sahen wir das Meer. Es erstreckte sich unter uns, so weit das Auge reichte. In der Ferne machten wir Inselgruppen aus, alles war wunderschön und friedlich. Eine der Inseln ragte schroff über die anderen hinaus. Sie war ein gewaltiger Felsbrocken, auf dem nicht ein lebender Baum wuchs. Im Sonnenlicht wirkte sie wie ein Makel in der Landschaft, ein eisernes Gebilde inmitten der schönen Natur. Tómos-Biblos.

Die Spannung wuchs und der Anblick ließ uns verstummen.

Als wir uns näherten, konnten wir in den Wänden des grauen Klotzes kleine schwarze Punkte ausmachen. Je näher wir kamen, desto mehr von ihnen wurden sichtbar. Tausende schwarze Punkte.

Es waren die kleinen Fensterluken des Gefängnisses.

•

Tómos-Biblos war ein Riese mit 200 Stockwerken, so gewaltig, dass es bestimmt keinen anderen Ort gab, an dem etwas Ähnliches erbaut worden war. Im Inneren war das Gefängnis so groß wie eine Stadt, aber sonst hatte es nichts mit einer solchen gemeinsam. Es gab keine Geschäfte, keine Buden, keine Parks, keine Bäume, keine Pflanzen, keinen Rasen und auch sonst nichts Schönes. Es war das Furchterregendste, was ich je gesehen hatte. Plötzlich begann die Maschine heftig zu schaukeln, und auf der linken Seite ertönte ein furchterliches Scheppern. Petits Gesicht nahm einen Ausdruck des Schreckens an, und als ich zur Seite schaute, bemerkte ich, dass der rechte Flügel herunterhing. Die Maschine stürzte ab!

•

»Öffne deinen Sicherheitsgurt!«, schrie Petit. »Vielleicht müssen wir springen!«

Mit zitternden Händen riss ich am Gurt, aber er wollte meinen vor Schreck steifen Fingern nicht gehorchen, zumal es nur fünf statt zehn waren.

Die Maschine verlor so schnell an Höhe, dass ich das Gefühl hatte, keine Luft mehr zu bekommen. Der Schweiß tropfte Petit vom Gesicht, während er mit aller Kraft versuchte, das Flugzeug wieder aufzurichten.

»Das Landen ist der schwierigste Teil beim Fliegen!«, rief er, was mich nicht gerade beruhigte.

Die Maschine zitterte, als wären wir in das Zentrum eines Erdbebens geraten, aber sie ließ sich noch halbwegs von Petit steuern. Von Sekunde zu Sekunde kam der Boden näher, und wenn Petit es nicht schaffen würde, sie wieder aufzurichten, würde unsere Geschichte hier enden. Vielleicht sollte ich kurz mit den Geschichtenvergleichen aufhören.

Im letzten Moment richtete sich die Nase des Flugzeugs wieder auf. Rumpelnd und holpernd landete es auf dem Boden. Dabei machte es einen so entsetzlichen Lärm, dass auch ohne Worte klar war, dass wir damit nicht mehr zurückfliegen konnten.

»Hups«, rief Petit nur, bremste und sprang mühelos aus der Maschine.

Der Strand mit dem Bootssteg lag rechts vor uns. Ein Schiff lag dort vor Anker, aber weit und breit rührte sich nichts.

»Hoffentlich hat man uns nicht gesehen.«

•

Wir hatten geplant, uns auf den Paletten zu verstecken, wenn die Essenslieferung für Tómos-Biblos im Hafen eingetroffen war. So mussten wir nicht selbst ins Gefängnis laufen, sondern man würde uns hineintragen.

Was dann passieren würde, dafür hatten wir uns keinen Plan ausgedacht.

»Ob Megaira wohl da drin ist?«, fragte ich besorgt.

»Aber wir retten nur Fanta und Marmelade, oder?«, vergewisserte sich Petit.

»Nur Fanta und Marmelade«, sagte ich mit Entschlossenheit in der Stimme.

»Jep!«, sagte Petit schon deutlich selbstsicherer. »Hey, da kommt jemand!«

Da hörten wir in der Ferne ein Motorengeräusch.

Ich atmete tief ein und wieder aus.

Jetzt ging es los.

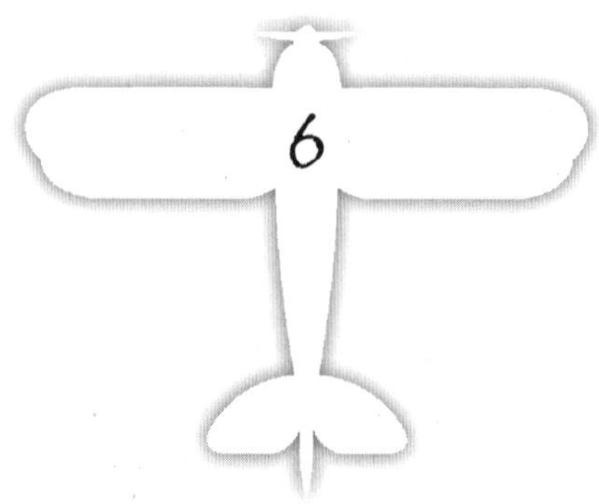

Oboi: Der schwedische Räuber

Petit versteckte sich in einem Rollcontainer voller Mehlsäcke. Das Mehl rieselte auf ihn herab, während er versuchte, sich zur Mitte des engen Containers durchzuwühlen.

»Hatschi!«

Schnell schob ich die letzten Säcke vor ihn, damit man ihn nicht sehen konnte, und machte mich eilig daran, es ihm gleich zu tun. Ich räumte ein paar Ölkanister aus dem Weg, damit in der Mitte des Rollcontainers ein kleines Versteck entstand, in das ich nun hineinschlüpfte. Mit aller Kraft hob ich die schweren Kanister an und stellte sie als Schutzschirm vor mich. Nun war ich von schwankenden Kanistertürmen umringt.

•

Da hörten wir das Knirschen von Schritten auf dem Feldweg. Die Warenlieferanten hatten die großen Gemüsesäcke in die Gefängnisküche getragen und jetzt waren die Rollcontainer an der Reihe. Der Ausbruch aus dem Gefängnis war uns gelungen, aber würde uns auch der Einbruch gelingen?

Das würde sich in wenigen Minuten herausstellen.

Der Container setzte sich schlagartig in Bewegung und die Kanister schwankten gefährlich. Wenn auch nur einer davon auf mich fallen würde, wäre das ein großes Risiko. Ich würde wohl kaum still bleiben können, wenn mir ein 20-Liter-Kanister auf den Kopf krachte.

Die dicken Gitterstäbe des Eisentores schoben sich langsam und quietschend nach oben, und unsere Rollcontainer rollten schlingernd hindurch. Ich roch den vertrauten Gestank, als wir in den Schlund von Tómos-Biblos eindrangen. Dann ließ das Tor seine eisernen Zähne wieder zuschnappen. Jetzt waren wir an dem Ort, von dem es eigentlich kein Entkommen geben sollte.

Wir wurden in die Küche geschoben und die Stimme des Mannes, der gerade Küchendienst hatte, quittierte wortkarg die Fracht. Aber erleichtert aufatmen konnten wir noch lange nicht, denn in Tómos-Biblos wimmelte es von Megairas Handlangern. Jenen Gefangenen, die sie bevorzugte, um an Informationen über andere Insassen zu kommen, die ihr gefährlich werden könnten, einen Aufstand wagen könnten oder etwas anderes. Wer also hatte gerade Küchendienst? Waren sie auf unserer Seite?

•

»Autsch!«, sagte eine mir bekannte Frauenstimme, als der Rollcontainer über ihre Zehen fuhr.

Tzeitel! Die Gesangslehrerin von Tómos-Biblos!

»Tzeitel«, flüsterte ich.

In der Küche breitete sich eine erschrockene Stille aus.

»Tzeitel, ich bin es, Oboi. Hier im Rollcontainer. Lass mich raus. Tzeitel!«

»Oboi, was machst ...?«, ertönte ihre besorgte Stimme und schnell fing sie zusammen mit jemand anderem an, die großen Ölkanister aus dem Rollcontainer zu heben.

Kurz darauf schoben sich schmale Finger durch einen Spalt zwischen den Kanistern. Und dann sah ich ihr fröhliches, freundliches Gesicht.

»Oboi! Was tust du hier und wo warst du?«

Wenige Augenblicke später saßen Petit und ich an der Arbeitsplatte, während Tzeitel uns auf einem Metalltablett dünnen Kakao und dunkles Knäckebrot brachte.

»Entschuldigt. Das Angebot ist seit dem letzten Mal, als wir uns gesehen haben, nicht besser geworden«, sagte sie und wir mussten lachen.

Im Hintergrund stand ein griesgrämig dreinblickender Mann. Als wir ihm misstrauische Blicke zuwarfen, meinte Tzeitel: »Ach, das ist Mattis. Aus dem dritten. Das ist das schwedische Stockwerk. Mattis ist ein Räuber. Er versteht unsere Sprache nicht. Ihr braucht keine Angst vor ihm zu haben, auch wenn er aussieht wie ein Kobold«, sagte Tzeitel lachend, und auch Mattis stimmte glucksend mit ein, obwohl er nichts verstand.

Er war ein großer Mann. Jetzt nickte er Tzeitel und uns mürrisch zu. Wir nickten zurück. Vielleicht war das die Art und Weise, wie schwedische Räuber Guten Tag sagten.

•

Nachdem wir uns kurz unterhalten hatten, sagte ich: »Wir sind gekommen, um Marmelade und Fanta zu holen.«

Tzeitel sah mehr als besorgt aus.

»Niemand hat Fanta mehr gesehen, seit ...«

»... Mega sie in den Höllenschlund geschickt hat«, ergänzte ich.

»Ach, das hast du gehört? Wir hatten solche Angst ... Wir dachten ...«

»Schhh«, sagte Petit tröstend.

»Was, wenn Mattis euch begleiten würde?«, schlug Tzeitel vor.

Petit und ich sahen uns fragend an. Dann schüttelten wir beide den Kopf, vielleicht, weil keiner von uns einen Kobold dabeihaben wollte, selbst wenn er sicher ein anständiger Kerl war – aber das konnte man eben nie wissen. Wir einigten uns schnell darauf, dass ich mich auf den Weg zum Feuerschlund machen und Petit nach oben in den 177. Stock gehen würde, um Marmelade zu holen.

•

Als wir von der Küche auf den Gang traten, erinnerten wir uns wieder an alles. Wir erinnerten uns an die finsteren, gewölbten Gänge, wie Dutzende oder Hunderte Kilometer lange, dunkle Straßen. An ihren Rändern lagen die Zellen und an ihren Enden führten Treppen nach oben und nach unten. Auch Seilzüge fuhren auf und ab, brachten Essen und Material in die Etagen. Sie wurden mit Muskelkraft betrieben und einmal im Monat hatte jeder Aufzugdienst. Als wir so nebeneinander auf dem Gang standen und der ganze Lärm, der von den Etagen zu uns getragen wurde, uns in Ohren und Köpfen dröhnte, waren unsere Augen voller blanker Abscheu.

Jetzt trennten sich unsere Wege. Petit blieb noch einmal stehen und drehte sich zu mir, um etwas zu sagen.

»*Oui* ... also ...« Er schien nicht die richtigen Worte zu finden. »Ich meine, wenn einer von uns ...«

»Geschnappt wird?«

»Ja, oder ...«

»Sich verläuft?«

»*Oui,* ... oder ...«

»Sich verletzt?«

»*Non.* Ich meine, wenn einer ...«

»Was?«

»... stirbt.«

Ich schüttelte heftig den Kopf.

»Nein, Petit. Einigen wir uns darauf, dass auf dieser Reise keiner von uns beiden sterben wird. Punkt.«

»*D'accord!* Abgemacht«, sagte Petit, und sein Blick strahlte eine solche Angst aus, dass es ansteckend war.

•

Tief atmete ich die muffige Luft ein. Ich dachte an die Sonne. An die Bibliothek, an Samuel und Thule. Ich dachte an die Welt, in der Pflanzen wuchsen, an bittersüße Mandarinen und Vögel, die frei am Himmel kreisten. Ich dachte an das Gedankenspiel, das Fanta, Marmelade und ich immer machten, das, bei dem wir in der sonnendurchfluteten Küche des gelben Hauses saßen. Mamas Worte klangen in meinen Ohren: *Das ist ein O oder ein Mond oder eine Sonne, ganz wie du möchtest,* und ich sah das Buch vor mir und auf dem Umschlag meinen leuchtenden Namen. Ich sah Mama mit ihrem Rocksaum, sie huschte für einen kleinen Moment in den Garten. Nur für einen kleinen Moment.

Jetzt waren wir in diesem kleinen Moment. Und wenn er vorbei wäre, würde der Rocksaum vielleicht zurückschwingen, sie würde zurück ins gelbe Haus gehen, in dem wir am Frühstückstisch saßen und unsere Hände nach dem Kakao, den Marmeladenbroten und der Limonade ausstreckten. Die Vögel würden wieder anfangen zu singen und die Welt, die jetzt stillzustehen schien, würde ihren friedlichen Rhythmus von Tag und Nacht wieder aufnehmen.

•

So gingen wir beide in unterschiedliche Richtungen davon. Petit lief die dicke Wendeltreppe hinauf und ich hinunter, tief ins Innere der Erde.

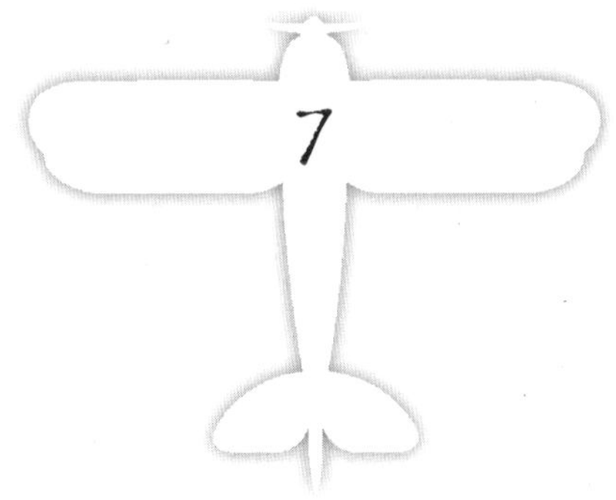

Oboi: Das Buch verstummt

Der Tunnel vor mir wurde immer trostloser und enger. Der Rucksack rieb an meinen Schultern und erschwerte mir das Vorwärtskommen. Jedes Mal, wenn ich an eine Stelle kam, an der sich der Tunnel in zwei verschiedene Richtungen teilte, wählte ich den engeren und dunkleren Weg.

Ich habe die Macht meiner Fantasie. Jetzt reisen wir dem Licht und den Farben entgegen. Immer wieder sagte ich mir die aufmunternden Worte von Gelbes Haus vor.

Ich wusste, dass ich, um das Licht zu erreichen, zuerst durch die finsterste Finsternis gehen musste.

»Habe Mut! Nutze deine Macht!«, wiederholte ich fortwährend und überraschenderweise fühlte ich mich wieder stark.

•

Ich war bestimmt schon einen Kilometer gelaufen, als ich langsam den Glauben daran verlor, auf dem richtigen Weg zu sein. Gegen die Dunkelheit kam das Gefühl der Macht nicht an. Mit einer schwachen Taschenlampe leuchtete ich mir den

Weg. Wenn ich mich jetzt hier verirrte, mir etwas passierte oder ich mich verletzte, würde mich niemals jemand finden. Aber ich hatte einen Grund, auf meinem Weg und bei Kräften zu bleiben. Ich hatte eine Aufgabe und ohne mich konnte sie nicht erfüllt werden.

Fanta.

Ihr zuliebe ging ich, so schnell ich konnte, und als ich wieder an eine Kreuzung kam, eine noch schmalere Verbindung zwischen zwei Tunneln, hielt ich einen Moment inne und lauschte.

Nichts. Rohre schepperten, kleine Krabbeltiere raschelten, Ratten, Mäuse, Käfer und Eidechsen huschten vorbei, aber da war kein Geräusch, das von Fanta stammen konnte.

Ich lief weiter. Der Tunnel war so niedrig, dass ich gebückt gehen musste. Plötzlich ging meine Taschenlampe aus und ließ sich nicht wieder anschalten.

•

»Fantaaa!«, rief ich in die Dunkelheit.

Meine Stimme war schwach und heiser, so als wäre meine Kehle voller Sand und Staub, aber als mir einfiel, dass meine Schwester vielleicht gar nicht allein war, verstummte ich. Vielleicht wurde sie Tag und Nacht von einem Ork bewacht oder eines dieser Monster aus den unteren Stockwerken hielt hinter ihrem Rücken einen Hammer in der Hand ... Offensichtlich verschwamm langsam meine Realität. So wurde ein Mensch also verrückt – man brauchte ihn nur für eine Weile allein in einen Tunnel zu stecken.

»Habe Mut, Oboi. Dem Licht und den Farben entgegen«, versuchte ich mir selbst zu befehlen, aber eine andere Stimme, eine Stimme der Unsicherheit, brachte mein gutes Zureden zum Schweigen.

»Wenn ich weitergehe, weiß ich nicht, was mich dort erwartet. Ich weiß nicht einmal, ob Fanta dort ist. Und wenn mir Gelbes Haus eine Falle gestellt hat? Gelbes Haus ist gar nicht meine Mutter! Was, wenn es Megaira selbst ist?«

»Buch, sag mir, was ich tun soll.«

Aber das Buch leuchtete nicht mehr und auf seinen Seiten erschienen keine Worte.

Bestimmt würde ich gleich sterben.

Gelbes Haus: In Ketten

Das Flugzeug durch den Schluchtsee zu steuern, war ein enormes Risiko. Der See war klein und die Maschine im Vergleich dazu groß. Ich hatte keine Ahnung, was passieren würde, wenn sie durch das Öhr rasen würde. Bis jetzt waren nur Lebewesen hindurchgereist. Menschen, Tiere, aber keine Flugzeuge. Wenn es dort steckenbliebe, hätte ich keine Möglichkeit mehr, es in irgendeine Richtung zu bewegen. Ich musste also auf das Beste hoffen und vom Schlimmsten ausgehen.

•

Es brach mir vor Sorge fast das Herz. Als sich die Maschine endlich in Bewegung setzte, sich durch das Öhr schob und an die Oberfläche stieg und noch höher hinauf in den Himmel, stieß ich einen so lauten Schrei aus, dass ich glaubte, der ganze Wald würde zerbersten. Ich schrie vor Glück, vor Liebe und vor ungeheurer Erleichterung.

•

Doch das war ein großer Fehler. Denn kurz darauf spürte ich starke Hände auf meinem Rücken. Sie packten meine Arme und hielten sie hinter mir zusammen. Augenblicklich war ich von vielen Leuten umringt. Die Graumee. Sie zerrten mich zu einer alten Kiefer und fesselten mich mit einer Kette an den Baum. Meine Handgelenke banden sie mir auf dem Rücken fest zusammen. Da bemerkte eine Graumee-Soldatin den Stift in meiner Faust. Sie riss ihn mir weg und sah mich mit einem Blick an, der von wildem Hass erfüllt war. Ein Stift war die schlimmste Waffe, und ihn bei sich zu tragen, hatte ohne Ausnahme furchtbare Strafen zur Folge. Aber ich dachte nicht an die Bestrafung. Ich dachte nur an meinen Sohn Oboi. Ich dachte nur an den Stift. Und eine gewaltige Welle der Angst überkam mich, als die Graumee-Soldatin ihn zerbrach und die beiden Hälften in ihre Tasche steckte. Angewidert spuckte sie mir ins Gesicht und befahl ihrem Untergebenen, sicherzustellen, dass die Ketten hielten.

Zum Glück durchsuchten sie mich nicht weiter und fanden das Buch nicht. Dann verschwanden sie.

Langsam wich der Schock der Erkenntnis: Da war ich nun, angekettet an einen Baum, allein, ohne Stift, und konnte das Buch nicht mehr weiterschreiben. Was bedeutete das?

Oboi war allein.

•

Es war bereits Nacht, als es mir endlich gelang, das Buch aus der Oberschenkeltasche meiner Hose zu fischen. Die Schrift leuchtete matt im Dunkeln. Aber es war nicht meine. Ich las Obois verzweifelte Worte:

Buch, sag mir, was ich tun soll.

Und danach:

Gleich sterbe ich.

»Du stirbst nicht, Oboi. Du stirbst nicht!« Ich versuchte, mich loszureißen und ihm ermutigende Worte zuzurufen, aber nur mit einem Stift konnte ich schreiben. Ohne ihn kamen die Worte nicht zu Papier, ohne ihn gab es nichts. »Ob es mich ohne Stift auch nicht gibt?«, fragte ich mich niedergeschlagen, während ich mich mit schwindender Kraft aus den Ketten zu befreien versuchte.

Der Morgen dämmerte bereits, als ich endlich meine Hände befreien und die Kette so weit lockern konnte, dass ich gerade so an einen Stock kam, der auf dem Boden lag.

Mit zitternden Händen kratzte ich damit die Buchstaben in das Buch.

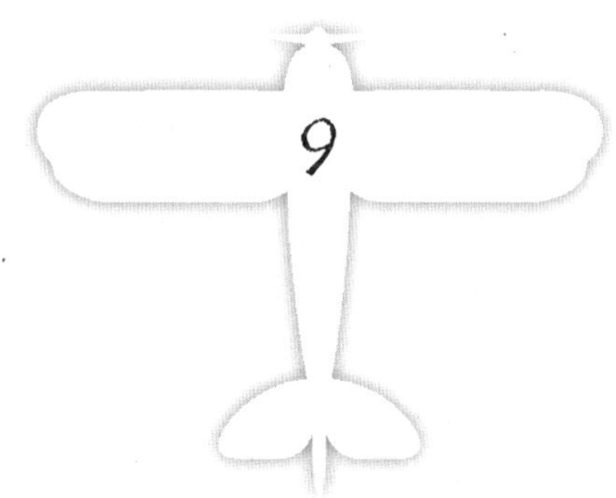

Oboi: Ein goldener Lichtstrahl

Ich hatte lange in der feuchten Dunkelheit des Tunnels geschlafen, als das Buch plötzlich zu leuchten begann. Es brachte ein schwaches Licht in die Finsternis und ich konnte die Steine und den harten Erdboden erkennen. Mit zittrigen Fingern nahm ich es und schlug es auf. Langsam, Buchstabe für Buchstabe, erschienen Worte auf der Seite.

Sei zäh wie

»… Fanta«, ergänzte ich.

Irgendetwas stimmte nicht. Warum kam der Text nur so mühsam zum Vorschein?

In der schwarzen Finsternis

»… leuchtet das Licht der Fantasie.«

Ich starrte in das Buch. Die Sätze schimmerten schwach.

»Gelbes Haus? Mama? Bist du da?«, fragte ich es.

Ich bekam keine Antwort.

»Ist etwas passiert? Geht es dir gut? Mama?«

Keine Antwort.

Gerade wollte ich das Buch schließen, da kam langsam Schrift zum Vorschein.

Oboi. Geh weiter. Weiter voran.

Ich blickte erst zurück, dann nach vorne. Zu beiden Seiten die gleiche lautlose Dunkelheit, aber nun gab mein Name auf dem Buchdeckel ein mattes Leuchten von sich. Statt überhaupt keinem Meter hatte ich jetzt einen halben Meter Sicht, und das gab mir Hoffnung. Ich ging langsam vorwärts, aber der Boden war so uneben, dass ich auf allen vieren kriechen musste. Das war schwieriger als gedacht, vor allem mit nur einer Hand.

»Sei zäh wie Fanta«, sagte ich zu mir selbst.

Tränen stiegen mir in die Augen, als ich an die kleine Fanta dachte, die es Tag für Tag geschafft hatte, mit nur einem Bein mit uns anderen Schritt zu halten.

Als das Schimmern des Buches schließlich ganz erloschen war, fuhr ich fort: »In der schwarzen Finsternis leuchtet das Licht der Fantasie.«

Ich dachte an Marmelade. War so etwa ihre schwarze Finsternis? Sah so ihr Leben aus? Doch das Licht, das ihr Leben erhellte, war die Fantasie in ihrem Inneren.

•

Abgesehen von dem Trippeln der Ratten waren keine nennenswerten Geräusche zu hören. Immer wieder breitete sich die Ungewissheit in mir aus, und der Gedanke drängte sich mir auf, dass ich nie wieder aus dieser Dunkelheit herauskommen würde, dass Gelbes Haus recht damit gehabt hatte, dass dies mein Ende sein würde. Aber dann dachte ich wieder an Marmelades Bilder, matt begannen sie an den Tunnelwänden zu leuchten, all die bunten Blumen, festlichen Lichter, Regenbögen und prächtigen Fabelwesen. Ich kroch vorwärts und betrachtete die wunderschönen Zeichnungen, die an den Wänden sichtbar wurden. Vielleicht war ich kurz davor zu sterben, weil ich schon Erscheinungen hatte, überlegte ich, aber ich kroch weiter. Ich hatte das Gefühl, nicht allein zu sein. Unter den Bildern an den Wänden war auch eines von uns dreien, in glücklicher Eintracht. Und dann erschien es endlich, als Bild an der Tunnelwand: das gelbe Haus und Mama.

»Mama«, flüsterte ich.

Ich wischte mir die Tränen vom Gesicht. Irgendwoher kam mir die herzzerreißend traurige Geschichte des »Mädchens mit den Schwefelhölzern« in den Sinn, das in einer bitterkalten Nacht nichts als Zündhölzer hatte, die es ansteckte, um sich zu wärmen, und in deren Licht es wunderschöne Bilder sah, ehe es ...

Von dem Bild des gelben Hauses, unserem Zuhause, ging ein goldener Lichtstrahl aus. Jetzt führte er mich weiter, warf von Zeit zu Zeit wundersame Bilder an die Wand, und während ich ihnen folgte, verging die Zeit wie im Flug.

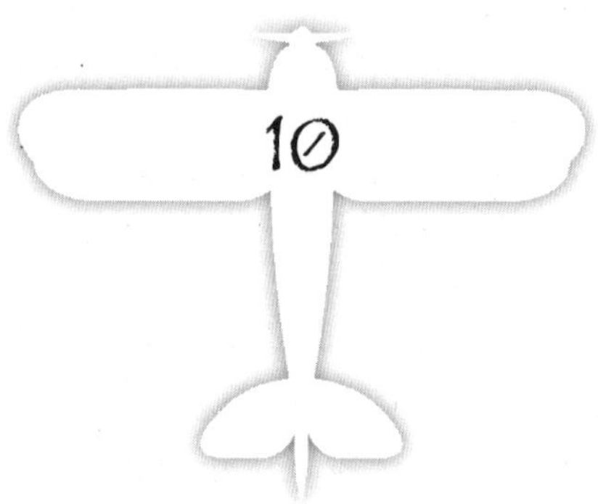

Gelbes Haus: Durst

Die Fesseln schnürten mir den Brustkorb zu. Ich hatte Durst. Viel zu großen Durst. In meiner Verzweiflung dachte ich an ihn, an den zu denken schmerzhaft war.

Vor langer Zeit, vor den Normos, starb mein Mann Samuel unerwartet. Sein Herz habe versagt, sagten sie. Nach seinem Tod erfuhr ich, dass ich Drillinge erwartete. Ich war gleichzeitig unstillbar traurig über Samuels Tod und überglücklich über die Drillinge. Ich hatte Angst davor, wie ich die Trauer überwinden und allein mit drei Kindern zurechtkommen sollte. Aber alles lief gut. Nachdem sie geboren waren, war das Leben so wunderbar wie seit Langem nicht mehr. Es war so viel Arbeit, sich um sie zu kümmern, so viel, dass die Trauer und der Kummer vollständig in den Hintergrund gerieten. Die Morgen mit ihnen zusammen im gelben Haus waren pures Glück. Sie liebten Frühstück. Meine Kinder, mein Licht.

•

An jenem Morgen schien die Sonne mit voller Kraft vom Himmel, als ich hinausging, um Schnittlauch für die Butterbrote zu holen. Da spürte ich plötzlich Hände an meiner Taille, auch damals waren sie fordernd und grob. Die Wachen waren gekommen, um mich zu holen.

»Kinder!«, schrie ich und versuchte mich aus ihrem Griff zu befreien.

»Wanda wird sich auf bestmögliche Weise um sie kümmern«, meinten die Wachen.

Sie brachten mich ins Krankenhaus. Eine gefährliche Lungenkrankheit, sagten sie. Und da kam mir zum ersten Mal der Gedanke, dass vielleicht nichts so war, wie sie behaupteten.

•

Als ich endlich aus dem Krankenhaus zurückkam, war mein Haus leer. Die Kinder waren weg, und man teilte mir nicht mit, wo sie sich aufhielten. Alle mir wichtigen Menschen waren fort. Ein Jahr nach dem anderen verging, Jahrzehnte und Jahrhunderte, die meine Erinnerungen verblassen ließen. Auch Samuel war nur noch der Schatten einer Erinnerung, wie das Bild einer gebückten Gestalt, die durch goldenen Regen geht, und die Kinder waren Monde und Sonnen über ihm.

Da setzte ich mich in das alte Auto. Ich fing an zu schreiben, und so nahm dieses Buch seinen Anfang. Aber ich habe nicht die geringste Ahnung, ob es auch ein Ende finden wird.

•

Die Wirklichkeit hat eigentlich nur eine Seite: das Wirkliche. Seine Kehrseite ist das Unwirkliche. Das alte Auto bewegte sich nicht mehr in der Wirklichkeit, aber man konnte damit leicht die Grenze überqueren, auf die andere Seite. Was real war und was nicht, das hatte ich schon vor langer Zeit durcheinandergebracht. Vielleicht spielte es auch keine Rolle.

•

Ich schreckte aus meinen Gedanken hoch. Ich saß nicht im Auto, sondern war immer noch an den Baum gefesselt. Und ich hatte schrecklichen Durst. So großen Durst, dass ich nicht mehr klar denken konnte. Da fiel mir das Buch aus der Hand, und ich konnte nichts anderes mehr glauben, als dass die Geschichte von meiner Seite aus zu Ende war. Und an ihrem Ende stand ein Punkt.

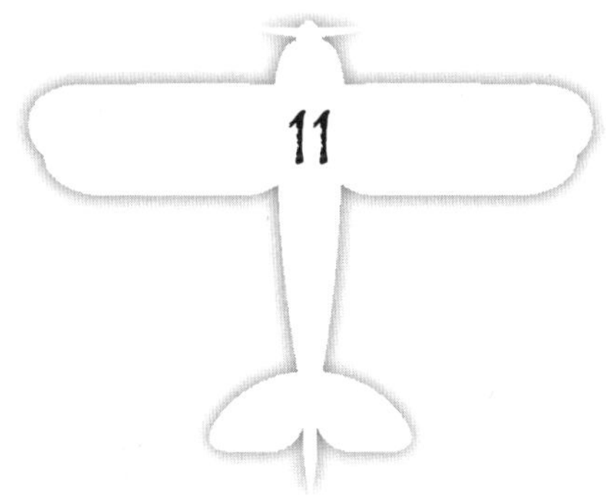

Oboi: In den Feuerschlund

Die Luft war heiß geworden und der Weg durch den Tunnel ermüdend und beschwerlich. Ich hatte Durst. Ich hielt an, um mich kurz auszuruhen. Auf den ersten Seiten des Buches stand nun:

Auf dem Flohmarkt trafst du eine Frau, die dir ein Buch gab.

Sie behauptete, es würde unschätzbar viel Gutes tun. Und du erwidertest etwas gleichgültig oder ungläubig:

»Ja, ja, die Rehe werden zutraulich, die Gewässer werden klar, die Flüsse hören auf zu fließen und die Berge rücken näher.«

Darauf antwortete die Frau, dass auch das geschehen würde, wenn du nur wolltest.

Ich schloss das Buch. Ich schloss die Augen. Ich hoffte. *Werdet zutraulich, Rehe. Fließt, klare Wasser.*

Ich öffnete die Augen. Vor mir sah ich ein mattes Licht. Plötzlich kam aus dem Tunnel, der den Gang kreuzte, ein Reh hervor und dann noch eins. Sie schauten mich an. Wasser floss nun an der Höhlenwand entlang, die Rehe tranken kurz und gingen weiter.

Es passierte. Es passierte nicht. Es passierte. Ich sollte es einfach glauben! »Oboi, jetzt musst du es einfach glauben«, sagte ich zu mir selbst und als ich es ausgesprochen hatte, beschloss ich, das auch wirklich zu tun.

Ich lief zu den Rehen und trank von dem Wasser. Es war kalt und schmeckte gut.

Aber Moment. Schrieb das Buch jetzt auf einmal nicht mehr meine Erlebnisse auf, sondern stellte ich mir selbst Ereignisse vor, die dann geschahen?

Das hieße ja, wenn ich wollte, dass sich dieses Rattenloch mit Hunderten von Flamingos füllte, dann ...

•

In diesem Augenblick drang ein ohrenbetäubendes Flattern und Kreischen in meine Ohren! Aus der endlosen Finsternis des Tunnels näherte sich etwas Großes und Dunkles ... Nein, nicht dunkel, sondern pink! Ein irrsinniger, unglaublicher, atemberaubender Anblick: Ein Schwarm aus Hunderten von Flamingos mit langen, baumelnden Beinen und riesigen flatternden Flügeln füllte den Tunnel und kam schreiend immer näher.

Verängstigt legte ich mich auf den Boden, presste mir die Hände auf die Ohren, um das Kreischen, bei dem mir fast das Trommelfell platzte, nicht hören zu müssen, und ließ sie über mich hinwegfliegen. Ihre Flügel verursachten einen Sturm im Tunnel, ihre scharfen Krallen streiften meinen Rücken und zerrissen mein Shirt, aber kurze Zeit später waren sie fort und alles war vorbei.

Und da wusste ich es endlich! Ich glaubte an die Geschichte. Ich würde es schaffen! Ich war zäh, stark, ich hatte das Licht der Fantasie, das auch die erbärmlichsten Löcher erhellte!

Und kaum hatte ich den Gedanken zu Ende gedacht, hörte ich ein kurzatmiges Schnaufen.

Und schließlich ein Poltern. Was war das?

Kurz war es still. Dann erklang erneut ein Schnaufen. Und wieder ein Poltern.

Stille.

Schnaufen. Poltern. Stille.

Hinter diesem Schnaufen konnte niemand anderes stecken als Fanta!

»Fanta!«, rief ich, aber aus meiner Kehle drang kaum mehr als ein Flüstern.

Ich war mir sicher, dass ich meine kleine Schwester erkannt hatte. Selbst wenn alle Menschen auf der Welt gleichzeitig geschnauft hätten, hätte ich meine Fanta herausgehört!

»Fanta!«, schrie ich, jetzt schon etwas lauter.

Mit großen Schritten ging ich in die Richtung, aus der die Geräusche kamen. Der Gang wurde heißer und heißer, bis er geradezu einen Siedepunkt erreichte.

Das Schnaufen und das Poltern wechselte sich in einem gleichmäßigen Rhythmus ab und kam immer näher und näher

•

Bald war ich am Ende des Tunnels angekommen. Aus dem Rahmen und dem Schlüsselloch einer massiven, schwarzen Tür schien ein gelb loderndes Feuer!

Und wieder Schnaufen und Poltern.

Ich riss die Tür auf. Die Hitze schlug mir ins Gesicht und ich wurde auf den Rücken geworfen. Die riesige Halle flackerte in rotem Licht und der Feuerschlund war wie ein gewaltiger Wasserfall, der irgendwo in die Tiefen der Erde führte, vielleicht bis zu ihrem Mittelpunkt. Seine Wände glichen dem aufgerissenen Maul eines gigantischen Raubtiers und der Schlund selbst war der feuerrot glühende Tod.

»Fanta!«, rief ich jetzt mit aller Kraft und versuchte, mich aufzurappeln, während ich gleichzeitig mit den Armen mein Gesicht vor der brennenden Hitze schützte.

Schnaufen. Es war Fantas Schnaufen.

»Fanta! Ich bin es! Oboi!«

Da sah ich meine Schwester über den dunklen Lehmboden kriechen, hinter ihr lag der höllische Ofen. Sie bemerkte mich nicht, denn der Rauch brannte ihr wohl in den Augen.

»Fanta. Ich bin's, Oboi!«

Statt ihre Krücken zu benutzen, schob sie sich über den Boden. Mit zusammengekniffenen Augen kroch sie auf einen riesigen Raum voller Feuerholz zu.

Habe ich Feuerholz gesagt? Nein, das war keineswegs Holz. Vielmehr stapelte Fanta sich die Arme voller Bücher, einige fielen ihr herunter, landeten verkehrt herum und verbogen sich. Der ganze Boden war mit ausgerissenen Seiten übersät, halb verbrannte Papierfetzen flogen durch die heiße Luft, Buchseiten, Geschichten. Dieser ungeheuer gigantische Komplex namens Tómos-Biblos wurde mit Büchern beheizt. Ganz genau. Du hast richtig gehört. Womit auch sonst sollte das

Buch-Buch-Gefängnis erwärmt werden, wenn nicht mit Büchern. Jedes Mal, wenn polternd eines im Feuerschlund landete, verschwand eine ganze Fülle an Figuren, Familien, Kindern, Waisen, Helden, Raubtieren, Katzen oder Hunden, was auch immer darin vorkam, es war einfach weg. Im Feuerschlund.

•

Fantas Gesicht war voller Ruß, ihre dünnen blonden Locken klebten an ihrem schwitzigen und verschmutzten Gesicht und mit rußgeschwärzten Händen zog sie sich mit dem einen Arm über den Boden, während sie auf dem anderen Arm die Bücher trug. Sie sah furchterregend aus und ich weiß nicht, was mich mehr zum Weinen brachte, der brennende Qualm in meinen Augen oder dieser entsetzliche Anblick.

Als Fanta das Maul des Feuerschlundes erreicht hatte, warf sie mit Mühe den Bücherstapel in die Flammen und wandte ihr Gesicht schnell vom heißen Schlund ab. Im Schein des Feuers konnte man deutlich die geröteten Brandwunden auf ihren Armen und in ihrem Gesicht erkennen. Ich wischte mir die Tränenbäche von den Wangen. Meine Schwester bemerkte mich immer noch nicht, das Dröhnen des Schlundes machte einen Lärm wie eine riesige Turbine.

»Fanta!«, rief ich jetzt, so laut ich konnte, durch den Rauch und den Krach hindurch.

Da senkte sich die Stille wie ein schwerer Vorhang über den Raum herab, drückte auf meine Ohren und es kam mir fast so vor, als wollte auch *sie* hören, was als Nächstes passierte. Die Flammen hörten auf zu fauchen, wahrscheinlich lauschten sie ebenfalls. Wer weiß, vielleicht hatten die Flammen aus Tómos-Biblos' Feuerschlund ja tatsächlich Ohren. Fanta hielt inne. Die Bücher, die sie gerade aufgesammelt hatte, fielen zu Boden, und sie hob ihr Gesicht in die Richtung, aus der meine

Stimme kam, als wäre sie blind. Sie blinzelte, bekam aber die Augen nicht richtig auf.

»Oboi?«

•

Ich rannte zu ihr und hob sie hoch. Sie wehrte sich nicht und ich trug sie aus dem Raum. Sie war kleiner als in meiner Erinnerung oder aber sie war geschrumpft.

Fanta lag in meinen Armen wie ein fiebriger Hund oder ein anderes verletztes Tier. Immerzu wiederholte ich ihren Namen. Sie sagte nichts, schlang aber ihre kraftlosen Arme um meinen Hals. Meine Beine zitterten, ich fiel auf die Knie, und jetzt öffnete sie vorsichtig die Augen und sagte mit heller Stimme und einem breiten Lächeln im Gesicht: »Oboi. Ich wusste, dass du kommen würdest, um mich zu holen. Ich habe Marme gesagt, der mutige und starke Oboi wird uns retten, aber sie hat nur geschmollt.«

Meine Mundwinkel hoben sich zu einem Lächeln und ich blinzelte die Tränen fort, damit ich Fanta richtig sehen konnte.

»Ich bin tatsächlich gekommen, um euch von hier wegzubringen«, japste ich.

Mühsam kämpfte ich mich vorwärts und fühlte mich dabei so langsam wie eine Schnecke. Auf Fantas Gesicht machte sich Sorge breit, oder vielleicht war es vielmehr Angst.

»Marme war schon in einem Tief, bevor ich in den Feuerschlund musste. Ich weiß nicht, wie es ihr geht, aber ich mache mir Sorgen.«

Es war so typisch Fanta, als halb totes Wrack in einem megalomanischen Feuermaul zu schuften und dann darüber nachzudenken, ob ihre Schwester ein kleines Tief hatte.

»Jep. Ich habe gehört, dass ihr ein bisschen Hilfe gebrauchen könnt. Darum bin ich hier.«

»Hast du unser Haus gefunden? Und Mama? Was ist die Welt für ein Ort?«, fragte sie und sah mich ungeduldig an, strahlend wie eine Sonne. Eine rußige Sonne.

Ich musste lügen.

»Die Welt ist ein toller Ort. Das gelbe Haus ist wie ein Paradies. Es ist toll und Mama ist so … auch wirklich toll. Alles ist toll.«

»Du lügst, Oboi. Deine Nasenflügel weiten sich wie bei einem wütenden Bison, wenn du schwindelst. Wenn du viermal hintereinander ›toll‹ sagst, dann erzählst du mir nichts als Märchen. Los, lass uns hier verschwinden, bevor sie Wind davon bekommt, dass ich abgehauen bin.«

Ich wollte gar nicht wissen, wen Fanta damit meinte.

•

Wir kamen nur langsam voran. Es war unglaublich schwer, Fanta durch den kleinen, engen Tunnel zu tragen. Ich fing an zu erzählen und versuchte damit, die Stimmung zu lockern und selbst zu vergessen, was für eine lange Reise uns noch bevorstand.

»Du glaubst gar nicht, was für ein komischer Ort die Welt ist! Okay, du hast recht, sie ist nicht toll. Aber ich bräuchte mindestens eine Woche, um dir alles zu erzählen. Petit ist auch mitgekommen, er holt gerade Marme …«

»Petit!«, rief Fanta.

Sie riss kurz die Augen auf, ganz als wollte sie auf der Stelle durch den Tunnel sprinten, bis hinauf ins Stockwerk 177, und ihm direkt um den Hals fallen.

Es fühlte sich gut an, wieder bei ihr zu sein. All meine Kräfte waren zurückgekehrt und ihr zuliebe hätte ich alles geschafft. Ich hätte auch zehn Fantas getragen und zehn Rucksäcke … Moment, der Rucksack … das Buch. Da fiel es mir wieder ein!

•

In dem Moment ertönte ein Brüllen aus dem Feuerschlund. Es war grässlich.

»Wow. Ist das ein Arbeitskollege von dir?«, fragte ich Fanta, deren Gesicht einen seltsamen Ausdruck angenommen hatte.

Sie kniff die Augen zusammen, als wäre sie beim Hören des Gebrülls auf der Stelle erblindet. Sie klammerte sich so fest an meinen Hals, dass ich glaubte zu ersticken.

»Waaaaaaaas?!«, ertönte es aus dem Feuerschlund.

Fanta gab mir mit einer Handbewegung zu verstehen, dass ich weitergehen sollte.

»Wer ist das?«, flüsterte ich, denn in der Stimme war etwas, was mir bekannt vorkam, schrecklich bekannt.

»Me…«, sagte Fanta mit schnellem Atem und genau in dem Moment füllte sich der Tunnel mit einer schwarzen Gestalt.

Mit den Flammen hinter sich sah sie aus, als wollte sie den Weltuntergang verkünden.

»Heizeriiin!«, schrie Megaira mit rauer Stimme und ich sprintete so explosionsartig los, wie ich es mit Fanta im Arm nur konnte.

Einen Moment lang fühlte ich mich wie ein Hürdenläufer. Das Gefühl war allerdings nur von kurzer Dauer, denn auch wenn Fanta zierlich war, trug ich neben ihr noch den Rucksack auf dem Rücken. Den Rucksack, dessen Inhalt mir plötzlich sehr bewusst wurde. Neben meiner eigenen Geschichte befand sich darin auch das Buch über Megaira. Vor meinem inneren Auge sah ich den Satz, den Samuel auf die erste Seite des Buches geschrieben hatte.

Hoffentlich findest du auf deinem Weg einen glühend heißen Ort für diese Geschichte.

•

Sosehr ich mich auch bemühte, ihr zu entkommen, Megaira hatte mich im Nu eingeholt. Sie packte mich im Genick. Ja, genau. Wie ein Welpe oder sonst irgendein Fliegengewicht wurde ich mit Fanta im Arm auf die Zehenspitzen gehoben und hatte das Gefühl zu ersticken, als sie mich am Kragen meines Shirts hochriss. Ich hatte keine Schritte hinter mir gehört, sie bewegte sich durch die Luft wie ein verdammter Geist.

»Du!«, kreischte sie und sah mich so mordlustig an, dass ich fast vergaß, dass ich gerade dabei war, erwürgt zu werden.

Fanta steckte ihren Kopf in meine Achselhöhle.

»Was zur Hölle machst du hier? Und warum hast du Heizerin auf dem Arm?«

Jetzt kam Megaira auf die Idee, mich herunterzulassen, denn ich war immer noch kurz vor dem Ersticken und konnte nicht sprechen.

•

Ich hustete, schüttelte den Kopf, rieb mir den Hals und zermarterte mir gleichzeitig das Hirn, was ich antworten sollte. Wie zum Kuckuck sollte ich mich aus dieser Zwickmühle befreien?

»Ich bin gekommen, um meine Schwestern abzuholen.«

Sie sah mich an, als wäre ich verrückt.

»Sie abzuholen?! Das ist ein Gefängnis und kein Kindergarten, du Schwachkopf! Hier wird niemand abgeholt! Von hier gibt es kein Entkommen! Heizerin, zurück in den Feuerschlund, wird's bald!«, brüllte sie.

Mir war klar, dass ich nicht davonlaufen konnte. Der einzige Weg, der Situation zu entkommen, war, Megaira zu zerstören. Und natürlich war mir bewusst, dass es nicht sonderlich wahrscheinlich war, dass mir, Oboi, das irgendwie gelingen würde. Da fielen mir Aristos Worte wieder ein: »Zur Wahrscheinlichkeit gehört auch, dass das Unwahrscheinliche eintreten kann.« War nun dieser Moment gekommen?

•

Plötzlich rief Fanta: »Troll!«

Ein dumpfes Brüllen erfüllte den Tunnel und klang wie ein sich näherndes Gewitter. Hinter Megaira kam ein riesiger Schatten zum Vorschein. »Wer oder was ist so mutig und wagte es, die schreckliche Megaira herauszufordern?«, fragte ich mich. Mein Körper war vor Anspannung wie gelähmt.

Da flüsterte Fanta: »Das ist nur Mattis. Hab keine Angst, Oboi.«

»Meeegaaaaa!«, donnerte er, und als diese sich der Stimme zuwandte, wurde mir klar, dass mein Moment gekommen war.

Blitzschnell setzte ich Fanta auf den Boden und schoss wie eine Pistolenkugel an Megaira und Mattis vorbei Richtung Feuerschlund.

»Nicht da lang!«, schrie Fanta, aber ich rannte entschlossen weiter.

Hinter mir hörte ich Megairas Grollen und Mattis' Knurren. Sie maßen sich miteinander und währenddessen interessierte sich Megaira weder für mich noch für Fanta.

•

Im Schein des Schlundes holte ich die Bücher aus meinem Rucksack. Der Rauch brannte mir so stark im Gesicht und in den Augen, dass ich sie nicht aufbekam. Blinzelnd versuchte ich die Buchdeckel zu erkennen, aber beide waren dunkel und die Bücher genau gleich dick. Im beißenden Qualm war es unmöglich auszumachen, welches davon Megairas Geschichte war und welches meine eigene. Wenn ich das falsche Buch in den Schlund warf, wäre das mein Ende und die Welt würde wieder ihr gehören.

Ich war schon so nah am Feuer, dass es sich anfühlte, als würden die Flammen mir die Haut verbrennen. Ich konnte die Bücher einfach nicht auseinanderhalten. Da hörte ich, wie sich Schritte näherten. Mattis hatte den Kampf wohl verloren. Würde es hier enden? Das war also der Schluss meiner Geschichte?

»Duuuu!«, polterte Megaira da bereits über mir.

Sie hätte sich nur ein wenig herunterbeugen müssen, dann hätte sie nach mir greifen, mich in zwei Stücke reißen und in die Tiefen des Ofens schleudern können. Ratlos stand ich da, das eine Buch unter dem Arm und das andere in der Hand, und sah zu ihr auf. Was sollte ich tun? Nervös betastete ich den Umschlag des Buches.

Moment mal!

Auf dem Buchdeckel unter meinen Fingern schien irgendein Muster zu sein, das sich hervorwölbte.

Es war rund!

»Das O-Buch«, seufzte ich erleichtert. Im selben Moment schnappte ich mir das Buch unter meinem Arm und keine Sekunde später war »Die Legende von Megaira« im Schlund!

•

In diesem Augenblick explodierte etwas im Feuerschlund. Ich riss meine brennenden Augen auf. Megaira begann sich nur einen Schritt von mir entfernt vor Qualen zu winden. Die Stimme, die aus ihr herausbrach, war so schmerzerfüllt, dass es sich um etwas Endgültiges handeln musste. Es war, als würden Hunderte der schrecklichsten Ungeheuer ihr Leid wie aus einem Mund herausschreien. Ich wusste, dass Megaira noch ein Buch bei sich trug, auch das musste ich zerstören.

Und jetzt endlich, als sie nur noch so groß wie Fanta war, ging ich auf sie zu und stieß sie mit aller Kraft in den Schlund.

Stell dir die schrecklichsten Monster aller Geschichten vor, dunkle Kräfte, Helden des Bösen, sie alle waren in Megaira. Jetzt flogen sie brausend aus dem Feuerschlund und schoben sich durch die Luft auf mich zu, nein, sie wichen mir aus und sausten in die Dunkelheit des Tunnels davon. Auch sie hatten wohl ihre Freiheit verdient, denn was wären Geschichten schon ohne Monster.

•

Atemlos kehrte ich zu Fanta zurück. Ich nahm sie auf den Arm wie einen Hundewelpen.

»Lauf, Oboi«, befahl sie mir.

Und auf einmal war es überhaupt kein Problem mehr zu rennen. Fanta wog nicht mehr als ein Schmetterling. Wie ein Hochgeschwindigkeitszug sauste ich durch die Tunnel von Tómos-Biblos. Fanta rief mir Anweisungen zu: »Rechts! Links! Schneller!«

Ich trabte weiter, ohne zu sprechen, ohne an etwas anders zu denken als an meine Schwester, die ich jetzt, da Megaira weg war, von hier fortbringen konnte. Der Gang bebte und von den Mauern fielen riesige Steinbrocken herunter. Während ich mit großen Schritten durch die Dunkelheit lief, wusste ich, dass es nur eine Richtung gab: geradeaus. Dort würde der Endpunkt all dieses Grauens sein. Das Licht.

Und bald sahen wir es.

»Tschüss, Feuerschlund!«, rief Fanta, allzeit fröhlich wie sprudelnde Limo.

Der Boden unter meinen Füßen bebte, als wir die Küche erreichten, deren Tür weit offen stand.

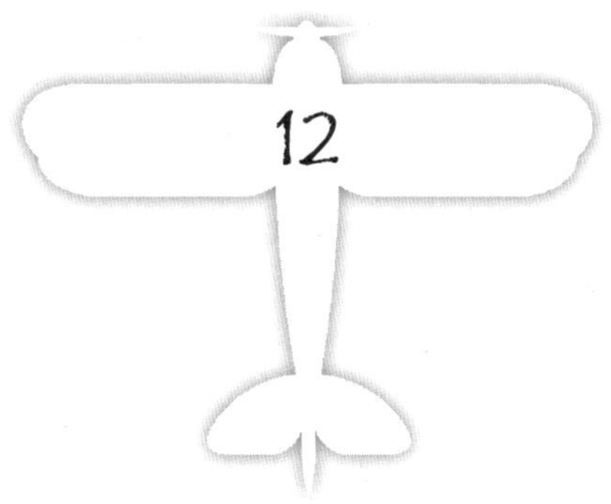

Gelbes Haus: Nordlichter, Rehe und Vögel

Ich wachte davon auf, dass mir der Wind Wasser ins Gesicht peitschte. Durstig machte ich den Mund auf. Der Regen erfrischte mich, hauchte mir wieder Leben ein. Der Wind wurde so stark, dass er Bäume mitsamt ihren Wurzeln ausriss. Ein riesiger Vogel mit ausgefransten Flügeln flog über den Himmel. Er konnte nur eines bedeuten.

Ich runzelte die Stirn und wie von selbst machte sich ein Lächeln auf meinem Gesicht breit.

»Endlich!«

Da schlug ein Blitz ein, spaltete den Baum und meine Handschellen zerbrachen. Glücklich drehte ich mich im Kreis, hielt mein Gesicht in den Regen. Oboi hatte gesiegt! Nordlichter waberten über den Himmel. Auf einmal war die Luft von allen möglichen Dingen erfüllt, Blättern, Papierstücken, Kleidungsfetzen, bunten Vögeln.

»Es hat begoonnnnen!«, jauchzte ich so laut, dass es in den Felsen dröhnte und von den Wipfeln der Bäume widerhallte.

Einen Moment lang schien der Himmel durch meinen Schrei anzuschwellen, ich fühlte mich wie neugeboren und mindestens ein paar Hundert Jahre jünger! Ein Reh blieb schüchtern stehen und sah mich verwundert an. Dann blickte es in den Himmel, über den Luftballons und Papierdrachen und seltsame Vögel flogen. Dort war in der Tat einiges los.

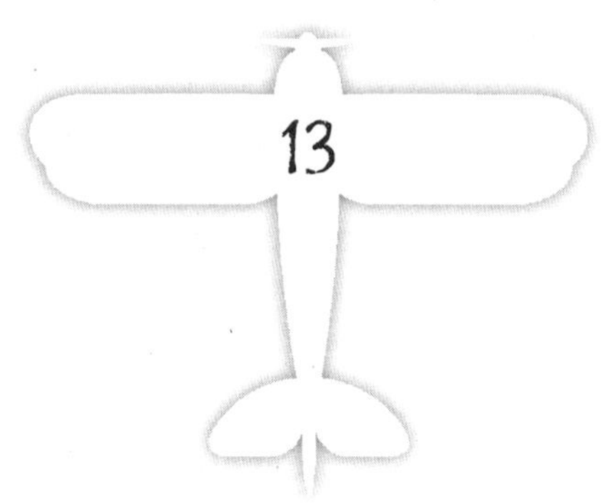

Oboi: Autsch! Buchstaben!

»Es stürzt eeeeiiiiiin!«, kreischte Fanta und ich rannte noch schneller, um nicht unter dem zusammenstürzenden Gefängnis begraben zu werden.

Die Erde bebte, die Mauern zitterten. Erst bildeten sich dünne Risse, die dann größer wurden und schließlich aufbrachen. Schreie und Kreischen war zu hören, die Türen der leeren Küche flogen auf, ringsum fielen Gegenstände herunter. Ölkanister, Mehlstaub, Konservendosen. Menschen rannten davon, nach draußen, Hunderte von Menschen, Tausende, und wir mit ihnen. Der Sturmwind und der Regen wurden stärker, geradezu schwallartig. Ich hielt Fanta fest im Arm. Allerhand Gerümpel kam auf mich zu geflogen, kleine Stäbchen, die wie seltsam verbogene Nägel aussahen, stachen mir Löcher in die Haut.

»Autsch. Was ist das?«, rief ich, schlug sie mit der Hand von mir weg und versuchte, sie in die Finger zu bekommen.

»Ach du heiliger Strohsack!«, rief Fanta. »Kleine Buchstaben! Das kann doch nicht wahr sein!«

•

Was du als Nächstes liest, wird alle Grenzen des Wirklichen überschreiten, aber ich glaube, beim Lesen dieses Buches hast du dich bereits daran gewöhnt. Bestimmt wirst du ganz gut damit zurechtkommen. Wenn du trotzdem Zweifel hast und willst, dass dieser unglaubwürdige Hokuspokus endlich aufhört, dann bitte ich dich, halte noch einen Moment durch. Wir sind schon fast am Ziel.

•

Wir rannten hinter einen großen Stein und ich hörte, wie die kleinen Buchstaben prasselnd dagegen schlugen. Dann fielen sie auf die Erde. Aber nachdem sie kurz auf dem Boden oder dem Stein gelegen hatten, fingen sie an herumzuzappeln. Tatsächlich waren sie ganz genauso groß wie die Buchstaben, die du gerade liest, und kaum waren sie heruntergefallen, drehten sie sich wieder richtig herum und gingen, hüpften oder schwebten in aller Ruhe Richtung Wald. Schon auf dem Weg dorthin fingen sie an, Reihen zu bilden, zuerst Wörter, dann Sätze. EIN VATER UND EINE MUTTER HATTEN EINEN SOHN. ER WURDE ONKEL FJODOR GENANNT, und in der nächsten Reihe stand: ICH, SINUHE, DER SOHN VON SENMUT UND SEINER FRAU KIPA, SCHREIBE DIES NIEDER. Und dann: IN DER NACHT, IN DER RONJA AUF DIE WELT KAM, GROLLTE DER DONNER ÜBER DEN FELSEN. Wir lasen laut vor, was wir sahen, und mussten über all den Unfug lachen, über diesen Moment, in dem nichts mehr Sinn ergab!

Und dann blitzten inmitten der ganzen Buchstabenreihen die Worte auf: ICH, OBOI, STAND ALLEIN AM RANDE DER STADT.

Als wir das sahen, schrien wir vor Lachen. Wir staunten nicht schlecht. Ich wagte nicht einmal darüber nachzudenken, was dieser letzte Satz, der da in die Höhe geflogen war, zu bedeuten hatte, und ich hatte auch gar keine Gelegenheit dazu.

•

Ich hätte ewig so stehen bleiben und zuschauen können, wie sich Wörter bildeten, wie Anfänge von Geschichten entstanden, aber es tat zu sehr weh, wenn mir die Buchstaben ins Gesicht flogen. Ich schützte es mit den Händen und da wurde es mir klar! Ich hatte zwei Hände und keine davon war verbunden. Nicht einmal der Abdruck eines Verbandes war zu sehen. Freude durchströmte meinen Körper, aber auch darüber konnte ich nicht weiter nachdenken, denn das, was gerade passierte, war einfach höchst komisch, seltsam und unbegreiflich.

»Hoffentlich haben Petit und Marmelade einen guten Unterschlupf gefunden«, sagte ich und schaute zur Treppe. Da sah ich, wie Tómos-Biblos zu versinken begann, es verschmolz geradezu mit dem Felsen, auf dem es erbaut worden war.

•

Auch die Eisstatue, die davor gestanden hatte, hatte angefangen zu schmelzen. Eigentlich hatte ich sie mir nie genau angeschaut, ich weiß nicht, ob sie neu oder immer schon da gewesen war, daran hatte ich so gut wie keinen Gedanken verschwendet. Jetzt allerdings erregte sie meine Aufmerksamkeit, sie erinnerte mich an etwas. Die Statue stellte zwei Menschen dar, einen Mann und eine Frau, in wachsamer Haltung. Ihre Blicke hatten sie zur riesigen Gefängnismauer erhoben, so als würden sie das Gebäude bewundern oder bestaunen. Der Mann hielt sich schützend die Hände vors Gesicht, so als drohte von oben eine Gefahr.

Jetzt begann die Statue zusammenzubrechen, die Figuren wurden dunkler, bewegten sich irgendwie, als würden sie zum

Leben erwachen. Und sie erwachten tatsächlich zum Leben! Da wurde es mir klar! Ihre erstarrten Körper erinnerten mich an niemand anderen als an Thule! Ja! Dort standen Thules Eltern, ihr Vater und ihre Mutter, die Forscher, die aufgebrochen waren, um das Eis des Nordens zu erkunden. Und jetzt bewegten sie ihre Glieder, ihre Handgelenke, ihre Arme, ihre Beine, sie schauten einander verdutzt an, blickten sich um und sahen das ganze Chaos.

•

Die Löcher in der Gefängnismauer wurden immer größer, je weiter das Gebäude versank. Aus all seinen Öffnungen rannten, krochen und sprangen Leute heraus, der Wind erfasste das Gerümpel und die bunten Stoffe, sie flogen durch die Luft wie Papierdrachen. Auf einmal war diese von allem Möglichen erfüllt: Schneebesen, Töpfen, Vögeln, Luftballons, Papier, Stühlen und Vorhängen. Emaille-Teetassen, fleckige Kissen und löchrige Laken, Klamotten und leere Vogelkäfige flogen aus dem Gefängnis und in den Himmel. Aber glaube nicht, dass das schon alles war. Nein! Tómos-Biblos war jetzt wie ein riesiges Buch, das jemand mit einem Ruck aufgeschlagen hatte, und die aus ihm befreiten Farben, Abenteuer, Welten und Universen, Ozeane, Berge, Stürme, feuerspeienden Drachen und ein goldener Regen füllten den eben noch so grauen Himmel. Melodien schwollen an und erfüllten die Luft, denn auch die Musik war nun befreit. Frühling, Sommer, Herbst und Winter, alle vier Jahreszeiten waren gleichzeitig zu hören. Und endlich kam auch meine Schwester Marmelade mit Petit im Schlepptau aus einem der Fenster geschossen.

»Marme und Petit!«, rief Fanta, aber das unglaubliche Getöse überdeckte alles und der Ruf meiner kleinen Schwester erreichte ihre Ohren nicht.

•

Als Petit Boden unter seinen Füßen spürte, richtete er sich auf und schüttelte den Schmutz von seinem edlen, aber zerrissenen Hemd. Dann bot er Marmelade wie ein guter Ritter seinen Arm an, um ihr aufzuhelfen. Es war nicht zu übersehen: Sie lächelte.

Wir rannten auf sie zu. Wenn ich die Geschichte so im Nachhinein erzähle, wird mir klar, dass ich mich damals überhaupt nicht gewundert habe, wie Fanta mit einem Bein so gut laufen konnte. Und auch sonst wunderte sich niemand darüber, denn sie hatte nicht mehr nur ein Bein, sondern zwei.

Als Petit uns sah, deutete er in die Richtung, in der sein Flugzeug stand. Der Lärm war ohrenbetäubend, als Tómos-Biblos im Erdboden versank. Ich rief ihm also nicht zu: »Weißt du denn nicht mehr, dass deine Maschine kaputt ist?«

Nein, das tat ich nicht. Wir rannten einfach zum Flugzeug, halfen uns gegenseitig in die Sitze und hoben ab, mitten durch all die anderen Dinge hindurch, und der Flügel der Maschine war auch nicht kaputt, nein, er funkelte wie neu, ihm und auch dem Rest fehlte schlicht und einfach nichts.

•

An jenem Tag war der Himmel so voll von rosa Bären, lebenden Spielkarten, sprechenden Bäumen, singenden Teekannen, regenbogenfarbenen Einhörnern, wütenden Riesen, rundbäuchigen Trollen, fliehenden Lebkuchenjungen und anderen bunten Gestalten, dass die Sonne nicht mehr als hindurchblinzeln konnte. Auf Bergstadts Straßen gingen die Mani aus, die Pieptöne verstummten und auf den Straßenschildern erschien der Name Berihelland. Die Menschen der Stadt und auch die aller anderen Städte betrachteten alles nun mit Erstaunen und Interesse. Sie waren wie neugeboren, machten in diesem

Moment ihre ersten Erfahrungen, schufen die Grundlage für alles Kommende und das wirkliche Leben.

Ich muss sagen, es war ein glorreicher Anfang! So feierlich begingen alle acht Milliarden Menschen nach dem Gewitter ihren neuen Tag. Und einen Moment lang war der Himmel voll von all dem, was vorher zwischen den Buchdeckeln gewesen war. Aber es war nur ein kurzer Moment, danach beruhigte sich die Lage und der Himmel glättete sich, genau wie Samuel gesagt hatte.

•

Von dem Drachen wurde danach nur noch die Schwanzspitze gesichtet, an einem weit entfernten See, an dem bestimmt gerade in diesem Moment jemand mit seiner Kamera herumläuft und versucht, in seiner Bild-Cloud Beweismaterial dafür zu speichern, dass die sonderbaren Fabelwesen immer noch unter uns weilen. Ab und zu kann es vorkommen, dass ein müder Spaziergänger das weiße Kaninchen durch eine große Menschenmenge eilen sieht, aber sobald er dann zu Hause ankommt, das Buch in die Hand nimmt und Seite 12 aufschlägt, sieht er, dass das Kaninchen schon wieder zurück an seinem Platz ist, ganz genau wie immer, etwas nachdenklich und an seiner Uhr interessiert. Es wird immer diejenigen geben, die sich auf die Suche nach geheimen Türen in Kleiderschränken oder Botschaften aus dem All in Radiowellen machen, die mit Geistern sprechen und mit Kristallglas und Backpapier eine Verbindung zu dem, was auf der anderen Seite der Wirklichkeit liegt, herstellen. Es wird immer solche geben, die sich weigern, Geschichten auch nur anzufassen, und solche, die höchstens die Nachrichten glauben, die um 20:00 Uhr im Fernsehen kommen.

•

»Woow. Wow wow wow wow«, sagte Fanta, als wir flogen und der Himmel über uns voller Schmetterlinge und Vögel war und ein so tiefes Blau hatte, wie ich es noch nie zuvor gesehen hatte.

»Glaubst du mir jetzt, dass ich ein *pilote* bin, Fanta?«, fragte Petit.

»Das habe ich dir immer geglaubt«, beteuerte sie, und es stimmte.

Fanta hatte immer alles geglaubt, vor allem alles, was Petit sagte. Marmelade lachte.

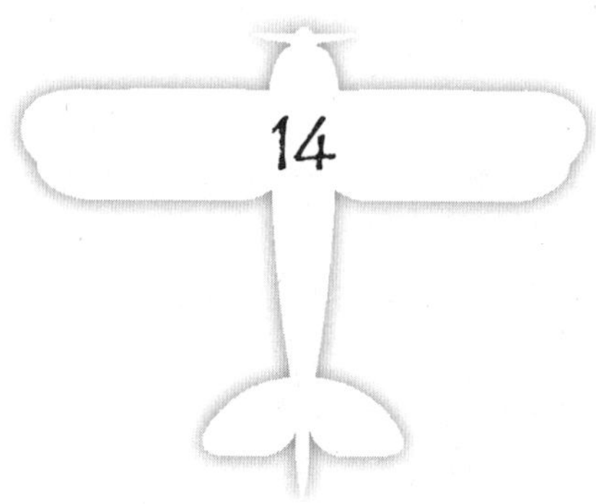

14

Oboi: In Berihelland

Bei der Rückkehr in die komplett renovierte Bibliothek war ich vielleicht sogar aufgeregter als während des Flugs in Petits Maschine. Fanta konnte nicht aufhören, die Kinder und Jugendlichen anzustarren, die mit ihren Hoverboards vorbeiflogen, und auf sie zu deuten. Sogar Marmelade blieb interessiert vor den Biosphären stehen.

»Da drin war ich als Normokind, zusammen mit den anderen Normokindern.«

Ich deutete mit der Hand auf das Gewächshaus und die Hand war, nur um es noch einmal zu betonen, wieder völlig normal, als wäre sie nie ab gewesen.

•

Die Biosphären waren keine Erhaltungszentren für Pflanzen- und Tierarten und keine Sauerstoffproduktionseinheiten mehr, die von Normokindern betrieben wurden, sondern botanische Gärten, die allen offen standen. Überhaupt kam mir der

Gedanke, dass es noch vor Kurzem »Normokinder« gegeben hatte, verrückt vor.

»Erstaunlich«, sagte Marmelade leise und kopfschüttelnd.

»Wie aus einem Buch«, meinte Fanta. Wir warfen uns einen Blick zu und brachen in Lachen aus.

Auf dem Hügel hinter der Bibliothek, wo Samuel einst die eingefrorene Thule gefunden hatte, standen jetzt bunt verzierte Hochhäuser. Das neue Wohngebiet hatte auch einen Namen: Hügel der Obdachlosen. Es versteht sich wohl von selbst, wer jetzt in der besten Lage der Stadt wohnte.

•

Als wir die Bibliothek betraten, räumten Schlüssel, Motorendonner und Metallsäge mit einer Sackkarre kistenweise Bücher in die Regale. Die Leute bewunderten das Bibliotheksgebäude, von dessen Dach die Ranken wie Wasserfälle herunterflossen und vor dessen Tür zu beiden Seiten schöne Töpfe mit großen Mandarinenbäumen standen, die sich unter dem Gewicht der Früchte bogen. Vorsichtig traten die Leute ein. Die Bibliothek sah genauso aus wie vorher, außer dass sie jetzt offen war und man nicht MÄV durch die Hintertür hereinkommen musste. Die Türen aller Lesesäle standen offen, und als Thule uns sah, rannte sie auf uns zu.

»Hallo Tourist! Das sind sie also?«, fragte sie und hüpfte begeistert auf und ab wie ein kleines Mädchen.

Fanta war schüchtern, und Marmelade brachte überraschenderweise ein kleines Lächeln zustande.

»Das hier ist Thule. Meine beste Freundin in Berihelland. Thule, das sind meine Schwestern Marmelade und Fanta.«

»Cooler Pulli!«, rief Thule, als sie Marmelades selbst gestrickten schwarzen Wollpullover bemerkte, auf den diese mehr schlecht als recht einen etwas windschiefen Drachen gestickt hatte.

»Ich will auch so einen!«

Marmelades Lächeln wurde breiter, und ich konnte mich nicht gleich daran erinnern, wann ich zuletzt ein solches Strahlen auf ihrem Gesicht gesehen hatte.

Ein Mann und eine Frau kamen herbei und stellten sich hinter Thule. Diese sah die beiden grinsend an, und der Mann legte eine Hand auf ihre Schulter. Ich erkannte die beiden gleich.

»Mama und Papa sind gestern hier angekommen. Sie sind noch etwas erkältet.«

Lächelnd nickte ich ihnen zu.

»Aber jetzt lasst uns gehen. Mama und Papa halten eine Lesung über ihre Forschungsreise«, sagte Thule und deutete auf Samuels Zimmer.

•

Der Schreibtisch war wieder voller Bücher und Pflanzen, ganz genau wie früher. Jetzt standen außerdem mindestens 100 Stühle im Raum, alle mit Menschen besetzt. Ich warf einen Blick in die anderen Säle und Räume, dort schien etwas Ähnliches abgehalten zu werden. Die Leute unterhielten sich angeregt und fröhlich. Als Thule und ihre Eltern vor sie traten, fingen die Menschen wie wild an zu klatschen.

Erst jetzt fiel mir auf, dass an der Zimmerwand ein großes Schattenbild erschienen war. Die Figur sprang in die Luft und schlug die Schuhsohlen zusammen, während sie die Arme zur Seite ausbreitete wie ein Vogel. Es war Samuel selbst, der sich dort an der Wand freute. Sein Zeigefinger und sein Daumen bildeten ein o. Marmelade starrte die Malerei an und konnte ihren Blick nicht davon lösen, obwohl die Lesung schon angefangen hatte.

•

Zu diesem Zeitpunkt wusste noch niemand, dass Marmelade in Thule bald ihre erste Herzensfreundin finden sollte. Dass sie bald unzertrennlich sein und stundenlang reden würden. Über Eis, das Zeichnen, Zombies, Vampire und Drachen. Dass Marmelade den Wunsch haben würde, auf eine Kunstschule zu gehen und wie eine wandelnde Mona Lisa sein würde. Dass ihr das Lächeln nie wieder vergehen sollte.

Auch wussten wir nicht, dass Petit und Fanta sich bald verlieben würden. Vielleicht würde daraus keine Geschichte fürs Leben werden, aber zumindest eine kleine Liebesgeschichte. Petit würde an Stränden, in Bars und Cafés sitzen. Er würde unermüdlich von seiner Flugreise zur Sahara-Wüste erzählen, wo er einmal eine Notlandung machen musste. Davon, dass er dort seltsame Gespräche mit einem kleinen Jungen, einem Fuchs und einer Schlange geführt hatte. Und von seiner Rose. Von ihr, die ganz anders war als die anderen und die zur gleichen Zeit wie die Sonne geboren wurde, ganz genau wie Fanta.

Und auch dann würden die Leute diese Geschichten nicht glauben, auch du wahrscheinlich nicht, aber trotzdem würden sie verzückt seiner Erzählung lauschen.

Von seiner zweiten Reise durch die Eisfelder des Nordens sollte Petit ebenfalls noch berichten. Er würde von der Zerstörung eines fernen Gefängnisses erzählen. An diese Geschichte würden die Leute noch viel weniger glauben, aber trotzdem würden sie ihn bitten, sie immer wieder zu erzählen.

Fanta sollte bald eine Stellung in einem weltberühmten Wanderzirkus bekommen, nachdem dem Zirkusdirektor ihre unglaubliche Zähigkeit und ihr akrobatisches Talent zu Ohren gekommen waren. Zweifellos würde sie der hellste Stern des Zirkus werden.

•

Und ich? Gedulde dich noch einen Moment, du wirst es gleich erfahren.

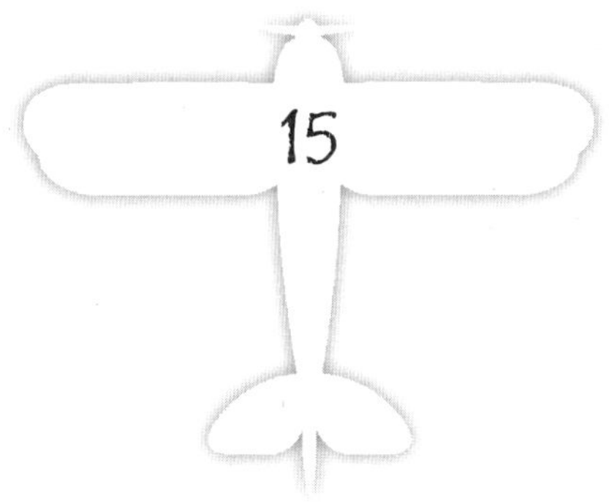

15

Oboi: Die Holzschatulle

Natürlich konnte uns Aristo etwas über die Sache erzählen.

Ich hätte es mir denken können. Aristo, der alle Bücher kannte, hatte zu seiner Zeit natürlich auch »Die Vögel erzählten es mir« gelesen und wusste, dass es von einer Autorin namens Lenora Clem geschrieben wurde.

»Ja, daran erinnere ich mich. Es war eine schöne Geschichte, die sehr klar die kommenden Zeiten vorhersagte. Ich habe in der Zeitung einen kleinen Artikel über die Schriftstellerin gelesen.«

»Was stand da drin?«

»Das weiß ich nicht mehr, es war nichts besonders Erinnernswertes«, sagte Aristo und lachte.

»Versuch es doch mal«, bettelte ich.

»Hmmm. Sie lebte an diesem Ort und … schrieb Geschichten und …, ich weiß nicht mehr. Oder doch, eine Sache fällt mir jetzt wieder ein! Da stand etwas Interessantes über die Vögel, mit denen sie schon lange Bekanntschaft geschlossen hatte. Sie erzählten ihr Dinge, wie auch aus dem Buchtitel hervorgeht. Im Artikel wurde behauptet, dass die Frau wirklich die Sprache der Vögel versteht«, meinte Aristo lachend.

»Sie kann die Sprache der Vögel sprechen?«, fragte Fanta aufgeregt.

»Das sind nichts als Märchen, das gehört ja schließlich zur Arbeit einer Schriftstellerin, aber ich kann dir sagen, dass ich den Artikel immerhin so interessant fand, dass ich mir diese Tiere selbst anschauen wollte, denn ich wohnte in derselben Gegend. Aber die Vernichtung hatte damals schon begonnen, das Haus sah verlassen aus und von den sprechenden Vögeln keine Spur, also vergaß ich die Sache wieder.«

»Wo war das Haus?«

»Wenn ihr hinter den Ruinen des Kraftwerks losgeht, dort, wo der Fluss zu einer tosenden Stromschnelle wird, und dem Fluss drei oder vier Tage lang folgt, kommt ihr am Ende zu einem alten Bahnhof. Dort seht ihr einen hohen Hügel und einen Feldweg. Steigt den Hügel hinauf, und wenn ihr am Gipfel angekommen seid, blickt ins Tal hinunter. Dort ist die gelbe Holzvilla.«

»Gelb«, wiederholte Fanta mit leuchtenden Augen.

»Warum wollt ihr denn eigentlich so unbedingt dort hin?«, fiel es Aristo jetzt erst ein zu fragen.

Ich nahm eine Holzschatulle aus meiner Tasche und stellte sie vor mir auf den Tisch.

»Lenoras Mann, Samuel Clement«, sagte ich förmlich.

Und obwohl die Schatulle auf dem Tisch stand und ich sie nicht einmal streifte, hörte man hin und wieder ein Poltern aus ihrem Inneren, da die Knochen darin immer noch klapperten, Samuel Polka tanzte und die Fußsohlen zusammenschlug.

Ich betrachtete das klappernde Kästchen und weinte wie ein Schlosshund.

»Ihr bringt ihn nach Hause«, sagte Aristo ehrfürchtig, konnte sich allerdings ein Lächeln nicht verkneifen. »Ziemlich aktiv für einen Toten.«

Auch ich brach in weinendes Lachen aus.

•

Wenn Samuels Geschichte mit einer Kästchenpolka endet, dann lass uns jetzt zum Ende der meinen kommen.

Auch wenn ich selbst schon weiß, wie sie ausgeht, bin ich mir nicht sicher, wie ich es dir erzählen soll. Die kürzlichen Ereignisse deuten auf ein glückliches Ende hin, oder?

Tut mir leid.

•

Am Ende wurde ich krank. Vielleicht hat diese Geschichte mich krank werden lassen. Jedenfalls war ich ziemlich lange schwach und müde. Ich hing in den vergangenen Ereignissen fest und konnte nicht glauben, dass ein Märchen nur ein Märchen war und nichts weiter. In Sachbüchern würde man dieses Phänomen als paradox definieren: Ein Junge, der nur an das glaubte, was wahr ist und Geschichten überhaupt nicht mochte, hing am Ende in einer Geschichte fest und weigerte sich zu glauben, dass es nur ein Märchen war.

Das willst du wahrscheinlich nicht hören, aber genau damit endet diese Geschichte. Lies trotzdem das Nachwort, also den Epilog, denn der wird noch einmal alles verändern.

Ach, wenn ich doch nur schlafen könnte, denke ich, während ich mich schweißgebadet und unruhig in meinem Bett hin und her wälze. Überall sind Geräusche: Knarren, Klappern, Blöken, Knallen, Heulen. Verflucht noch mal, kann denn hier niemand für Ruhe sorgen! Rohre, Fenster, Bäume, Krähen und Spatzen, ist das hier ein verdammtes Irrenhaus oder was?, überlege ich verwirrt.

•

Wenn doch nur jemand hier wäre, den ich fragen könnte, aber nein, hier sind verdammt noch mal keine Menschen! Oder Moment mal, was ist das für ein Knäuel, das da in der Ecke herumschnieft? Und da ist noch eins.

»Hallo! Warum ist es hier so dunkel? Was sind das hier für Knäuel? Das ist doch wohl kein Gefängnis? Lasst mich raus! Hört auf! Hilfe!«

Da höre ich, wie der Boden unter dem Gewicht von Schritten knarrt. Ich bemerke, dass ich mich in einem halbdunklen

Zimmer befinde. Die Tür geht auf. Schützend ziehe ich mir die Decke über den Kopf, lasse aber ein Loch frei, durch das ich den Ankömmling sehen kann. Ein Rocksaum streift über den Boden. Weiße Socken. Jetzt setzt sich Weißstrumpf neben mich und befühlt mit der Hand meine Stirn.

»Lass mich! Hör auf! Fass mich nicht an!«

Ich will toben, aber eigentlich bin ich nur müde.

Das scheint nicht Tómos-Biblos zu sein, denke ich, und vor meinem inneren Auge steigen Erinnerungen an seine Zerstörung auf. Das Gefängnis gibt es nicht mehr. In Bergstadt bin ich auch nicht. Irgendwie ist hier alles weicher.

•

»Waaas?«, jammere ich verwirrt.

»Schh. Du weckst noch deine Schwestern auf«, sagt eine sanfte Stimme über mir.

Verwundert schaue ich mich um. Ich öffne meine schläfrigen Augen, versuche sie weiter aufzumachen, um besser sehen zu können, und auf einmal erkenne ich an der anderen Wand des dämmrigen Zimmers zwei Betten. Durch die Fenster fällt flackernd Licht herein, und ich sehe, dass Marmelade und Fanta darin schlafen. Beim Gedanken an Knäuel muss ich lachen.

Alles um mich herum ist hell und frisch.

»Mein kleines Kindchen. Im Dorf wird Erntefest gefeiert. Sie feuern nur Raketen ab, daher kommt dieser schreckliche Lärm. Du hast hohes Fieber.«

»Fieber?«, frage ich, obwohl mir Dutzende, wenn nicht Hunderte bessere Fragen durch den Kopf schießen.

Sie sagt mit ruhiger Stimme: »Ich hätte dir nicht bis spät am Abend vorlesen sollen. Normalerweise magst du keine Geschichten, aber diesmal hast du mich nicht aufhören lassen, bevor wir am Ende waren.«

Da fällt mir alles wieder ein. Wie Puzzlestücke fügt sich alles zusammen.

»Mama«, sage ich, als mir klar wird, dass sie es wirklich ist und ich mir keine Sorgen zu machen brauche.

Meine Güte, ich habe eine Mutter! Hast du gehört? Ich habe eine Mutter! Und sie ist nicht irgendein Buch, sondern eine ganz normale Frau!

Ich hätte Lust, ein bisschen zu feiern, aber meine Glieder kleben an den verschwitzten Laken fest, und alles ist immer noch viel zu verschwommen. Ich huste, Mama schaut mich besorgt an, als ob ein Huster etwas Besonderes wäre. Sie macht das schwergängige Fenster zu, vom Stuhl fällt ein Buch herunter, auf dessen Einband in leuchtenden Lettern »Das Buch des Oboi« steht. Der Buchstabe O ist ein Kringel, golden wie ein Ring, wie ein Mond oder eine Sonne.

»Ich bin so aufgeregt, weil mein Buch endlich fertig ist. Über zehn Jahre habe ich gebraucht, um es zu schreiben«, flüstert Mama und hebt es auf, drückt es an ihre Brust. Leichtfüßig dreht sie sich im Kreis, das Buch im Arm.

»Mit diesem Buch zeigen wir der Welt, dass Geschichten noch gebraucht werden! Und mit dem Geld reparieren wir das undichte Dach, durch das es dir in den Nacken regnet! Und wir leben glücklich bis ans Ende unserer Tage! Aber versuch jetzt zu schlafen, ich gehe mir noch die Raketen anschauen«, sagt Mama.

Ich höre, wie ihre leichten Schritte sich nach unten und dann nach draußen entfernen.

•

Ich stehe vom Bett auf. Mir ist schwindlig. Vielleicht habe ich wirklich hohes Fieber. Ich folge Mama die Treppe hinunter. Die abgenutzten Stufen fühlen sich glatt an. Meinen Füßen sind die Stufen vollkommen vertraut. Überall stehen Pflanzen und Blumen. Alles ist voller Blumentöpfe, so als ob jemand seit Langem nichts anderes zu tun hatte, als sich um Pflanzen zu kümmern. Ich weiß, wo die Küche ist, durch den Flur, dann rechts und am Windfang vorbei und da ist sie schon. An der Wand hängt ein altes Foto, auf dem wir noch ganz klein sind, das ist bestimmt schon über zehn Jahre her.

Auf dem Bild schlägt Fanta aufgedreht mit dem Löffel auf den Tisch, versucht mit genau der Zähigkeit, wie nur Fanta sie haben kann, an die Limonadenflasche zu kommen. Und Marmelade, ihre dunklen Locken sind auf dem Scheitel zusammengebunden, und ihr leuchtendes Gesicht gibt ein Lächeln preis, das verrät, dass es ihr an nichts mangelt, schon gar nicht an Träumen. Ja, und ich? Ich schaue entschlossen geradeaus, bereit, alles entgegenzunehmen, was das Leben mir vorsetzt, mit aufrechtem Rücken und der Gewissheit, dass ich das, was kommt, bewältigen werde. Am Rand sieht man Mama, die gerade aus dem Bild geht. Ihren Rocksaum und ein Stück ihres Hemdes. Dieselben Sachen, die sie jetzt gerade anhat. Unter dem Foto steht »Fantasia, Marpessa und Odysseus Clement«. Unsere echten und, äh, also, ziemlich schicken Namen.

Jetzt fügen sich auch die letzten Teile ineinander, und das lässt selbst mein starkes Fieber für einen Moment sinken.

•

Ich wanke zum Küchenfenster und sehe zu, wie Mama leichtfüßig über den Rasen geht. Ich wundere mich immer noch darüber, dass ich wirklich eine Mutter habe. Ich bin gar kein auserwähltes Waisenkind, sondern womöglich ein ganz gewöhnlicher Junge mit Fieber. Und wie glücklich mich dieser Gedanke macht!

Am Horizont leuchten die Raketen auf. Am Waldrand steht das alte Autowrack mit der runden Schnauze, der Rost hat den mintfarbenen Lack erobert. Mama geht daran vorbei und weiter in den Orangenhain, die Bäume schlafen, und in ihrer Mitte steht ein Grabstein. Sie setzt sich davor, und auch wenn ich nicht so weit sehen kann, weiß ich, dass auf dem Stein in alten und abgenutzten Lettern steht: »Ruhe in Frieden, mein Liebster, Samuel Edgar Richard Clement«.

Papa. Ich habe also auch einen Papa, Samuel, aber er ist gestorben.

Auf dem Grab wächst ein Mandarinenbaum, und irgendwie weiß ich: Es ist eine winterharte Sorte.

•

Was also ist gestern passiert? Waren wir in diesem Haus? Haben wir gefrühstückt? Oder kamen wir den Weg entlang? Waren wir nie woanders? Rannten wir in den Buchstaben umher, in die Mama uns hineingeschrieben hat? Entscheide du.

•

Was dann geschah, ist nicht mehr Teil meiner Geschichte. Es ist mein Leben und das findet wirklich nicht in einem Buch statt. Also ist es jetzt an der Zeit, zum allerletzten Mal die Worte zu sagen, die diesen Fall abschließen:

Am Ende steht ein Punkt. Der Punkt ist ein kleines o.

Zitate, Verweise und Inspirationen

Im Buch wird auf folgende Werke Bezug genommen:

Alejchem, Scholem: Tewje, der Milchmann

Andersen, H. C: Das kleine Mädchen mit den Schwefelhölzern

Aristoteles: Poetik

Carroll, Lewis: Alice im Wunderland

Collodi, Carlo: Pinocchio

Dahl, Roald: Sophiechen und der Riese

Defoe, Daniel: Robinson Crusoe

Die Legende des Ungeheuers von Loch Ness

Ende, Michael: Die unendliche Geschichte

Ende, Michael: Momo

Griechische Mythologie: Megaira

Grimm, J. & W.: Die schönsten Märchen der Brüder Grimm

Harari, Yuval Noah: 21 Lektionen für das 21. Jahrhundert

Jansson, Tove: Winter im Mumintal

Lainema, Matti und Nurminen Juha: Ultima Thule – Pohjoiset löytöretket (»Ultima Thule – Entdeckungstouren im Norden«)

Lewis, C.S.: Die Chroniken von Narnia

Lindgren, Astrid: Die Brüder Löwenherz

Lindgren, Astrid: Pippi Langstrumpf

Lindgren, Astrid: Ronja Räubertochter

Mäkelä, Hannu: Hevonen joka hukkasi silmälasinsa (»Das Pferd, das seine Brille verlor«)

Poe, E. A.: Der Rabe und der Goldkäfer

Saint-Exupéry, Antoine de: Der kleine Prinz

Tausendundeine Nacht

Tolkien, J.R.R.: Der Herr der Ringe

Tolkien, J.R.R.: Der Hobbit

Uspenski, Eduard: Onkel Fjodor, der Hund und der Kater

Vallejo, Irene: Papyrus. Die Geschichte der Welt in Büchern

Waltari, Mika: Sinuhe der Ägypter

Das Gedicht, das mit den Worten »Ich bin es. Mama« beginnt, wurde von Margaret Atwoods Gedicht *You Begin* inspiriert.

Samuels letzte Worte wurden von Rumis (Mewlana Jalaluddin Rumi) Gedicht *When I die* inspiriert.